도메인 주도 설계
철저 입문

코드와 패턴으로 밑바닥부터 이해하는 DDD

도메인 주도 설계
철저 입문

코드와 패턴으로 밑바닥부터 이해하는 DDD

지은이 **나루세 마사노부**

옮긴이 **심효섭**

펴낸이 **박찬규**   엮은이 **전이주**   디자인 **북누리**   표지디자인 **Arowa & Arowana**

펴낸곳 **위키북스**   전화 031-955-3658, 3659   팩스 031-955-3660

주소 경기도 파주시 문발로 115 세종출판벤처타운 311호

가격 28,000   페이지 376   책규격 175 x 235mm

1쇄 발행 2020년 10월 14일

2쇄 발행 2022년 04월 20일

ISBN 979-11-5839-224-6 (93000)

등록번호 제406-2006-000036호   등록일자 2006년 05월 19일

홈페이지 wikibook.co.kr   전자우편 wikibook@wikibook.co.kr

ドメイン駆動設計入門

(Domain Kudo Sekkei Nyumon : 5072-7)

© 2020 MASANOBU NARUSE

Original Japanese edition published by SHOEISHA Co.,Ltd.

Korean translation rights arranged with SHOEISHA Co.,Ltd. through Botong Agency.

Korean translation copyright © 2020 by WIKIBOOKS.

이 책의 한국어판 저작권은 Botong Agency를 통한 저작권자와의 독점 계약으로 위키아카데미가 소유합니다.

신저작권법에 의해 한국 내에서 보호를 받는 저작물이므로 무단 전재와 복제를 금합니다.

이 책의 내용에 대한 추가 지원과 문의는 위키북스 출판사 홈페이지 wikibook.co.kr이나

이메일 wikibook@wikibook.co.kr을 이용해 주세요.

이 도서의 국립중앙도서관 출판시도서목록 CIP는

서지정보유통지원시스템 홈페이지(http://seoji.nl.go.kr)와

국가자료공동목록시스템(http://www.nl.go.kr/kolisnet)에서 이용하실 수 있습니다.

CIP제어번호 CIP2020041171

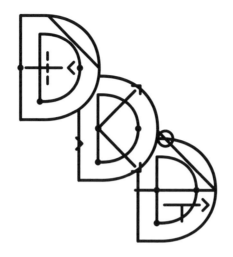

도메인 주도 설계
철저 입문

코드와 패턴으로 밑바닥부터 이해하는 DDD

나루세 마사노부 지음 / 심효섭 옮김

SE
SHOEISHA

위키북스

역자서문

이 책은 도메인 주도 설계를 다룬 책이다. 일찍이 도메인 주도 설계의 바이블이라 할 수 있는 에릭 에반스의 원저 《도메인 주도 설계》를 읽어본 적이 있어 또 다른 도메인 주도 설계 책이 필요할까 라는 생각을 했으나, 번역을 진행하면서 조금 생각이 바뀌었다.

인하우스 개발에만 전념하며 훨씬 좋은 업무환경을 누릴 수 있는 큰 기업과 달리, 시스템 개발 외주를 주로 수행하는 소규모 기업에서는 에릭 에반스의 원저에서 다루는 모든 프랙티스를 실천할 여건을 만들기 어려울 것 같다는 생각이 들었다.

이 책은 이런 불리한 여건에서 도메인 주도 설계를 익히고 도입하기 위한 구성을 갖추고 있다. 도메인 주도 설계의 가장 구체적인 개념인 패턴만을 추려내 실제 코드와 함께 어떤 방식으로 구현해야 도메인 주도 설계를 제대로 실천할 수 있는지 예시를 자세히 보여준다.

패턴만을 도입하는 데 만족하여 안주하는 경향인 경량 DDD를 경계하면서도, 유리하지만은 못한 업무 환경에서 코드를 개선하기 위한 노력을 북돋아주려는 저자의 시스템 개발 업계에 대한 애정을 느낄 수 있었다.

특히 우리나라처럼 빨리빨리 문화가 밑바탕을 이루는 사회라면 더욱 더 실천 위주로 정제된 지식이나 가이드가 필요하다. 이때 조직 간의 협업 방식을 개선해 의사소통 비용을 줄이고 빠르고 반복적인 피드백을 통해 코드의 품질을 향상시키는 과정이 곧 경쟁력으로 이어진다고 할 수 있다. 일견 비즈니스 모델링만을 다루는 듯하지만 위와 같은 자세는 애자일 사상과도 일맥상통한다.

코드를 다루는 개발자, 특히 향상심을 가진 개발자라면 이 책을 통해 모델링을 한번 돌이켜 생각해보고 더 높은 경지에 이르는 데 도움이 되길 바란다.

들어가며

도메인 주도 설계는 개발자에게 있어 엔지니어링에 대한 관점을 완전히 바꾸게 되는 큰 깨달음이다.

도메인 주도 설계의 개념은 단순하다. 비즈니스상의 문제를 해결하기 위해 비즈니스를 이해하고, 비즈니스를 표현하는 것이다. 비즈니스와 코드를 연결해 연속적이고 반복적으로 개량해가는 구조를 만들어 좀 더 유용한 소프트웨어를 만드는 것이 목적이다. 어떻게 생각하면 당연한 일을 하는 것이다.

그러나 초보자는 도메인 주도 설계를 배우려 해도 내용이 어려워 지레 포기하는 경우가 많다. 책을 처음 몇 페이지만 들춰 봐도 도메인 전문가, 컨텍스트 경계, 엔티티, 값 객체 등 다양한 전문 용어와 맞닥뜨리기 때문이다. 도메인 주도 설계를 처음 접하는 사람에게는 당연히 이들 용어도 처음 듣는 단어일 것이다. 게다가 이해하기 위해서는 상당한 배경지식이 필요한 용어도 있어, 거의 공포에 가까운 감정을 일으키며 학습을 방해한다.

초심자가 이 분야 학습에 두려움을 느끼는 이유는 무엇일까?

사람은 미지의 대상에 공포를 느끼게 마련이다. 바람에 흔들리는 커튼도 정체를 알지 못하는 상황에서는 유령으로 보일 수 있다. 도메인 주도 설계와 함께 나오는 여러 전문용어도 이러한 유령과 같이 사람을 두렵게 한다. 더욱이 공포는 사람을 위축시키며 다가가기 어렵게 한다.

유령이 두려운 것은 정체를 알 수 없기 때문이다. 두려움을 누그러뜨리는 방법은 단순하다. 유령의 정체를 확인해 단지 커튼에 지나지 않았음을 알아내면 된다.

도메인 주도 설계를 배울 때 마주치는 용어는 크게 두 종류로 나눌 수 있다. 소프트웨어에서 중요한 개념을 추출하기 위한 '모델링', 그리고 개념을 구현에 녹여 넣기 위한 '패턴'이다. 모델링은 언어로 된 설명을 이해하고 실천하면서 배우는 방법밖에 없지만, 패턴은 자세한 예제를 통해 이해할 수 있다. 개발자에게 익숙한 방법은 물론 후자다.

이러한 이유로 이 책은 모델링보다는 구체적인 예제 코드를 통해 패턴을 설명하는 데 집중하는 방식을 택했다. 책 전체를 통해 최종 완성된 코드를 보게 될 것이다. 목적지를 알 수 없는 상태에서 어딘가로 가는 길은 매우 불안하기 마련이다. 이 책에 실린 코드가 형태를 가진 목적지로서 독자 여러분의 앞길을 밝혀주는 역할을 할 것이다.

앞서 밝혔듯이 이 책은 패턴에 무게를 두고 있다. 그러나 그렇다고 해서 패턴 적용이 도메인 주도 설계의 전부라는 말은 아니다. 이 책의 목적은 도메인 주도 설계라는 거대한 시련을 똑바로 마주 할 수 있게 준비하는 것이다. 어떤 지식을 이해하는 데 있어 또 다른 지식이 단서가 되는 경우가 많은 것을 보면 지식은 연쇄를 이룬다. 도메인 주도 설계라는 큰 주제를 똑바로 마주 대하기 위해 필요한 것은 내가 이해하는 영역을 넓히는 것이다.

이 책을 통해 얻을 수 있는 패턴에 대한 이해는 모델링을 포함해 도메인 주도 설계 전반을 이해하는 데 유용한 지식이다. 이것들이 앞으로 도메인 주도 설계의 세계를 탐험하는 데 좋은 무기가 되어줄 것이다.

더 나은 소프트웨어를 개발하기 위해, 그리고 개발자로서 한 단계 더 높은 경지에 이르기 위해 도메인 주도 설계를 익히기로 한 당신의 선택은 옳다.

2020년 1월
나루세 마사노부

감사의 말

이 책을 집필하면서 많은 분의 도움과 지원을 받았다.

스에야스 아야카 씨가 집필을 강력히 권한 덕분에 이 책이 나올 수 있었다.

오히라 미치스케 씨의 격려가 없었다면 지금에 이르지 못했을 것이다.

하야시 히로카츠 씨의 꼼꼼한 리뷰 덕에 많은 문장을 다듬을 수 있었다.

모리 레오 씨의 날카로운 코멘트로 책을 큰 폭으로 수정할 수 있었다.

마츠오카 코이치로 씨의 굳은 믿음은 필자의 고찰을 좀 더 단단하게 해주었다.

가토 준이치 씨는 기탄없는 의견으로 책의 내용을 되돌아보는 기회를 주었다.

마스다 토오루 씨의 격려는 저자에게 큰 용기를 주었다.

귀중한 시간을 아낌없이 들여 지지해 준 분들에게 감사드린다.

그리고 집필 기간 내내 격려해 준 아내에게도 감사드린다.

이 책의 대상 독자

이 책은 객체 지향 프로그래밍 언어를 사용하는 소프트웨어 개발자를 주 대상 독자로 한다. 그러나 도메인 주도 설계에 객체 지향 프로그래밍 언어가 꼭 필요한 것은 아니다. 객체 지향 이외의 패러다임을 따르는 언어를 사용하는 소프트웨어 개발에서도 이 책의 내용은 유용할 수 있다.

이 책을 읽기 위해서는 일반적인 객체 지향 프로그래밍에 대한 기초 지식이 필요하다. 필요 수준을 구체적으로 밝히면, 클래스와 인스턴스에 대한 이해가 필요하다. 그 외에도 인터페이스 (추상 타입) 기능이 반복적으로 사용되므로 인터페이스를 이용해 다형성이 구현되는 과정을 이해하면 책을 읽는 데 도움이 될 것이다.

이 책에서 다루는 프로그래밍 언어는 C#이다. C#은 일반적인 객체 지향 프로그래밍 언어의 기능을 모두 갖추고 있으며, 언어 특유의 관습이 적은 언어이기 때문이다. 따라서 C#을 전혀 접해보지 않았더라도 객체 지향 프로그래밍 언어를 사용 중인 개발자라면 어렵지 않게 자신이 사용하는 언어로 치환해 읽을 수 있을 것이다.

깊은 지식이 없더라도 개발 업무 현업에 종사 중인 독자라면 책의 내용을 따라가기 어렵지 않을 것이다.

C#의 독특한 문법

이 책에는 C#만의 독특한 문법이 몇 가지 나온다. 대부분 코드가 지나치게 길어지는 것을 방지하기 위한 것으로, 여기에 미리 소개한다.

readonly 한정자

인스턴스 변수의 값이 바뀔 가능성이 있는지 여부를 알려주는 귀중한 정보다. 변수의 값을 다시 대입할 수 없다면 이 값이 변화했을 경우의 가능성을 고려하지 않아도 된다.

C#에서 인스턴스 변수를 선언할 때 readonly 한정자를 사용하면 변수의 값을 다시 대입할 수 없다.

리스트 1 readonly 한정자가 사용된 인스턴스 변수 정의

```
class MyClass
{
    private readonly string invariant; // 변숫값을 다시 대입할 수 없음
    private string variant; // 다시 대입 가능
    (… 생략 …)
}
```

그리고 readonly 한정자가 붙은 인스턴스 변수는 생성자 메서드 밖에서 변숫값을 대입할 수 없다.

리스트 2 readonly 한정자가 사용된 인스턴스 변수의 값 대입

```
class MyClass
{
    private readonly string value;

    public MyClass(string value) {
        this.value = value; // OK
    }


    public void ChangeValue(string value) {
        this.value = value; // 컴파일 오류
    }
}
```

프로퍼티

프로퍼티는 외부에서 필드에 접근하기 위한 기능이다. 리스트 3과 같이 정의하면 인스턴스 변수가 내부에 자동으로 정의되며 이 필드에 접근할 수 있다.

리스트 3 프로퍼티를 이용한 인스턴스 변수 정의

```
class MyClass
{
    public string Property { get; private set;}
}
```

값을 반환하는 게터와 값을 설정하는 세터를 프로퍼티로 정의할 수 있다. 게터와 세터의 한정
자를 각각 다르게 할 수도 있다. 게터만 정의했다면 읽기전용 프로퍼티가 되므로 생성자 메서
드 안에서만 값을 대입할 수 있다.

또한 게터와 세터에 메서드와 같이 원하는 동작을 포함할 수도 있다.

리스트 4 메서드와 같이 동작이 정의된 프로퍼티

```
class MyClass
{
    private string property;
    public string Property
    {
        get { return property; }
        set { property = value; }
    }
}
```

using 문

파일 등의 리소스를 저장하는 객체는 해당 객체의 필요가 다하면 리소스를 해제해야 한다. C#
은 이러한 리소스 해제 처리를 명시적으로 수행하는 데 using 문을 사용한다.

using 문은 객체의 유효범위를 명시하고 이 유효범위를 벗어날 때 해당 객체를 종료하는 코드
를 호출한다.

리스트 5 using 문이 사용된 리소스 획득

```
using(var connection = new SqlConnection(connectionString))
{
    (…생략…)
}
```

using 문에 지정된 객체(리스트 5의 SqlConnection 객체)는 IDisposable 인터페이스를 구현해야 한다. 유효범위를 벗어나는 시점에 IDisposable 인터페이스의 Dispose 메서드가 호출된다.

예제의 동작 환경과 예제 코드

이 책 14장의 예제는 표 1과 같은 환경에서 문제 없이 동작함을 확인했다.

표 1 예제 실행 환경

항목	내용
운영체제	Windows 10 Home
IDE	Visual Studio 16.4

예제에 사용된 데이터에 대한 안내

예제의 데이터는 아래 사이트에서 내려 받을 수 있다.

- 홈페이지: https://wikibook.co.kr/ddd/
- 예제코드: https://github.com/wikibook/ddd

주의사항

예제에 사용된 데이터에 대한 권리는 저자 및 출판사가 소유하고 있습니다. 허가 없이 배포하거나 웹사이트에 게재를 금합니다.

예제 데이터의 제공은 사전예고 없이 종료될 수 있습니다. 양해 바랍니다.

면책사항

예제 데이터는 2020년 1월 현재 법령을 따릅니다.

예제 데이터 등에 기재된 URL 등은 예고 없이 변경될 수 있습니다.

예제 데이터 등을 기술할 때 정확한 내용을 기술하기 위해 만전을 다하였으나, 저자와 출판사는 그 내용에 대해 어떠한 보증도 하지 않으며, 예제에 기초한 운용 결과에 대해서도 일체 책임을 지지 않습니다.

예제 데이터 등에 기재된 회사명, 제품명은 각 기업의 상표 및 등록상표입니다.

저작권에 대해

예제 데이터의 저작권은 저자 및 출판사가 소유하고 있습니다. 개인적인 목적 외의 목적의 사용을 금합니다. 저작권자의 허락 없이 인터넷 등을 통해 배포할 수 없습니다. 개인적인 목적으로는 소스코드를 수정하거나 유용할 수 있습니다. 상업적인 목적의 경우 출판사로 문의하기 바랍니다.

부록

솔루션 구성

도메인 주도
설계란?

도메인 주도 설계의 목표와 이 책의 목표를 알아본다.

도메인 주도 설계는 에릭 에반스가 자신의 책 『도메인 주도 설계』(위키북스 2011)에서 최초로 제안한 개념으로, 지금의 소프트웨어 개발에 큰 영향을 미쳤다. 이번 장은 도메인 주도 설계가 무엇인지 알아가는 것으로부터 시작해 이 책이 지향하는 목표와 그에 이르는 과정을 알아본다. 각 장에서 소개할 주제의 개요 및 이들 간의 관계에 대한 설명을 통해 앞으로 읽어 나갈 내용의 큰 그림을 조망할 수 있을 것이다.

1.1 도메인 주도 설계란 무엇인가?

소프트웨어를 개발하다 보면 새로운 분야를 익히게 된다. 예를 들어 회계 시스템을 개발할 때는 경리 업무에 대해 배우게 되고, 물류 시스템을 개발할 때는 수송이나 배송 과정에 대해 배운다. 소프트웨어 시스템을 개발하며 배운 지식은 일반적인 지식일 수도 있고, 어떤 조직 특유의 지식일 수도 있다.

개발자는 소프트웨어 이용자의 세계에 대해 기본적으로 무지하다. 개발자가 이용자들이 겪는 문제를 해결하려면 당연히 이용자의 세계에 대해 배워야 한다. 그러나 이렇게 배운 지식이 소프트웨어 개발에서 유용한 경우는 드물다.

다시 물류 시스템을 예로 들어보자. 트럭의 적재중량이나 연비 같은 개념은 물류 시스템에서 매우 이용 가치가 높은 지식이다. 그러나 트럭이라는 단어의 어원이 쇠바퀴를 의미하는 라틴어 trochus에서 온 것이라는 지식은 물류 시스템을 개발할 때 그리 가치가 없다. 따라서 지식을 취사선택할 필요가 있다.

이용자에게 유용한 소프트웨어를 개발하려면 가치 있는 지식과 그렇지 않은 지식을 신중하게 구분해서 가치 있는 지식만 코드에 녹여 넣어야 한다. 이렇게 작성된 코드는 유용한 지식을 정리해놓은 문서와도 같다.

개발자가 소프트웨어를 개발하면서 가치 있는 지식과 그렇지 않은 지식을 잘 구분하려면 어떤 능력이 필요할까? 당연한 말이지만, 먼저 소프트웨어 이용자의 세계를 이해해야 한다. 소프트웨어 이용자에게 무엇이 중요한 지식인지는 바로 이 이용자의 세계에 따라 달라진다. 유용한 소프트웨어를 만들려면 이용자의 문제가 무엇인지 파악하고, 이를 해결할 수 있는 최선의 수단을 생각해야 한다. 도메인 주도 설계는 이러한 고찰을 반복하는 설계를 통해 이용자의 세계와 소프트웨어 구현을 연결 짓는 것이 그 목적이다.

내가 익힌 지식은 그것이 무엇이든 내 삶의 시간을 어느 정도 들인 소중한 것이다. 지식을 코드로 녹여내 소프트웨어를 만들고, 그 소프트웨어가 직접 누군가를 돕는 것을 보며 느끼는 보람을 맛보지 못한 개발자는 없을 것이다. 도메인 주도 설계는 지식을 코드에 녹여 넣을 수 있게 하는 개념이다(그림 1-1).

그림 1-1 지식을 코드에 녹여 넣기

1.2 도메인 지식에 초점을 맞춘 설계 기법

도메인 주도 설계는 이름 그대로 도메인 지식에 초점을 맞춘 설계 기법이다. 이 설명을 들으면 다시 '도메인이란 무엇인가?'라는 의문이 생길 것이다. 우선 도메인이 무엇인지부터 확실히 알아보자.

도메인은 '영역'이라는 뜻이다. 특히 소프트웨어 개발에서 말하는 도메인은 '프로그램이 쓰이는 대상 분야'라는 의미로 쓰인다. 여기서는 더 중요한 것은 도메인이 무엇인지보다는 도메인에 포함되는 것이 무엇인가 하는 것이다.

다시 회계 시스템을 예로 들면, 회계 분야에는 금전 혹은 장부와 같은 개념이 등장한다. 이 개념은 회계 시스템의 도메인에 속한다. 물류 시스템에는 회계 시스템에 없는 화물이나 창고, 운송수단 등의 개념이 있을 것이고, 이 개념 역시 물류 시스템의 도메인에 속한다. 이렇듯 도메인에 포함되는 개념은 시스템의 대상 분야가 무엇인지에 따라 크게 달라진다(그림 1-2).

그림 1-2 시스템마다 도메인에 포함되는 요소가 다르다.

이번에는 '지식에 초점을 맞춘다'라는 말의 의미에 대해 알아보자.

소프트웨어에는 반드시 소프트웨어를 이용하는 이용자가 있다. 소프트웨어의 목적은 도메인에서 이용자들이 직면한 문제를 해결하는 것이다. 그렇다면 이용자들이 직면한 문제를 해결하려면 무엇이 필요할까? 말할 필요도 없이, '이용자들의 문제를 정확히 이해하는 것'이다. 이용자들이 어려움을 겪는 부분이 무엇이고 해결하고자 하는 문제가 무엇인지 알려면 이용자들의 관점이나 생각, 그들이 처한 환경을 제대로 이해해야 한다. 다른 말로 하면, 이용자의 도메인을 접해야 한다.

도메인에 속하는 개념과 사건을 이해하고, 그중에서 문제 해결에 유용한 것을 뽑아낸 지식을 소프트웨어에 반영하는 과정은 소프트웨어 개발에 꼭 필요한 과정이다. 그러나 이 과정은 기술을 중시하는 개발자들이 놓치기 쉬운 부분이기도 하다.

최신 프레임워크나 개발 기법, 최신 기술 등의 키워드는 개발자를 흥분시키는 단어다. 문제를 제대로 해결하려면 먼저 문제를 파악하는 과정이 필요하지만, 기술을 중시하는 개발자는 기술적 접근법으로만 문제를 해결하려 들기 쉽다. 그 결과, 목적 없는 소프트웨어가 만들어지는 참사가 발생한다. 반짝거리는 새 망치는 눈앞의 모든 것을 못으로 보이게 만들어 개발자의 판단력을 흐리기 때문이다.

이런 비참한 결과를 피하기 위해서라도 소프트웨어가 사용될 분야(도메인)의 지식에 초점을 맞춰야 한다. 주의 깊게 관찰하고 관찰을 통해 알게 된 지식을 제대로 표현하는 것은 소프트웨어 개발 과정의 일부다. 도메인 주도 설계에서 소개하는 프랙티스는 이를 실천하는 과정을 보조하는 수단이다. 다시 말해, 당연히 할 일을 할 수 있게 돕는 수단이라는 말이다.

1.2.1 도메인 모델링이란 무엇인가?

모델링이라는 단어는 개발자에게 친숙하다. 소프트웨어 개발과 관련된 수많은 문헌에서 자주라는 말로는 부족할 정도로 흔하게 볼 수 있는 단어다. 에릭 에반스의 책 『도메인 주도 설계』에서도 1부의 제목(동작하는 도메인 모델 만들기)부터 도메인이라는 단어를 볼 수 있다.

모델링이 개발자에게 친숙한 단어라고는 하나, 새삼 모델링의 정의를 묻는다면 의외로 쉽게 답하기 어렵다.

모델은 현실에 일어나는 사건 혹은 개념을 추상화한 개념이다. 추상이란 여러 사물 혹은 개념에서 공통적인 것을 뽑아 파악하는 것으로, 현실의 모든 것을 반영하는 것이 아니다. 상황에 따라 취사선택이 필요하다. 무엇을 버리고 무엇을 취할지는 도메인에 따라 결정된다.

펜을 예로 든다면 어떤 성질을 뽑아내야 할까? 소설가의 관점에서 본 펜은 도구이며, 글자를 쓸 수 있다는 것이 중요한 성질이다. 반면 문구점의 관점에서 본 펜은 상품이다. 글자를 쓸 수 있다는 기능보다는 상품으로서의 가치가 더 중시된다. 이를 통해 알 수 있는 것은 같은 대상이라도 중점이 달라질 수 있다는 점이다(그림 1-3).

그림 1-3 도구로서의 펜과 상품으로서의 펜

사람이 하는 일은 기본적으로 복잡하다. 도메인의 개념을 빠짐없이 표현하는 것은 매우 어렵다. 표현에 제약이 많은 코드로 나타내야 한다면 더욱더 그렇다. 그러나 코드로 나타낼 대상을 소프트웨어가 맡은 바 역할을 다하기 위해 필요한 정보로 한정한다면, 현실적으로 실현하는 데 문제가 없다. 물류 시스템을 예로 들면, 트럭은 '화물을 나를 수 있다'는 성질만 표현해도 충분하다. '차 키를 돌리면 엔진에 시동이 걸린다'와 같은 정보까지 나타낼 필요는 없다.

이렇게 사건 혹은 개념을 추상화하는 작업을 모델링이라고 한다. 그리고 모델링의 결과를 모델이라고 한다. 도메인 주도 설계에서는 도메인 개념을 모델링한 모델을 도메인 모델이라고 한다.

도메인 모델은 처음부터 정해진 것이 아니다. 도메인 분야의 관계자는 도메인의 개념에 대한 지식은 있어도 소프트웨어에 대한 지식은 없다. 반면 개발자는 소프트웨어에 대한 지식은 있어도 도메인 개념에 대한 지식이 없다. 도메인 문제를 해결하는 소프트웨어를 만들려면 각 분야의 두 사람이 협력하여 도메인 모델을 만들어야 한다.

1.2.2 지식을 코드로 나타내는 도메인 객체

도메인 모델은 어디까지나 개념을 추상화한 지식이다. 아쉽게도 이것만 가지고는 문제를 해결할 수 없다. 도메인 모델은 어떤 매체를 통해 표현돼야만 문제를 해결할 수 있는 힘을 갖는다.

도메인 모델을 소프트웨어 형태의 동작하는 모듈로 나타낸 것이 도메인 객체다.

어떤 도메인 모델을 도메인 객체로 구현할지도 중요한 문제다. 개발자는 정말로 유용한 모델과 그렇지 않은 모델을 구분해야 한다(그림 1-4). 오랜 시간을 들여 만든 도메인 모델이 있어도 해당 모델이 이용자의 문제를 해결하는 것과 관계가 없다면 이를 도메인 객체로 구현하는 것은 쓸데없는 작업일 뿐이다.

그림 1-4 문제 해결에 유용한 도메인 모델 선택하기

소프트웨어 이용자가 처한 세계는 항상 같은 상태로만 존재하지 않는다. 사람이 하는 일은 바뀌기 쉽고, 시간에 따라 변화하기 쉽다. 그 대부분은 경미한 변화가 쌓인 것이지만, 때로는 상식조차 뒤바뀌는 경우도 있다. 이럴 때 도메인 객체가 도메인 모델을 충실히 반영하고 있다면 도메인의 변화를 코드로 쉽게 옮길 수 있다.

도메인에 발생한 변화는 우선 도메인 모델로 전달돼야 한다.

도메인 개념이 투영된 도메인 모델은 이 변화를 충실하게 반영할 수 있다. 도메인 객체는 도메인 모델이 구현된 표현이므로 변화한 도메인 모델과 아직 변화하지 않은 도메인 객체를 비교하면 어디를 고쳐야 할지 알 수 있다. 도메인에 일어난 변화는 도메인 모델을 통해 연쇄적으로 도메인 객체까지 전달된다.

반대로, 도메인 객체가 도메인에 대한 태도를 변화시키는 경우도 있다. 프로그램은 사람만큼 애매함을 용납하지 못한다. 도메인에 대한 어중간한 이해는 도리어 구현을 방해한다. 이를 해결하려면 도메인 모델을 직시하고, 더 나아가 도메인의 개념을 추상화하는 방법을 바꿔야 한다. 도메인에 대한 날카로운 통찰은 구현 과정에서도 얻을 수 있다.

이렇듯 도메인 개념과 도메인 객체는 도메인 모델을 통해 연결되며, 서로 영향을 주고받는 반복적 개발로 실현된다(그림 1-5).

그림 1-5 반복적 개발 과정

1.3 이 책의 접근법과 목표

도메인 주도 설계를 이해하기는 쉽지 않다. 도메인 주도 설계를 공부하다 보면 수많은 개념과 용어에 놀아나는 기분마저 들 것이다. 도메인 주도 설계의 이러한 점은 초심자를 혼란스럽게 하며 공포에 빠지게 한다.

지식은 연쇄적으로 연결돼 있다. 어떤 지식을 이해하려면 그 전제가 되는 다른 지식이 필요한 경우가 많다. 도메인 주도 설계와 관련된 개념 혹은 용어를 이해하려면 그 결론에 이르는 과정을 이해하기 위해 더 많은 배경지식이 필요하다. 그 하나하나는 사소한 지식일 수 있지만, 여러 개가 모이면 모두를 한 번에 이해하기 어렵다.

또 큰 문제가 한 가지 더 있다. 도메인 주도 설계의 프랙티스 자체에 애초 실천하기 어려운 것이 있다는 점이다. 백 번 듣는 것보다 한 번 보는 것이 낫다는 말이 있듯이, 지식을 이해하는 가장 좋은 방법은 그 지식을 실천하는 것이다. 그러나 도메인 주도 설계의 프랙티스 중에는 어느 정도의 환경을 갖추지 못하면 실천이 어려운 것들이 있다.

하지만 이해하기도 어렵고 실천하기도 어렵다면 발전이 없을 것이다. 그래서 이 책에서는 이해와 실천이 힘든 것들은 일단 제쳐 놓고, 상대적으로 이해하기 쉽고 실천하기도 쉬운 구현 패턴에 집중해 상향식(Bottom-up)으로 설명하는 방식을 택했다. 개념에서 전제가 되는 지식 역시 그때그때 필요한 내용을 설명할 것이다. 이런 식으로 이해의 영역을 조금씩 넓혀가며 도메인 주도 설계의 본질에 접근할 준비를 하는 것이 이 책의 목표다(그림 1-6).

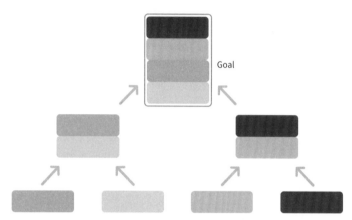

그림 1-6 구체적인 내용부터 추상적인 내용으로 진행하는 보텀업 방식

칼럼 도메인 주도 설계를 실천하기 어려운 이유

도메인 주도 설계는 소프트웨어 개발 분야의 테마다. 소프트웨어 개발 현장에는 직접 업무를 수행하느냐 아니냐의 차이는 있어도 개발과 관련된 사람이 여럿 있다. 따라서 도메인 주도 설계라는 주제는 구현뿐만 아니라 개발 관계자들 사이의 커뮤니케이션이나 팀 빌딩과도 밀접한 관계가 있다. 다시 말하면 개발자 개인 외에도 수많은 관계자가 엮여 있다는 말이다.

예를 들면, 도메인 모델을 확립하는 작업은 개발자가 자기 업무만 수행해서 마칠 수 있는 작업이 아니다. 도메인에 존재하는 개념을 포착하는 과정은 해당 도메인에 종사하는 실무자의 관점 없이는 불가능하며, 그들의 도움이 꼭 필요하다. 그러나 안타깝게도 이것이 불가능한 현장도 많다.

하지만 이러한 환경에 처했더라도 비관할 필요는 없다. 도메인 주도 설계의 모든 세부 주제가 도메인 실무자의 조력 없이 성립할 수 없는 것은 아니기 때문이다. 간혹 개발자 개인이 재량으로 실천할 수 있는 프랙티스도 있다. 이 책에서 소개하는 패턴 역시 지금 바로 실천할 수 있는 것들이다.

도메인 주도 설계뿐만 아니라 설계라는 활동에는 어떤 이상과도 같은 측면이 있다. 중요한 것은 이 이상을 현실에 억지로 끼워 맞추는 것이 아니라 현실적으로 사용 가능한 수단을 잘 골라 선택하는 것이다. 이상을 좇되, 현실과 타협해야 하는 상황에 어느 부분에서 타협할 것인가를 고민하는 것도 소프트웨어 개발의 즐거움 중 하나다.

도메인 주도 설계는 어찌 보면 당연히 해야 할 일을 하기 위한 프랙티스다. 하지만 당연히 해야 할 일이 무엇이고 이를 실현할 방법을 아는 것과 모르는 것의 차이는 매우 크다. 혹여 독자 여러분이 도메인 주도 설계의 모든 것을 실천할 수 있는 환경에 있지 못하더라도 더 많은 배움을 얻기 위해 도메인 주도 설계를 선택한 것은 옳은 선택이다.

1.4 이 책에서 설명하는 패턴에 대하여

목적지를 모른 채 길을 나서는 것은 마치 미로를 헤매는 것과 같다. 도메인 주도 설계에서도 목적지까지 남은 거리가 얼마나 되는지, 현재 위치를 안다면 학습 페이스를 자신에게 맞게 조절할 수 있다. 그런 의미에서 이 책에서 다룰 도메인 주도 설계 패턴의 큰 그림을 조망해 보자.

- 지식 표현을 위한 패턴

   값 객체

   엔티티

   도메인 서비스

- 애플리케이션을 구성하는 패턴

   리포지토리

   애플리케이션 서비스

   팩토리

- 지식 표현을 위한 고급 패턴

   애그리게이트

   명세

이들은 도메인 주도 설계의 대표적인 패턴이다. 이 책에서는 지금 언급한 순서대로 각 패턴을 설명한다.

패턴은 도메인 지식을 설명하기 위한 것과 애플리케이션을 구성하기 위한 것으로 나뉜다. 이 패턴은 그림 1-7과 같은 관계를 갖는다.

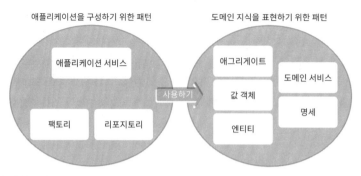

그림 1-7 용어 간의 관계

1.4.1 지식 표현을 위한 패턴

먼저 지식 표현을 위한 패턴을 알아보자. 그중에서도 우선 객체 형태로 도메인 지식을 나타내는 도메인 객체를 이해하는 것부터 시작하겠다.

값 객체(2장)는 그 도메인만의 고유의 개념(금전, 제조번호 등)을 값으로 나타내는 패턴이다. 개념과 목적 모두 이해하기 쉽기 때문에 도메인 주도 설계에서 배우는 첫 번째 개념으로 적당하다.

그다음 패턴은 엔티티(3장)다. 엔티티도 값 객체와 마찬가지로 도메인 개념을 나타내기 위한 객체지만, 값 객체와는 차이가 있다. 값 객체에서 배운 내용은 그대로 엔티티를 이해하는 데도 유용하므로 값 객체를 소개한 바로 다음에 엔티티를 소개하는 것이 가장 효율적이다.

도메인 서비스(4장)는 값 객체나 엔티티만으로는 잘 표현할 수 없는 지식을 다루기 위한 패턴이다. 값 객체와 엔티티가 무엇이며, 어떤 지식을 나타내기에 효율적인가를 이해한 다음에 도메인 서비스를 배우는 것이 이해하기 쉬우므로 값 객체와 엔티티에 이어 배우게 배치했다.

1.4.2 애플리케이션을 구성하기 위한 패턴

도메인 지식을 표현한 것은 도메인을 그대로 코드로 옮긴 것일 뿐 소프트웨어가 가져야 할 유용한 점은 아직 없다. 따라서 지식을 표현하는 방법을 익힌 다음에는 이용자의 필요를 만족시킬 수 있는 애플리케이션을 구성하는 방법을 학습해야 한다.

리포지토리(5장)는 데이터의 저장과 복원을 의미하는 데이터 퍼시스턴시(Data persistency)를 담당하는 객체다. 데이터 퍼시스턴시라고 하면 관계형 데이터베이스와 같은 구체적인 데이터스토어를 떠올리기 쉬운데, 리포지토리는 이들을 추상화한 개념이다. 데이터 퍼시스턴시를 추상화하면 유연한 애플리케이션을 만들 수 있다.

값 객체, 엔티티, 도메인 서비스, 리포지토리 이렇게 4가지 요소를 익히면 애플리케이션을 구성하기 위해 필요한 최소한의 개념을 이해한 것이다. 애플리케이션 서비스(6장)는 이 4가지 요소가 서로 협조하며 애플리케이션으로서 기능하는 장소가 된다. 이 책에서는 애플리케이션 서비스까지 소개한 다음, 실제로 동작하는 웹 애플리케이션에 적용해 볼 것이다.

웹 애플리케이션을 만들고 동작까지 확인이 끝나면 팩토리(9장)를 학습할 차례다. 팩토리는 객체를 만드는 데 필요한 지식에 특화된 객체다. 구조가 복잡한 객체는 객체를 만드는 방법도 복잡하게 마련이다. 이 점은 도메인 객체도 마찬가지이므로 복잡한 객체를 만드는 방법도 일종의 지식으로 취급한다. 객체 생성은 애플리케이션 어디서든 일어나는 일이다. 대책을 마련하지 않으면 번잡한 객체 생성 절차가 코드 이곳저곳에 중복되며 해당 코드의 의도를 파악하기 어려워진다. 팩토리 패턴을 이용해 객체 생성에 대한 지식을 한곳에 모아 놓으면 도메인 객체가 더 잘 드러나며 그만큼 코드의 의도를 쉽게 이해할 수 있다.

1.4.3 지식 표현을 위한 고급 패턴

애그리게이트와 명세는 지식을 표현하기 위한 고급 패턴이다. 책의 앞쪽에서 소개한 내용을 잘 이해한 다음 읽기 바란다.

애그리게이트(12장)는 무결성을 유지하는 경계다. 값 객체나 엔티티 같은 도메인 객체를 한데 묶어 복잡한 도메인 개념을 나타낸다. 요구되는 배경지식이 많기 때문에 이해하기도 어렵고 그만큼 바르게 실천하기도 어려운 개념이다. 물론 이 배경지식은 모두 앞서 설명한 내용이다. 11장까지 잘 읽었다면 어렵지 않게 이해할 수 있을 것이다.

그다음에 배울 명세(13장)는 객체를 평가하기 위한 지식이다. 객체가 어떤 특정한 조건을 만족하는지 판정하는 평가 기준을 객체 내에 구현하면 객체가 이런 내용의 코드로 인해 불필요하게 복잡해질 수 있다. 명세 패턴을 적용하면 객체를 평가하는 기준을 모듈로 분리할 수 있다.

이 책의 각 장은 구성상 앞뒤가 서로 연결되어 있다. 각 장을 단독으로 읽어도 이해할 수 있지만, 순서에 맞춰 읽는다면 내용을 연결 짓기가 더 수월할 것이다.

칼럼 **왜 지금 도메인 주도 설계가 필요한가?**

도메인 주도 설계는 2003년에 처음 제안됐지만, IT 분야는 발전이 매우 빨라 최신 기술이라도 10년 후에는 진부한 기술이 되는 경우가 많다. 그런데도 최근에야 시스템 개발 현장에서 도메인 주도 설계라는 용어가 오르내리게 된 데는 어떤 배경이 있었던 것일까?

종전에는 서비스를 하루라도 빨리 출시하는 것이 가장 중요시됐다. 그러므로 모델링에 중점을 두어 개발 극초기에 비용이 들어가는 도메인 주도 설계는 기민하지 못한 개발 기법으로 오해를 받고 기피하게 됐다.

서비스를 빠르게 출시하는 것은 편도 로켓에 타는 것과 비슷하다. 일단 발사 후에는 돌아올 수 없다는 단점을 제외하면 시스템 개발 업종의 가혹한 생존경쟁에서 살아남을 수 있는 최선의 선택지이기도 하다. 이와 달리 꼼꼼한 모델링을 거쳐 장기적인 운영을 염두에 둔 설계 기법은 항공기를 운항하는 것과 비슷하다고 볼 수 있다. 항공기는 로켓과 달리 왕복 운행이 가능하지만, 속도는 로켓보다 압도적으로 느리다. 그런데도 편도 로켓을 발사하는 경쟁을 멈추고 항공기로 안정적인 운항을 원하게 된 이유는 무엇일까?

소프트웨어는 항상 진화하는 존재다. 개발 극초기 잠깐 동안의 개발 속도를 우선시한 소프트웨어는 유연성이 떨어지며 변화에 대응하기 어렵다. 소프트웨어가 변화에 제대로 대응하려면 개발자가 지속해서 소프트웨어를 수정해야 한다. 이렇게 여러 해가 지나다 보면 소프트웨어는 복잡하고 이리저리 기워진 누더기가 되기 일쑤다. 그런데도 시대의 변화에 뒤처지지 않기 위해서 힘들지만 개발자는 수정을 계속해 나간다. 편도 로켓 발사 대신 안정적인 항공기 운항을 원하게 됐다는 것도 이런 땜질식 수정 업무에 질렸다고 생각하면 어느 정도 이해가 간다. 끝없는 땜질식 수정 업무에서 벗어나기 위한 수단 중 하나가 도메인 주도 설계인 것이다.

도메인 주도 설계는 도메인에 주목해 요구사항 분석부터 설계, 개발에 이르기까지 소프트웨어 개발 과정에 상호작용이 필요하다. 개발 극초기에도 어느 정도 효과를 볼 수 있지만, 도메인 주도 설계의 진정한 가치가 드러나는 것은 변화에 대응해 소프트웨어를 수정할 때다. 그런 이유로 도메인 주도 설계 도입 초기에는 체감 효과가 그다지 크지 않았다. 그러다가 시간이 흘러 인정을 받게 된 것은 위대한 선배들이 뿌려 놓은 씨앗에 싹이 텄기 때문이다.

지금 당장 동작하는 프로그램을 만드는 것은 어렵지 않다. 그러나 앞으로도 계속 동작할 프로그램을 만들기는 어렵다. 시스템을 장기적으로 운영하기를 원한다면, 다시 말해 로켓 대신 항공기 같은 안정적인 운항을 원한다면 도메인 주도 설계를 익혀야 한다.

시스템 특유의 값을
나타내기 위한 '값 객체'

값 객체는 도메인 객체의 기본 중 기본이다.

값 객체는 도메인 주도 설계를 익히는 첫걸음으로 적합한 개념이다. 그 이유는 우리가 일상적으로 값을 다루기 때문이다. 객체 또한 일상적으로 다룬다. 값 객체는 결국 값과 객체 두 개념을 합친 용어에 지나지 않는다. 모르는 용어가 나왔다고 해서 움츠러들 필요가 전혀 없다.

값 객체는 매우 단순한 개념으로, 시스템에서 쓰이는 금전이나 단가와 같은 값을 객체로 정의한 것이다. 이해하고 나면 '별거 아니구나'라는 생각이 들 것이다.

무언가를 이해하려면 일단 작은 영역부터 확실히 이해하고 나서 서서히 그 이해의 폭을 넓혀 가는 전략이 좋다. 쉽게 이해할 수 있는 값 객체를 출발점으로 도메인 주도 설계 분야의 공부를 시작해 보자.

2.1 값 객체란?

프로그래밍 언어에는 원시 데이터 타입이 있다. 이 원시 데이터 타입만 사용해 시스템을 개발할 수도 있지만, 때로는 시스템 특유의 값을 정의해야 할 때가 있다. 이러한 시스템 특유의 값을 표현하기 위해 정의하는 객체를 값 객체라고 한다.

값 객체를 좀 더 확실히 이해하기 위해 우선 짧은 예제 코드를 통해 '값'이 무엇인지 경험해 보자. 리스트 2-1의 코드를 보자.

리스트 2-1 원시 데이터 타입의 값으로 '성명' 나타내기

```
var fullName = "naruse mananobu";
Console.WriteLine(fullName); // naruse mananobu라는 값을 출력
```

fullName은 문자열 타입의 값을 저장하는 변수로, '이름'을 나타낸다. 위의 프로그램을 실행하면 콘솔에 이름이 출력된다.

잠시 성명에 대해 얘기해 보자. 시스템마다 다양한 방법으로 이 성명을 다룰 것이다. 예를 들면 우리나라에서는 성명을 성과 이름 순서로 출력하며, 외국이라면 성만 표시하는 시스템도 있을 것이다. 리스트 2-2는 이렇게 서로 다른 요구 사항에 대응하기 위해 변수 fullName을 사용해 성씨만 출력하는 예제다.

리스트 2-2 이름 중 성씨만 출력하기

```
var fullName = "naruse masanobu";
var tokens = fullName.Split(' '); // ["naruse", "masanobu"]와 같은 배열이 만들어짐
var lastName = tokens[0];
Console.WriteLine(lastName); // naruse가 출력됨
```

이 코드는 우리가 의도한 대로 fullName의 값에서 성씨 부분만 떼어내 출력한다. 조금 번잡스러워 보이기는 해도 어쨌든 fullName 변수가 단순한 문자열 타입이기 때문에 다른 방법이 없다. 다른 곳에서도 성씨만 출력할 일이 생긴다면 이 부분의 로직을 붙여넣으면 되니 문제가 없을 것이다.

과연 정말 그럴까?

이 로직이 제대로 동작하지 않는 상황이 있다. 리스트 2-3의 코드를 살펴보자.

리스트 2-3 성씨만 출력할 때 문제가 생기는 경우

```
var fullName = "john smith";
var tokens = fullName.Split(' '); // ["john", "smith"]와 같은 배열이 만들어짐
var lastName = tokens[0];
Console.WriteLine(lastName); // john이 출력됨
```

"john smith"씨의 성은 'smith'다. 리스트 2-3은 리스트 2-2에서 성씨를 출력하는 코드를 그대로 사용하는데, 이 코드를 사용하면 실제 성씨인 'smith'가 아닌 'john'이 출력된다. 리스트 2-2의 '성씨를 출력하는 코드'가 제대로 동작하지 않는 것이다. 이는 이름을 쓰는 관습에 따라 성씨가 앞에 오는 경우도 있고 뒤에 오는 경우도 있기 때문이다.

객체 지향 프로그래밍에서는 이런 문제를 해결하기 위해 일반적으로 클래스를 사용한다(리스트 2-4).

리스트 2-4 이름을 나타내기 위한 FullName 클래스

```
class FullName
{
    public FullName(string firstName, string lastName)
    {
        FirstName = firstName;
        LastName = lastName;
    }

    public string FirstName { get; }
    public string LastName { get; }
}
```

앞에서는 성명을 문자열 타입으로 다뤘지만, 새로 FullName 클래스를 정의했다. 성씨 값이 필요하다면 FullName 클래스의 LastName 프로퍼티를 사용하면 된다(리스트 2-5).

리스트 2-5 FullName 클래스의 LastName 프로퍼티 사용하기

```
var fullName = new FullName("masanobu", "naruse");
Console.WriteLine(fullName.LastName); // naruse가 출력됨
```

FullName 클래스는 생성자 메서드에서 이름과 성을 각각 순서대로 인자로 받는다. 이 규칙만 지켜진다면 이름과 성의 표기법상 순서가 바뀐다 해도 문제가 없다(리스트 2-6).

리스트 2-6 확실하게 성을 표시

```
var fullName = new FullName("john", "smith");
Console.WriteLine(fullName.LastName); // smith가 출력됨
```

변수 fullName은 이름 그대로 성명을 나타내는 객체로서 값을 표현한다.

앞서 본 예제를 통해 시스템에서 필요로 하는 값이 원시 데이터 타입이 아닐 수도 있다는 것을 알았다. 시스템에서 어떤 처리를 해야 하는지에 따라 값을 나타내는 적합한 표현이 정해진다. FullName 클래스는 이 시스템의 필요에 맞는 성명을 나타내는 표현이다(그림 2-1). 객체이기도 하고 동시에 값이기도 하다. 따라서 값 객체라고 부른다. 도메인 주도 설계에서 말하는 값 객체는 이렇듯 시스템 특유의 값을 나타내는 객체다.

그림 2-1 시스템 특유의 값

2.2 값의 성질과 값 객체 구현

개발자는 '값'을 자주 사용한다. 숫자나 문자, 문자열 등 값에는 여러 종류가 있다. 특별히 의식하지 않고 값을 쓰기 때문에 생각하지 못하는 경우가 많지만, 값에도 일정한 성질이 있다. 값의 이 성질이 값 객체를 이해하는 열쇠다.

물론 '값이 어떤 성질을 갖는지' 매번 따져보며 코드를 작성하지는 않는다. 이런 철학적인 생각을 하지 않아도 프로그래밍하는 데는 문제가 없기 때문이다. 값을 너무 당연하게 사용해왔기 때문에 '값의 성질이 무엇인지'에 대해 의문을 품어볼 기회가 거의 없었을 것이다.

값의 성질을 아는 것은 값 객체를 이해하기 위해 중요한 사항이다. 여기서 값의 성질에는 어떤 것이 있는지 한번 짚고 넘어가자.

값의 성질로는 대표적으로 다음 세 가지를 꼽을 수 있다.

- 변하지 않는다.
- 주고받을 수 있다.
- 등가성을 비교할 수 있다.

값 객체는 시스템 특유의 값에 대한 표현이며, 값의 한 종류다. 값의 성질은 값 객체에도 그대로 적용된다.

이제 값의 성질을 확인하고 값 객체를 구현하는 방법을 알아보자.

2.2.1 값의 불변성

값은 변화하지 않는 성질을 갖는다. 프로그래밍에서 값을 수정하는 것은 일상적인 일인데, 값이 변화하지 않는다니 모순이 아닌가 하는 생각이 들 것이다. 도대체 이것이 무슨 뜻일까?

리스트 2-7은 값을 수정하는 한 예다.

리스트 2-7 값을 수정하는 예

```
var greet = "안녕하세요";
Console.WriteLine(greet); // '안녕하세요'가 출력됨
greet = "Hello";
Console.WriteLine(greet); // Hello가 출력됨
```

greet의 값은 처음에는 "안녕하세요"였다가 값을 출력하고 난 다음 "Hello"로 수정됐다. 이렇게 값을 수정할 수 있는데, 값이 변하지 않는다니? 정말로 그런지 천천히 확인해 보자.

우리가 값을 수정할 때는 새로운 값을 대입한다. 사실 대입은 값을 수정하는 과정이 아니다. 대입을 통해 수정되는 것은 변수의 내용이지, 값 자체가 수정되는 것은 아니다.

값은 처음부터 끝까지 변하지 않는다. 값이 변했다면 어떤 일이 일어날까?

실제 코드로 확인해 보자. 리스트 2-8은 값을 수정하는 내용을 담은 의사 코드다.

리스트 2-8 '값을 수정'하는 의사 코드

```
var greet = "안녕하세요";
greet.ChangeTo("Hello"); // 실제로는 이런 메서드가 없다
Console.WriteLine(greet); // Hello가 출력된다
```

변수 greet에는 선언과 동시에 "안녕하세요"라는 값이 대입된다. 그다음 줄에서 greet의 값을 수정한다. greet의 실체는 "안녕하세요"라는 값이므로 이 값이 "Hello"로 수정된다. 리스트 2-8은 말 그대로 '값을 수정'하는 코드다.

리스트 2-8을 봐서는 깨닫기 어렵지만, 이렇게 값을 수정할 때 재미있는 일이 일어난다. 즉, 리스트 2-8과 같은 코드가 허용된다면 리스트 2-9와 같은 코드도 가능하다는 말이 된다.

리스트 2-9 값이 수정 가능하다는 성질을 이용한 코드

```
"안녕하세요".ChangeTo("Hello"); // 실제로는 이런 메서드가 없다
Console.WriteLine("안녕하세요"); // Hello가 출력된다
```

ChangeTo 메서드는 값을 수정하는 역할을 한다. ChangeTo 메서드를 호출하면 값 자체가 수정되므로 "안녕하세요"가 "Hello"가 되며, 따라서 콘솔에도 "Hello"가 출력된다. 만약 이런 동작이 가능하다면 개발자는 매우 혼란스러울 것이다.

값을 수정할 수 있다면 안심하고 값을 사용할 수 없다. 1이라는 숫자가 갑자기 0이 된다면 얼마나 많은 혼란을 일으키겠는가? 1이라는 숫자는 항상 1이어야 한다. 값은 변하지 않기 때문에 안심하고 사용할 수 있는 것이다.

이제 값이 변하지 않는 것이 미덕이라는 것을 알았으니 다시 리스트 2-10의 코드를 살펴보자.

리스트 2-10 일반적으로 볼 수 있는 값 수정

```
var fullName = new FullName("masanobu", "naruse");
fullName.ChangeLastName("sato");
```

한 번쯤은 위와 같은 코드를 본 적이 있을 것이다. 이 코드는 대부분의 개발자에게 자연스럽게 받아들여진다. 그러나 FullName 클래스를 값으로 간주할 경우 부자연스러운 부분이 생긴다. 바로 값이 수정되기 때문이다.

FullName은 시스템 특유의 값을 표현하는 값 객체다. 그리고 FullName은 값이기도 하다. 그러므로 변하지 않아야 한다. FullName 클래스에 값을 수정하는 기능을 제공하는 ChangeLastName 같은 메서드가 정의되어서는 안 된다.

칼럼 불변하는 값의 장점

소프트웨어를 개발하다 보면 버그와 싸울 일이 많다. 버그의 원인은 다양하지만, 상태의 변화가 그중 하나다.

객체를 생성하고 메서드에 인자로 넘기니 자기도 모르는 사이에 상태가 수정되어 의도하지 않은 동작을 보이거나 버그를 일으켰다는 이야기는 자주 들었을 것이다.

상태 변화가 원인인 버그를 방지하는 가장 단순한 방법은 상태가 변화하지 않게 하는 것이다. 모르는 사이에 상태가 바뀌는 것이 문제라면 처음부터 상태가 변화하지 않게 하면 된다. 단순하지만 강력한 방어책이다.

상태가 변화하지 않게 하는 것은 프로그램을 단순하게 만들 가능성이 있는 제약이다. 예를 들어 병렬 혹은 병행 처리가 일어나는 프로그램에서는 상태가 변화할 수 있는 객체를 어떻게 다뤄야 할지가 과제가 된다. 객체의 상태가 변화하지 않는다면 값이 변하는 상황을 고려할 필요가 없기 때문에 병렬 및 병행 처리를 비교적 쉽게 구현할 수 있다.

그 외에 컴퓨터의 메모리가 부족할 때도 객체를 캐싱하는 전략을 취할 수 있다. 객체의 상태가 변화하지 않는다면 완전히 같은 상태를 갖는 객체를 여러 개 준비할 필요 없이 하나의 객체를 캐시로 돌려쓸 수 있어 리소스를 절약할 수 있다.

물론 상태가 변하지 않는 객체의 단점도 있다. 그중 대표적인 것은 객체의 일부 값만 바꾸고 싶을 때도 객체를 아예 새로 생성해야 한다는 점이다. 이 점은 상태가 변할 수 있는 객체에 비해 성능 면에서 불리하기 때문에 아주 심각한 상황이 아니고서는 값 객체라도 상태를 바꿀 수 있게 하는 전략을 취하기도 한다.

하지만 가변 객체를 불변 객체로 바꾸는 것보다는 불변 객체를 가변 객체로 만드는 것이 노력이 적게 들기 때문에 가변 객체와 불변 객체 중 결정을 내리기가 어려울 때는 일단 불변 객체를 적용하는 것이 낫다.

2.2.2 교환 가능하다

값은 불변이다. 그러나 값을 수정하지 않고서도 목적을 달성할 수 있는 소프트웨어를 만들기는 어렵다. 값은 불변일지라도 값을 수정할 필요는 있다. 모순처럼 들리지만, 코딩을 할 때 이런 사항을 고민하지는 않는다. 우리가 평소에 값을 수정하는 방식을 살펴보자(리스트 2-11).

리스트 2-11 평소에 우리가 값을 수정하는 방법

```
// 숫자값 수정
var num = 0;
num = 1;

// 문자값 수정
var c = '0';
c = 'b'

// 문자열값 수정
var greet = "안녕하세요";
greet = "hello";
```

리스트 2 11의 코드는 모두 변수에 값을 대입하는 코드다. 즉, 대입문 자체가 값의 수정을 나타내는 방법이라는 뜻이다(리스트 2-12).

'변하지 않는' 성질을 갖는 값은 값 자체를 수정할 수 없다. 이것은 값 객체 또한 마찬가지다. 값 객체의 수정 역시 값과 마찬가지로 대입문을 통해 교환의 형식으로 표현된다.

리스트 2-12 값 객체를 수정하는 방법

```
var fullName = new FullName("masanobu", "naruse");
fullName = new FullName("masanobu", "sato");
```

리스트 2-12에서도 값을 수정하는 데 대입문이 사용된 것을 볼 수 있다. 값 객체는 불변이기 때문에 대입문을 통한 교환 외의 수단으로는 수정을 나타낼 수 없다(그림 2-2).

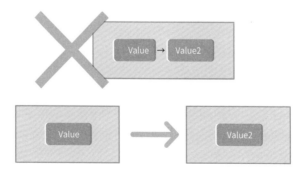

그림 2-2 교환 외의 수단으로는 수정을 나타낼 수 없다.

2.2.3 등가성 비교 가능

리스트 2-13에서 보듯이, 숫자끼리 혹은 문자끼리처럼 같은 종류의 값끼리는 비교할 수 있다.

리스트 2-13 같은 종류의 값끼리 비교하기

```
Console.WriteLine(0 == 0); // true
Console.WriteLine(0 == 1); // false
Console.WriteLine('a' == 'a'); // true
Console.WriteLine('a' == 'b'); // false
Console.WriteLine("hello" == "hello"); // true
Console.WriteLine("hello" == "안녕하세요"); // false
```

예를 들어 표현식 0==0에서 좌변의 0과 우변의 0은 인스턴스로서는 별개의 존재[1]지만, 같은 값으로 취급된다. 이것이 의미하는 바는 값은 값 자신이 아니라 값을 구성하는 속성을 통해 비교된다는 점이다. 시스템 고유의 값인 값 객체도 이와 마찬가지로 값 객체를 구성하는 속성(인스턴스 변수)을 통해 비교된다(리스트 2-14).

리스트 2-14 값 객체 간의 비교[2]

```
var nameA = new FullName("masanobu", "naruse");
var nameB = new FullName("masanobu", "naruse");

// 두 인스턴스를 비교
Console.WriteLine(nameA.Equals(nameB)); // 인스턴스를 구성하는 속성이 같으므로 true
```

그러나 객체끼리의 비교에서 리스트 2-15에서 보듯이 속성값을 꺼내 직접 비교하는 경우가 있다.

리스트 2-15 속성값을 꺼내 직접 비교하기

```
var nameA = new FullName("masanobu", "naruse");
var nameB = new FullName("john", "smith");

var compareResult =
```

---

1   최적화 등을 통해 동일한 인스턴스가 되는 경우도 있다.

2   (옮긴이) C#의 string.Equals()는 두 문자열의 값을 비교하기 때문에 예제와 같이 동작하지만, FullName은 object.Equals()를 상속받으므로 두 인스턴스가 동일 인스턴스 여부를 반환하기 때문에 이 예제의 실행 결과는 false가 됩니다. 여기서는 저자의 의도를 이해해주시면 좋겠습니다.

```
  nameA.FirstName == nameB.FirstName &&
  nameA.LastName == nameB.LastName;

Console.WriteLine(compareResult);
```

실행 가능한 모듈이라는 면에서 이 코드는 틀린 점이 없으며, 언뜻 보면 자연스럽게 보인다. 그러나 FullName 객체가 값이라는 사실을 생각하면 부자연스러운 코드다. 숫자로 예를 들어 리스트 2-15와 같은 방식으로 비교한다면 다음과 같을 것이다.

리스트 2-16 속성을 꺼내 직접 비교하는 방식을 숫자에 적용한 코드

```
Console.WriteLine(1.Value == 0.Value); // false?
```

대개 리스트 2-16과 같은 코드는 본 적이 없을 것이다. 값의 값(Value)을 꺼낸다니 아무리 생각해도 자연스럽지 못하다.

값 객체는 시스템 고유의 값이다. 결국 값이다. 따라서 값의 속성을 꺼내 비교하는 것이 아니라, 값과 마찬가지로 직접 값끼리 비교하는 방식이 자연스럽다(리스트 2-17).

리스트 2-17 값끼리 직접 비교하기

```
var nameA = new FullName("masanobu", "naruse");
var nameB = new FullName("john", "smith");

var compareResult = nameA.Equals(nameB);
Console.WriteLine(compareResult);

// 연산자 오버라이드를 활용할 수도 있다
var compareResult2 = nameA == nameB;
Console.WriteLine(compareResult2);
```

이렇게 자연스러운 코드를 사용하려면 값 객체를 비교하는 메서드를 제공해야 한다(리스트 2-18).

리스트 2-18 비교 메서드를 제공하는 FullName 클래스

```csharp
class FullName : IEquatable<FullName>
{
    public FullName(string firstName, string lastName)
    {
        FirstName = firstName;
        LastName = lastName;
    }

    public string FirstName { get; }
    public string LastName { get; }

    public bool Equals(FullName other)
    {
        if (ReferenceEquals(null, other)) return false;
        if (ReferenceEquals(this, other)) return true;
        return string.Equals(FirstName, other.FirstName)
          && string.Equals(LastName, other.LastName);
    }

    public override bool Equals(object obj)
    {
        if (ReferenceEquals(null, obj)) return false;
        if (ReferenceEquals(this, obj)) return true;
        if (obj.GetType() != this.GetType()) return false;
        return Equals((FullName) obj);
    }

    // C#에서 Equals를 오버라이드하려면 GetHashCode를 함께 오버라이드해야 힌다
    public override int GetHashCode()
    {
        unchecked
        {
            return ((FirstName != null ? FirstName.GetHashCode() : 0) * 397)
              ^ (LastName != null ? LastName.GetHashCode() : 0);
        }
    }
}
```

위 코드는 C#에서 비교를 구현하는 전형적인 코드다. 두 값 객체를 비교하려면 값 객체의 속성을 꺼내 비교하는 대신 Equals 메서드를 쓰면 된다. 이런 방법으로 값 객체도 값과 같은 방법으로 비교할 수 있다.

'객체를 비교하는 코드를 자연스럽게' 만든다는 목적만으로 이만큼의 코드를 작성하는 게 찜찜할 수도 있다. 그러나 안심해도 된다. 이 방법은 코드가 자연스러워지는 것 말고도 명확한 장점이 있다. 값 객체에 인스턴스 변수를 추가할 때 이 장점을 알 수 있을 것이다.

속성을 추가해도 수정이 필요 없다

성과 이름 사이에 미들네임이 있는 경우가 있다. 이 미들네임을 표현하기 위해 FullName 클래스에 속성을 추가해야 하는 상황을 생각해 보자.

값 객체에 비교를 위한 메서드가 없어서 코드에서 속성을 직접 꺼내 비교해야 할 경우, 새로 추가된 속성이 생겼을 때 비교하는 코드를 모두 수정해야 한다(리스트 2-19).

리스트 2-19 속성을 직접 비교할 경우 새로운 속성 추가하기

```
var compareResult = nameA.FirstName == nameB.FirstName
            && nameA.LastName == nameB.LastName
            && nameA.MiddleName == nameB.MiddleName;
// 조건식이 추가됨
```

이 정도 수정이라면 간단하다고 생각할지도 모르겠다. 하지만 FullName 객체를 비교하는 곳이 여기뿐일까? 이 외에도 FullName 객체를 비교하는 코드가 프로그램 여러 곳에 있다면?

한곳을 수정하기는 쉽지만, 개수가 누적되면 수정 난도도 크게 상승한다. 리스트 2-19와 같이 코드가 작성된 곳을 모두 찾아 실수 없이 모두 수정하려면 매우 번거롭고 신경이 쓰일 것이다.

값 객체에서 직접 비교수단을 제공하면 이렇게 단순하고 지루한 작업을 피할 수 있다(리스트 2-20).

```
class FullName : IEquatable<FullName>
{

    (...생략...)

    public bool Equals(FullName other)
    {
        if (ReferenceEquals(null, other)) return false;
        if (ReferenceEquals(this, other)) return true;
        return string.Equals(FirstName, other.FirstName)
          && string.Equals(LastName, other.LastName)
          && string.Equals(MiddleName, other.MiddleName);
          // 이곳의 조건식만 추가하면 된다
    }
}
```

FullName 객체를 비교하려면 Equals 메서드만 호출하면 된다. 따라서 값 객체에 새로운 속성이 추가돼도 수정할 곳은 Equals 메서드 내부로 제한된다. 비교뿐만 아니라, 값의 속성을 다루는 처리 역시 값 객체에서 제공하게 하면 수정할 곳을 줄일 수 있다.

2.3 값 객체가 되기 위한 기준

FullName 클래스를 구성하는 firstName이나 lastName 등의 속성은 값 객체가 아니라 원시 타입인 문자열로 정의돼 있다. 사실 시스템에서 사용되는 개념 중 어디까지 값 객체로 만들어야 하는가도 어려운 문제다. 단순히 도메인 모델로 정의되는 개념은 값 객체로 정의할 수 있지만, 그렇지 않은 경우에는 혼란을 낳는다.

예를 들어 리스트 2-21의 코드는 가능한 한 모든 속성을 값 객체로 만든 FullName 클래스다.

리스트 2-21 가능한 모든 속성을 값 객체로 갖는 FullName 클래스

```
class FullName : IEquatable<FullName>
{
    private readonly FirstName firstName;
    private readonly LastName lastName;

    public FullName(FirstName firstName, LastName lastName)
    {
        this.firstName = firstName;
        this.lastName = lastName;
    }

    (...생략...)

}
```

생성자 메서드에 전달되는 인자는 값 객체다(리스트 2-22, 2-23).

리스트 2-22 이름을 나타내는 값 객체

```
class FirstName
{
    private readonly string value;

    public FirstName(string value)
    {
        if (string.IsNullOrEmpty(value)) throw new ArgumentException("최소 1글자
이상이어야 함", nameof(value));

        this.value = value;
    }
}
```

```
class LastName
{
    private readonly string value;

    public LastName(string value)
    {
        if (string.IsNullOrEmpty(value)) throw new ArgumentException("최소 1글자
이상이어야 함", nameof(value));

        this.value = value;
    }
}
```

이 코드를 보고 정도가 '지나치다'고 보는 사람도 있는가 하면, '괜찮다'고 보는 사람도 있다. 이 코드가 적당한지에 대한 기준은 상황에 따라 달라지기 때문이다. 어느 한쪽이 항상 옳은 것도 아니고, 다른 쪽이 항상 틀린 것도 아니다.

하지만 '판단기준이 있었으면 좋겠다' 싶은 마음도 이해할 수 있다. 그래서 참고를 위해 필자의 개인적인 기준을 언급하겠다.

도메인 모델로 선정되지 못한 개념을 값 객체로 정의해야 할지에 대한 기준으로 필자는 '규칙이 존재하는가'와 '낱개로 다루어야 하는가'라는 점을 중요하게 본다.

성명을 예로 들면, '성과 이름으로 구성된다'는 규칙이 있다. 또 앞서 본문에서 봤듯이 '낱개로 다뤄지는' 정보다. 필자의 판단기준에 비춰보면 성명은 값 객체로 정의해야 할 개념이 된다.

성 혹은 이름은 어떻게 될까? 현재로서는 시스템상에 성과 이름에 대한 제한은 없다. 성만 사용하거나 이름만 사용하는 화면도 아직은 없다. 필자라면 성과 이름을 값 객체로 만들지는 않을 것이다.

전제를 살짝 바꿔서 만약 성과 이름에서 사용 가능한 문자에 제약이 있다면 어떻게 될까? 결론부터 말하자면 값 객체로 정의하지 않고도 규칙을 강제할 수 있다(리스트 2-24).

리스트 2-24 FullName에 규칙을 추가하기

```
class FullName : IEquatable<FullName>
{
    private readonly string firstName;
    private readonly string lastName;

    public FullName(string firstName, string lastName)
    {
        if (firstName == null) throw new ArgumentNullException(nameof(firstName));
        if (lastName == null) throw new ArgumentNullException(nameof(lastName));
        if (!ValidateName(firstName)) throw new ArgumentException("허가되지 않은 문자가
사용됨", nameof(firstName));
        if (!ValidateName(lastName)) throw new ArgumentException("허가되지 않은 문자가
사용됨", nameof(lastName));

        this.firstName = firstName;
        this.lastName = lastName;
    }

    private bool ValidateName(string value)
    {
        // 사용가능한 문자를 알파벳으로 제한
        return Regex.IsMatch(value, @"^[a-zA-Z]+$");
    }

    (...생략...)

}
```

리스트 2-24의 FullName 클래스처럼 속성이 원시 타입이어도 인자를 전달받은 시점에 검사를
하면 규칙을 강제할 수 있다.

물론 값 객체로 정의해도 문제는 없다. 속성을 값 객체로 만들기로 했다면 그다음에 생각해야
할 것은 성과 이름을 별도의 타입으로 나눌지 말지다. 성과 이름을 따로 다룰 필요가 없다면 하
나의 타입으로 다룰 수도 있다.

리스트 2-25 이름을 나타내는 클래스

```csharp
class Name
{
    private readonly string value;

    public Name(string value)
    {
        if (value == null) throw new ArgumentNullException(nameof(value));
        if (!Regex.IsMatch(value, @"^[a-zA-Z]+$")) throw new ArgumentException("허가되지
않은 문자가 사용됨", nameof(value));

        this.value = value;
    }
}
```

리스트 2-26 Name 클래스를 이용해 구현한 FullName 클래스

```csharp
class FullName
{
    private readonly Name firstName;
    private readonly Name lastName;

    public FullName(Name firstName, Name lastName)
    {
        if (firstName == null) throw new ArgumentNullException(nameof(firstName));
        if (lastName == null) throw new ArgumentNullException(nameof(lastName));

        this.firstName = firstName;
        this.lastName = lastName;
    }

    (...생략...)

}
```

중요한 것은 값 객체 정의를 피하는 것이 아니다. 값 객체로 정의할 필요가 있는지를 판단하고, 만약 그렇다면 대담하게 행동으로 옮기는 것이 중요하다.

그리고 값 객체로 정의할 만한 가치가 있는 개념을 구현 중에 발견했다면 그 개념은 도메인 모델로 피드백해야 한다. 도메인 주도 설계의 목적인 반복적 개발은 이렇게 구현 중에 발견된 새로운 사실을 통해 이루어진다.

2.4 행동이 정의된 값 객체

값 객체에서 중요한 점 중 하나는 독자적인 행위를 정의할 수 있다는 점이다. 돈을 나타내는 돈 객체를 예로 생각해 보자.

돈에는 액수와 화폐 단위(원 혹은 달러), 이렇게 2가지 속성이 있다. 이를 리스트 2-27과 같이 값 객체로 정의할 수 있다.

리스트 2-27 액수와 화폐 단위를 속성으로 갖는 돈 객체

```
class Money
{
    private readonly decimal amount;
    private readonly string currency;

    public Money(decimal amount, string currency)
    {
        if (currency == null) throw new ArgumentNullException(nameof(currency));

        this.amount = amount;
        this.currency = currency;
    }
}
```

값 객체는 데이터만을 저장하는 컨테이너가 아니라 행동을 가질 수도 있는 객체다. 실제로 행동을 추가해 보자.

돈은 덧셈이 가능하다. 돈의 덧셈을 Add 메서드로 구현해 보자(리스트 2-28).

리스트 2-28 금액을 더하는 처리를 구현하기

```
class Money
{
    private readonly decimal amount;
    private readonly string currency;

    (...생략...)

    public Money Add(Money arg) {
        if (arg == null) throw new ArgumentNullException(nameof(arg));
        if (currency != arg.currency) throw new ArgumentException($"화폐 단위가 다름
(this:{currency}, arg:{arg.currency})");

        return new Money(amount + arg.amount, currency);
    }
}
```

돈을 더하려면 화폐 단위가 일치해야 한다. 그러므로 화폐 단위가 같은지 확인한다. 또 값 객체
는 불변이므로 계산된 결과는 새로운 인스턴스로 반환된다.

덧셈의 결과를 받으면 변수에 대입한다. 리스트 2-28의 코드를 이용해 덧셈을 처리하는 코드
가 리스트 2-29다.

리스트 2-29 계산 결과 받기

```
var myMoney = new Money(1000, "KRW");
var allowance = new Money(3000, "KRW");
var result = myMoney.Add(allowance);
```

이것은 원시 타입끼리의 계산과 같은 방식이다(리스트 2-30).

리스트 2-30 원시 타입끼리의 덧셈

```
var myMoney = 1000m;
var allowance = 3000m;
var result = myMoney + allowance
```

그리고 화폐 단위가 일치하지 않는 경우에는 예외를 발생시키므로 잘못된 계산을 예방할 수 있다(리스트 2-31).

리스트 2-31 화폐 단위가 일치하지 않으면 예외를 발생

```
var krw = new Money(1000, "KRW");
var usd = new Money(10, "USD");
var result = jpy.Add(usd); // 예외 발생
```

버그는 착각에서 발생하는 경우가 많다. 계산 과정에 규칙을 명시하고 이에 어긋나지 않게 따져가며 계산을 수행하며 규칙적인 오류를 방지할 수 있다면 이를 활용하는 것이 좋다.

값 객체는 결코 데이터를 담는 것만이 목적인 구조체가 아니다. 값 객체는 데이터와 더불어 그 데이터에 대한 행동을 한곳에 모아둠으로써 자신만의 규칙을 갖는 도메인 객체가 된다.

2.4.1 정의되지 않았기 때문에 알 수 있는 것

객체에 정의된 행위를 통해 이 객체가 어떤 일을 할 수 있는지 알 수 있다. 이를 반대로 생각하면 객체는 자신에게 정의되지 않은 행위는 할 수 없다는 말도 된다.

다시 돈을 예로 들어보면, 돈을 나타내는 값 객체끼리 덧셈을 할 수 있지만, 곱셈은 불가능하다. 즉, '100원+100원=200원'은 가능해도 '100원*100원=10,000원'은 가능하지 않다.

돈에 곱셈이 필요한 경우라면 금리를 계산할 때 정도일 것이다. 금리를 계산하기 위한 시그니처라면 리스트 2-32와 같은 코드를 생각해 볼 수 있다.

리스트 2-32 금액을 곱하는 행위

```
class Money
{
    (...생략...)

    public Money Multiply(Rate rate);
    // public Money Multiply(Money money)은 정의하지 않음
}
```

돈 객체끼리의 곱셈은 정의되지 않았으므로 묵시적으로 곱셈이 가능하지 않음을 알 수 있다.

2.5 값 객체를 도입했을 때의 장점

당연한 일이지만 시스템 고유의 값을 객체로 나타내면 그만큼 정의하는 클래스의 수도 늘어난다. 원시 타입 값을 '잘 활용하는' 방법으로 개발해왔기 때문에 많은 수의 클래스를 정의하는 것을 껄끄러워하는 개발자도 많다.

원래대로라면 모듈성을 위해 코드를 적절한 크기로 나누고 분산시켜 정의해야겠지만, 이런 것에 신경 쓰지 않는 프로젝트도 많다. 이런 상황에 처한 개발자는 값 객체를 도입해 많은 수의 클래스 파일을 만들기 어렵다. 무엇이든 처음은 어렵게 마련이다. 값 객체를 도입하려면 여기에 따르는 심리적 장애물을 넘어야 한다.

바로 이 최초의 벽을 넘기 위한 용기를 내는 데 도움이 되도록 값 객체를 도입했을 때의 장점을 소개하고자 한다. 어떤 이유로 값 객체가 필요한지 이해한다면 좀 더 많은 사람이 값 객체의 필요성을 느끼고 프로젝트에 도입하게 될 것이다.

값 객체의 장점은 크게 다음 네 가지다.

- 표현력이 증가한다.
- 무결성이 유지된다.
- 잘못된 대입을 방지한다.
- 로직이 코드 이곳저곳에 흩어지는 것을 방지한다.

네 가지 모두 간단하지만, 시스템을 보호하는 데는 크게 도움이 된다.

2.5.1 표현력의 증가

공산품에는 로트 번호나 일련번호, 제품번호 등 식별을 위한 다양한 번호가 부여된다. 이들 번호는 숫자만으로 구성되기도 하고 알파벳이 섞인 문자열 형태도 있다. 제품번호를 원시 타입으로 나타낸 프로그램은 어떨까(리스트 2-33)?

리스트 2-33 원시 타입으로 정의한 제품번호

```
var modelNumber = "a20421-100-1";
```

modelNumber는 원시 타입인 문자열 타입의 변수다. 대입된 값을 직접 확인해 보면 제품번호가 3종류의 번호로 구성돼 있음을 알 수 있다. 그러나 코드상에서 갑자기 modelNumber라는 변수를 맞닥뜨리게 되면 제품번호의 내용이 어떤 것인지 예측하기 어렵다(리스트 2-34).

리스트 2-34 제품번호의 내용을 알 수 없다

```
void Method(string modelNumber) // 타입이 문자열이라는 것만 알 수 있다
{
    (...생략...)
}
```

제품번호의 내용을 알려면 modelNumber 변수가 어디서 만들어져 어떻게 전달됐는지 따라가 보는 수밖에 없다.

제품번호를 나타내는 데 값 객체를 사용했다면 어땠을까(리스트 2-35)?

리스트 2-35 제품번호를 나타내는 값 객체

```
class ModelNumber
{
    private readonly string productCode;
    private readonly string branch;
    private readonly string lot;
```

```
    public ModelNumber(string productCode, string branch, string lot)
    {
        if (productCode == null) throw new ArgumentNullException(nameof(productCode));
        if (branch == null) throw new ArgumentNullException(nameof(branch));
        if (lot == null) throw new ArgumentNullException(nameof(lot));

        this.productCode = productCode;
        this.branch = branch;
        this.lot = lot;
    }

    public override string ToString()
    {
        return productCode + "-" + branch + "-" + lot;
    }
}
```

ModelNumber 클래스의 정의를 살펴보면 제품번호가 제품코드(productCode)와 지점번호(branch), 로트번호(lot)로 구성됨을 알 수 있다. 아무 정보를 제공하지 않는 문자열과 비교하면 큰 진보다.

값 객체는 자기 정의를 통해 자신이 무엇인지에 대한 정보를 제공하는 자기 문서화를 돕는다.

2.5.2 무결성의 유지

시스템에는 각 값이 준수해야 할 규칙이 있다. 사용자명을 예로 들어보자.

사용자명은 간단히 말하면 문자열이다. 그러나 시스템에 따라서 'N 글자 이상 M 글자 이하'와 같은 제한이나 '알파벳 문자만을 포함할 것'과 같은 규칙이 있을 수 있다.

'사용자명은 세 글자 이상일 것'이라는 규칙이 있다면 리스트 2-36의 코드는 바른 코드라고 할 수 있을까?

```
var userName = "me";
```

사용자명을 의미하는 변수 userName은 길이가 2인 문자열이다. 그러므로 '사용자명은 세 글자 이상일 것'이라는 규칙을 위반하는 이상값이다. 그러나 프로그램상에 길이가 2인 문자열이 존재하는 데는 아무런 문제가 없다. 컴파일러의 관점에서 길이가 2인 문자열이 정상인 것은 당연한 일이고 프로그램을 실행해도 문제없이 동작한다. 따라서 세 글자 이하로 유효하지 않은 사용자명임에도 이 값이 존재할 수 있다.

유효하지 않은 값은 효과가 늦게 나타나는 독과 같이 다루기 까다로운 상대다. 유효하지 않은 값을 허용하는 경우 값을 사용할 때 항상 값이 유효한지 확인을 거쳐야 한다(리스트 2-37).

리스트 2-37 값을 사용하기 전 값이 유효한지 확인하기

```
if (userName.Length >= 3)
{
    // 유효한 값이므로 처리를 계속한다
}
else
{
    throw new Exception("유효하지 않은 값");
}
```

값의 유효성을 매번 확인하면 급한 불은 끌 수 있지만, 그로 인해 코드 여기저기에 유효성을 검사하는 코드가 반복될 것이다. 유효성 검사를 위한 코드를 여기저기 반복적으로 작성하는 것은 귀찮기도 하고 한곳이라도 잘못되면 시스템 오류로 이어질 수 있다.

값 객체를 잘 이용하면 유효하지 않은 값을 처음부터 방지할 수 있다. 리스트 2-38의 UserName 클래스는 사용자명을 나타내는 값 객체다.

리스트 2-38 사용자명을 나타내는 값 객체

```
class UserName
{
    private readonly string value;
```

```
    public UserName(string value)
    {
        if (value == null) throw new ArgumentNullException(nameof(value));
        if (value.Length < 3) throw new ArgumentException("사용자명은 3글자 이상이어야
함", nameof(value));

        this.value = value;
    }
}
```

UserName 클래스는 방어 코드[3]를 통해 길이가 세 글자 미만인 사용자명을 허용하지 않는다. 시스템상 유효하지 않은 값은 이런 방식의 확인을 거쳐 허용하지 않는 것이다. 결과적으로 규칙을 위반하는 유효하지 않은 값을 걱정할 필요가 없다.

2.5.3 잘못된 대입 방지하기

대입문을 잘못 사용한 적이 있는가? 대입은 코드에서 매우 자주 사용되는 문법으로, 개발자라면 일상적으로 사용할 것이다. 그만큼 일상적인 행위이기 때문에 개발자도 가끔(혹은 자주) 대입문을 잘못 사용하는 경우가 있다.

리스트 2-39에 실린 간단한 대입문을 예로 들어보자.

리스트 2-39 간단한 대입문의 예

```
User CreateUser(string name)
{
    var user = new User();
    user.Id = name;
    return user;
}
```

---

3   함수 초반부에 처리 대상이 아닌 입력을 확인해 걸러내는 코드.

위 코드를 보면 User 클래스의 Id 속성에 인자로 전달받은 name의 값을 대입했다. 이 코드는 실행에는 문제가 없겠지만, 올바른 코드라고 할 수 없다.

사용자의 ID는 시스템에 따라 다르다. 사용자명이 그대로 ID인 경우도 있고, 이메일 주소처럼 별도의 값을 ID로 삼는 경우도 있다. 전자라면 리스트 2-39의 코드는 올바른 코드가 될 것이고, 후자라면 바르지 못한 코드가 된다. 컨텍스트가 없이는 이 코드가 올바른 코드인지 판단하기 어렵다. 이를 판단하려면 시스템의 동작 명세를 깊이 파악해야 한다.

코드가 올바른지 아닌지를 판단하기 위해 관계자의 기억이나 문서를 뒤지는 것보다는 자기 문서화의 힘을 빌리는 것이 바람직하다. 코드가 올바른지 아닌지를 코드로 나타낼 수 있다면 그보다 더 나은 방법은 없다. 값 객체를 통해 이를 실현할 수 있다. 값 객체를 실제로 적용해 보자.

우선 값 객체가 있어야 한다. 사용자 ID와 사용자명을 나타내는 값 객체를 각각 정의한다(리스트 2-40, 2-41).

리스트 2-40 사용자 ID를 나타내는 값 객체

```
class UserId
{
    private readonly string value;

    public UserId(string value)
    {
        if (value == null) throw new ArgumentNullException(nameof(value));

        this.value = value;
    }
}
```

리스트 2-41 사용자명을 나타내는 값 객체

```
class UserName
{
    private readonly string value;
```

```
        public UserName(string value)
        {
            if (value == null) throw new ArgumentNullException(nameof(value));

            this.value = value;
        }
    }
```

UserId와 UserName 클래스는 각각 원시 타입인 문자열을 래핑한 단순한 객체다. 행동은 아직 정
의되지 않았지만, 지금 다루는 문제를 해결하기에는 이 정도면 충분하다.

이제 User 객체의 속성 타입을 이들 값 객체로 수정하자(리스트 2-42).

리스트 2-42 값 객체를 사용하도록 수정된 User 클래스

```
class User
{
    public UserId Id { get; set; }
    public UserName Name { get; set; }
}
```

이제 리스트 2-39의 코드를 수정할 차례다. 함수의 인자로 문자열이 아닌 UserName 객체를 전
달받게 한다(리스트 2-43).

리스트 2-43 원시 타입 대신 값 객체를 사용한 예

```
User CreateUser(UserName name)
{
    var user = new User();
    user.Id = name; // 컴파일 에러 발생
    return user;
}
```

User 클래스의 Id 속성은 UserId 타입의 값 객체다. 여기에 대입을 시도한 name은 UserName 타입
의 변수다. 컴파일러는 대입문에서 타입 불일치를 발견해 에러를 발생시킨다. 리스트 2-43의
코드는 잘못된 코드일 경우 컴파일러가 에러를 검출해준다.

숨어있는 에러가 발생한 곳을 예측하기는 어렵다. 에러를 실행 전이나 실행 후에 발견하는 것 중 선택하라면 실행 전에 발견하는 것이 낫다. 값 객체를 정의해 타입 시스템에 의존하면 예측하기 어려운 에러가 숨을 곳을 줄일 수 있다.

정적 타이핑 프로그래밍 언어를 사용한다면 이 특성을 적극적으로 활용하기 바란다. 또 정적 타이핑 프로그래밍 언어가 아니더라도 타입 힌팅 기능 등을 통해 IDE가 에러를 잡아낼 수 있다.

값 객체를 이용해 가능한 한 에러를 사전에 방지한다면 즐겁지 않은 버그 잡기로부터 해방될 수 있다.

2.5.4 로직을 한곳에 모아두기

DRY 원칙[4]에서 밝혔듯이 코드 중복을 방지하는 일은 매우 중요하다. 중복된 코드가 많아지면 코드를 수정하는 난도가 급상승한다.

예를 들어 값 객체를 적용하지 않은 사용자 생성 처리에는 리스트 2-44와 같이 입력값을 검증하는 과정이 필요하다.

리스트 2-44 입력값 검증이 포함된 사용자 생성 처리

```
void CreateUser(string name)
{
    if (name == null) throw new ArgumentNullException(nameof(name));
    if (name.Length < 3) throw new ArgumentException("사용자명은 3글자 이상이어야 함",
nameof(name));

    var user = new User(name);

    (...생략...)

}
```

---

4   Do not Repeat Yourself의 머리글자를 딴 것이다. 지식을 정리 · 정돈하고 중복을 제거해 신뢰할 수 있도록 하자는 주장이다.

사용자 정보를 수정하는 부분이 이곳 하나라면 이 코드는 문제가 없다. 그러나 이 외에 사용자 정보를 수정하는 처리가 있다면 어떻게 될까(리스트 2-45).

리스트 2-45 사용자 정보 수정 시에도 같은 검증이 필요하다

```
void UpdateUser(string id, string name)
{
    if (name == null) throw new ArgumentNullException(nameof(name));
    if (name.Length < 3) throw new ArgumentException("사용자명은 3글자 이상이어야 함",
nameof(name));

    (...생략...)
}
```

리스트 2-44에 나온 인자를 검증하는 코드가 사용자 정보 수정 시에도 중복된다. 이런 중복 코드의 단점은 규칙이 수정됐을 때 드러난다.

예를 들어 '사용자명의 최소 길이'가 변경된 상황을 가정해 보자. 개발자는 우선 사용자를 신규 생성하는 리스트 2-44의 코드에서 name의 길이를 확인하는 코드를 수정할 것이다. 그다음 사용자 정보 수정에 해당하는 리스트 2-45의 코드에서도 같은 수정을 해야 한다.

아직은 수정할 곳이 두 군데뿐이니 크게 어려운 일은 아니지만, 그렇게 단순히 치부할 문제는 아니다. 이런 종류의 코드는 이 외에도 시스템 어딘가에 숨어있을 가능성이 있다. 결국에는 개발자가 '사용자명의 최소 길이'를 확인하는 코드를 일일이 찾아야만 한다. 이는 상당한 신중함과 헛된 수고가 들어가는 작업이 될 것이다.

이상을 따지자면 말할 것도 없이 한 곳만 수정하면 되는 상황일 것이다. 값 객체를 정의해 그 안에 규칙을 정리하면 이를 실현할 수 있다(리스트 2-46).

리스트 2-46 값 객체 안에 정리된 규칙

```
class UserName
{
    private readonly string value;

    public UserName(string value)
```

```
    {
        if (value == null) throw new ArgumentNullException(nameof(value));
        if (name.Length < 3) throw new ArgumentException("사용자명은 3글자 이상이어야
함", nameof(name));

        this.value = value;
    }
}
```

이 값 객체를 이용하면 사용자 신규 생성과 사용자 정보 수정 처리를 리스트 2-47과 같이 구
현할 수 있다.

리스트 2-47 값 객체를 이용해 구현한 사용자 신규 생성과 사용자 정보 수정

```
void CreateUser(string name)
{
    var userName = new UserName(name);
    var user = new User(userName);

    (...생략...)
}

void UpdateUser(string id, string name)
{
    var userName = new UserName(name);

    (...생략...)
}
```

규칙은 UserName 클래스 안에 기술되어 있으므로 '사용자명의 최소 길이'를 변경할 때 수정할 곳
은 UserName 클래스 안으로 국한된다. 규칙을 기술한 코드가 한곳에 모여 있다면 수정할 곳도
한곳뿐이라는 의미다. 소프트웨어가 변경을 받아들일 수 있는 유연성을 갖기 위해서는 이러한
작업이 중요하다.

2.6 정리

이번 장에서는 값 객체의 성질과 값 객체를 사용할 때의 구체적인 장점을 살펴보고 값의 본질에 대해 알아봤다.

값 객체의 개념은 '시스템 고유의 값을 만드는' 단순한 것이다. 시스템에는 해당 시스템에서만 쓰이는 값이 반드시 있게 마련이다. 물론 원시 타입의 값만으로도 소프트웨어를 만들 수 있다. 그러나 원시 타입은 지나치게 범용적이기 때문에 아무래도 표현력이 빈약하다.

도메인에는 다양한 규칙이 포함된다. 값 객체를 정의하면 이러한 규칙을 값 객체 안에 기술해 코드 자체가 문서의 역할을 할 수 있다. 시스템의 명세는 일반적으로 문서에 정리되는데, 이때 코드로 규칙을 나타낼 수 있다면 더 나을 것이다. 캐비닛에 쌓인 문서를 끄집어내는 수고를 줄이자면 지속해서 수고를 들여야 한다.

값 객체는 도메인 지식을 코드로 녹여내는 도메인 주도 설계의 기본 패턴이다. 도메인의 개념을 객체로 정의할 때는 우선 값 객체에 적합한 개념인지 검토해 보기 바란다.

다음 장에서는 값 객체와 함께 도메인 주도 설계의 주요 요소인 엔티티를 설명하겠다.

생애주기를 갖는 객체
- 엔티티

엔티티는 값 객체와 쌍벽을 이루는 주요 도메인 객체다.

엔티티라는 단어를 들어본 적이 있는가?

엔티티는 소프트웨어 개발에서 상당히 자주 쓰이는 용어다. 예를 들어 데이터베이스 테이블 설계에 쓰이는 ER 다이어그램에도 엔티티가 등장한다(이미 이름부터가 엔티티-관계 다이어그램이다). 또 객체-관계 매핑(ORM)에서도 퍼시스턴시 대상이 되는 데이터를 엔티티라고 부른다.

그러나 도메인 주도 개발에서 말하는 엔티티는 이들과는 약간 의미가 다르다. 엔티티라는 용어가 도메인 주도 개발이라는 맥락에서 사용된 용어가 아니라면, 우선 기존에 알고 있던 지식을 잠시 잊자. 지금부터 설명하고자 하는 개념은 '도메인 주도 개발의' 엔티티다.

3.1 엔티티란?

도메인 주도 개발에서 말하는 엔티티는 도메인 모델을 구현한 도메인 객체를 의미한다. 앞서 2장에서 다룬 값 객체도 도메인 모델을 구현한 도메인 객체다. 이 두 가지 객체의 차이는 동일성을 통해 식별이 가능한지 아닌지에 있다. 동일성이라는 말이 낯설게 느껴질 것이다. 우선은 동일성이 무엇인지부터 알아보자.

사람은 이름, 키, 체중, 취미 등 다양한 속성을 갖는다. 이 속성은 고정된 값이 아니며 여러 가지 요인에 의해 변화한다. 예를 들면 나이는 해마다 생일이 돌아오면 변화하는 속성이다. 여기서 생각해야 할 부분은 생일을 맞은 사람은 생일 전과 후가 서로 다른 사람인가 하는 것이다.

당연하지만 나이를 먹는다고 해서 어떤 사람이 전혀 다른 사람이 되는 일은 없다. 미찬가지로 키와 체중도 늘어나거나 줄기는 하지만, 그렇다고 다른 사람이 되지는 않는다. 이것은 어떤 사람이 그 사람이 되는 이유는 속성과는 무관하며 동일성을 지켜주는 무언가가 있다는 것을 보여준다.

소프트웨어 시스템에서도 마찬가지로 속성으로 구별되지 않는 객체가 있다. 시스템의 사용자가 그 전형적인 예다.

시스템 사용자는 최초 사용자 등록 시에 자신의 개인정보를 사용자 정보로 등록한다. 사용자 정보는 대부분의 경우 임의로 수정할 수 있다. 그러나 사용자 정보로 등록된 데이터가 수정됐다고 해서 해당 사용자가 다른 사용자가 되는 일은 없다. 사용자는 이름이 변경됐다 하더라도 사용자 정보가 수정된 것뿐이지 사용자 자체가 수정된 것이 아니다. 이렇듯 사용자는 속성이 아닌 동일성(identity)으로 식별된다.

소프트웨어 시스템에는 수많은 엔티티가 존재한다. 그야말로 소프트웨어 개발과는 떼려야 뗄 수 없는 관계다. 이번 장에서는 값 객체와 쌍벽을 이루는 도메인 객체이자 도메인 주도 설계의 핵심을 담당하는 엔티티에 대해 알아보자.

3.2 엔티티의 성질

앞서 설명했듯이 엔티티는 속성이 아닌 동일성으로 식별되는 객체다. 이와 반대로 동일성이 아닌 속성으로 식별되는 객체도 있다.

예를 들어 성과 이름의 두 가지 속성으로 구성되는 성명은 두 속성 중 어느 한쪽이 수정되면 전혀 다른 존재가 된다. 반대로 속성이 모두 같으면 완전히 같은 것으로 취급된다. 말 그대로 성명은 속성을 통해 식별되는 객체다. 이러한 객체를 뭐라고 부르는지는 이미 앞에서 확인했다. 성명은 '값 객체'다.

엔티티와 값 객체는 모두 도메인 모델을 구현한 도메인 객체라는 점에서 비슷하지만, 성질에는 차이가 있다. 엔티티의 성질은 다음과 같다.

- 가변이다.
- 속성이 같아도 구분할 수 있다.
- 동일성을 통해 구별된다.

엔티티의 성질 중에는 값 객체의 성질과 반대인 것도 있다. 앞으로 설명할 내용은 엔티티와 값 객체의 차이에 주의하며 읽으면 이해하기 쉽다. 값 객체에 대해 이해하지 못한 내용이 있다면 2장으로 돌아가 해당 설명을 확인하고 오기 바란다.

3.2.1 가변이다

값 객체는 불변성을 갖는 객체였다. 그에 비해 엔티티는 가변성을 갖는 객체다. 사람이 시간이 지남에 따라 나이나 키 등의 속성이 달라지듯이 엔티티의 속성도 변화할 수 있다.

인생에서 이름을 바꾸는 경우는 그리 많지 않지만, 시스템상의 사용자명을 바꾸고 싶은 경우는 그보다 많다. 사용자명 변경을 예로 '가변성'이 무엇인지 알아보자.

리스트 3-1은 사용자를 나타내는 User 클래스다. 현재는 사용자명을 수정할 수 없게 구현돼 있다.

```
class User
{
    private string name;

    public User(string name)
    {
        if (name == null) throw new ArgumentNullException(nameof(name));
        if (name.Length < 3) throw new ArgumentException("사용자명은 3글자 이상이어야
함", nameof(name));

        this.name = name;
    }
}
```

처음에는 사용자명이 마음에 들었어도 시스템을 이용하다가 나중에 더 나은 사용자명을 떠올릴 수도 있다. 그러나 모처럼 떠올린 마음에 드는 사용자명을 사용할 수 없다면 매우 아쉬운 경험이 될 것이다. 새로 떠올린 사용자명을 사용할 수 있게 User 객체를 가변 객체로 만들어 보자(리스트 3-2).

리스트 3-2 가변 객체로 수정된 User 클래스

```
class User
{
    private string name;

    public User(string name)
    {
        ChangeName(name);
    }

    public void ChangeName(string name)
    {
        if (name == null) throw new ArgumentNullException(nameof(name));
        if (name.Length < 3) throw new ArgumentException("사용자명은 3글자 이상이어야
함", nameof(name));
```

```
            this.name = name;
        }
    }
```

User 객체는 ChangeName 메서드를 이용해 이름에 해당하는 속성을 수정할 수 있다. 무미건조한 느낌의 세터 메서드 대신 역할을 잘 나타내는 이름을 가진 메서드를 만들고 방어 코드를 추가해 유효하지 않은 값이 설정되는 것을 막았다.

값 객체는 불변성을 갖기 때문에 객체를 교환(대입)해 수정했지만, 엔티티는 수정을 위해 객체를 교환하지 않는다. 엔티티의 속성을 수정하려면 객체의 행동을 통해 수정하면 된다.

그림 3.1 가변 객체

단, 모든 속성이 반드시 가변일 필요는 없다. 엔티티는 필요에 따라 속성을 가변으로 만들 수 있는 객체일 뿐이다. 가변 객체는 기본적으로 다루기 까다로운 존재다. 가능한 한 객체는 불변으로 남겨두는 습관을 들이는 것이 좋다.

칼럼 안전망 역할을 하는 유효성 검증

모델을 나타낸 객체의 값이 도메인 규칙에 부합하는지는 중요한 문제다. 따라서 도메인 규칙을 위반하는 대상은 제거해야 한다. 앞서 설명한 User 객체는 이를 실제로 구현해 유효하지 않은 값(null이나 최소 길이에 미달하는 사용자명)을 인자로 받으면 예외를 발생시켜 프로그램을 종료한다.

이 예외는 안전장치로 기능하기 위한 예외다.

따라서 예외가 발생하는 것을 전제로 해서는 안 되며, 유효성 검사를 사전에 마쳐야 한다. 사용자명 수정을 다시 예로 들면, 새로운 사용자명으로 유효하지 않은 값이 전달됐다면 클라이언트 쪽에서 미리 검증한다. 이러한 검증을 통해 '새로운 사용자명에 유효하지 않은 값이 많다'라는 의도를 명확히 할 수 있다(리스트 3-3).

리스트 3-3 클라이언트에서 사전에 유효성 검사하기

```
if (string.IsNullOrEmpty(request.Name))
{
    throw new ArgumentException("요청에 포함된 Name이 null이거나 빈 문자열임");
}
user.ChangeName(request.Name);
```

3.2.2 속성이 같아도 구분할 수 있다

값 객체는 속성이 같다면 같은 것으로 취급됐다. 이와 달리 엔티티는 속성이 같아도 두 엔티티를 서로 다른 것으로 취급한다. 이러한 성질을 이해하기 위해 값 객체와 어떻게 다른지 확인해보자.

여기서 예시로 드는 성명을 나타내는 값 객체는 성과 이름의 2개 속성으로 구성된다. 값 객체는 등가성을 통해 비교되므로 성과 이름의 값이 모두 같다면 두 값 객체는 완전히 같은 것으로 취급된다(그림 3-2).

그림 3-2 속성이 같다면 같은 것으로 취급한다

이러한 성질은 이를테면 사람에게는 들어맞지 않는다. 사람에게도 이러한 성질을 적용하면 이름과 성이 같은 사람은 모두 같은 사람이라는 말이 된다(그림 3-3).

그림 3-3 성명이 같으면 동일 인물이 된다?

당연하지만 이름이 같다고 같은 사람이 되는 일은 없다. 동명이인이라는 말이 있듯이 이름과 성이 같다고 해서 반드시 같은 사람인 것은 아니기 때문이다(그림 3-4).

John Smith   John Smith

그림 3-4 성명이 같다고 해서 동일 인물은 아니다

사람은 속성만으로 구별하지 않는다. 사람을 구별하는 것은 속성 외의 다른 무언가다. 여기에서 사람이 바로 엔티티로 표현하는 대상이다.

사람은 무엇으로 구별하느냐고 질문한다면 철학적인 질문이 되겠지만, 서로 다른 엔티티를 구별하는 데는 식별자(identity)가 쓰인다.

사람과 마찬가지로 시스템을 사용하는 사용자 또한 등가성이 아닌 동일성을 통해 식별해야 한다. 이제 User 객체에 식별자를 추가해 보자. 다음 코드는 식별자 역할을 하는 UserId가 추가된 User 클래스다.

리스트 3-4 식별자가 추가된 사용자 객체

```
class UserId
{
    private string value;

    public UserId(string value)
    {
        if (value == null) throw new ArgumentNullException(nameof(value));

        this.value = value;
    }
}

class User
{
```

```
    private readonly UserId id;
    private string name;

    public User(UserId id, string name)
    {
        if (id == null) throw new ArgumentNullException(nameof(id));
        if (name == name) throw new ArgumentNullException(nameof(name));

        this.id = id;
        this.name = name;
    }
}
```

이름이 완전히 같은 두 사용자기 있을 때 두 사용자가 같은 사람인지 아닌지를 이 식별자를 통해 구별한다.

3.2.3 동일성

사용자명을 변경한 경우를 예로 들어 생각해 보자(그림 3-5).

smith   smt

그림 3-5 사용자명을 변경하는 경우

사용자명 변경 이전의 사용자와 이후의 사용자가 동일한 사용자로 판단돼야 할까, 아니면 다른 사용자로 판단돼야 할까?

대부분의 시스템에서는 사용자명이 변경되어도 변경 이전과 이후의 사용자를 같은 사용자로 인식해야 할 것이다. 사용자에는 동일성이 있다.

객체 중에도 속성이 달라지더라도 같은 대상으로 판단해야 하는 것들이 있다. 이들은 모두 동일성을 통해 식별되는 객체다.

물론 프로그램은 사용자가 동일한지 판단할 수 없으므로 동일성을 판단할 수단이 필요하다. 그 수단으로 식별자가 사용된다(리스트 3-5).

리스트 3-5 동일성을 판단하는 식별자를 추가한다

```
class User
{
    private readonly UserId id; // 식별자
    private string name;

    public User(UserId id, string name)
    {
        if (id == null) throw new ArgumentNullException(nameof(id));

        this.id = id;
        ChangeUserName(name);
    }

    public void ChangeUserName(string name)
    {
        if (name == null) throw new ArgumentNullException(nameof(name));
        if (name.Length < 3) throw new ArgumentException("사용자명은 3글자 이상이어야
함", nameof(name));

        this.name = name;
    }
}
```

식별자는 동일성의 실체다. 그러므로 식별자를 가변으로 할 필요는 없다. C#에서는 readonly 한정자를 이용해 이 변수에 대한 재대입을 금지하는 방법으로 인스턴스가 생성된 이후에도 ID 가 변화하지 않게 한다.

이렇게 정의한 식별자는 필드 상태로 저장하는 것만으로는 의미가 없다. 동일성을 비교하는 행위가 따로 정의돼야 한다. 리스트 3-6에 나오는 Equals 메서드가 비교 행위의 전형적인 구현 예다.

리스트 3-6 비교 행위의 구현 예

```csharp
class User : IEquatable<User>
{
    private readonly UserId id;
    private string name;

    (...생략...)

    public bool Equals(User other)
    {
        if (ReferenceEquals(null, other)) return false;
        if (ReferenceEquals(this, other)) return true;
        return Equals(id, other.id); // 실제 비교는 id 값끼리 이루어진다
    }

    public override bool Equals(object obj)
    {
        if (ReferenceEquals(null, obj)) return false;
        if (ReferenceEquals(this, obj)) return true;
        if (obj.getType() != this.GetType()) return false;
        return Equals((User) other.id);
    }

    // 언어에 따라 GetHashCode의 구현이 필요 없는 경우도 있다
    public override int GetHashCode()
    {
        return (id != null ? id.GetHashCode() : 0);
    }
}
```

2장에서 소개한 값 객체는 모든 속성이 비교 대상이었지만, 엔티티 비교는 동일성을 나타내는 식별자(id)만을 대상으로 한다. 이런 방법으로 엔티티는 속성의 차이와 상관없이 동일성을 비교할 수 있다(리스트 3-7).

리스트 3-7 엔티티를 비교하는 방법

```
void Check(User leftUser, User rightUser)
{
    if (leftUser.Equals(rightUser))
    {
        Console.WriteLine("동일한 사용자임");
    }
}
```

3.3 엔티티의 판단 기준 – 생애주기와 연속성

값 객체와 엔티티는 모두 도메인 개념을 나타내는 객체로서 서로 유사한 점이 많다. 그렇다면 어떤 것을 값 객체로 정의하고 어떤 것을 엔티티로 정의할 것인지 판단 기준이 필요할 것이다. 여기에는 생애주기의 존재 여부와 그 생애주기의 연속성 여부가 중요한 판단 기준이 된다.

지금까지 예로 들어왔던 사용자 개념에는 생애주기가 있을까?

사용자는 시스템을 이용하려는 사람에 의해 생성된다. 시스템을 이용하는 중에 사용자명을 변경하는 경우도 있을 것이다. 이렇게 시간이 흘러 시스템을 더이상 이용할 필요가 없게 되면 사용자를 삭제한다.

사용자를 생성하는 동시에 태어나 삭제와 함께 죽음을 맞는다. 사용자는 말 그대로 생애주기를 가지며 연속성을 갖는 개념이다. 엔티티로 판단하기에 문제가 없다.

생애주기를 갖지 않거나 생애주기를 나타내는 것이 무의미한 개념이라면 우선 값 객체로서 다루는 것이 좋다. 생애주기를 갖는 객체는 태어나서 죽을 때까지 변화를 겪을 수 있다. 정확함이 필요한 소프트웨어를 만들려고 할 때 가변 객체는 신중히 다뤄야 할 성가신 존재다. 불변으로 남겨둘 수 있는 것은 최대한 불변 객체로 남겨둬야 시스템을 단순하게 유지할 수 있다.

3.4 값 객체도 되고 엔티티도 될 수 있는 모델

대체로 사물은 한 가지 면만 갖지 않는다. 완전히 같은 개념이라도 시스템에 따라 값 객체로 만들어야 할 수도 있고 엔티티로 만들어야 할 때도 있다.

타이어를 예로 들어보겠다. 타이어는 자동차를 구성하는 한 부품이다. 특성에는 세세한 차이가 있어도 서로 바꿔 쓸 수 있으므로 값 객체로 나타내기에 적합한 개념이다. 그러나 타이어를 만드는 공장이라면 어떻게 될까? 타이어 공장의 타이어에는 생산 로트가 있으며 로트를 통해 그 타이어가 언제 만들어졌는지 등 개체를 식별하는 것이 중요하다. 여기서의 타이어는 엔티티로 나타내는 것이 더 적합하다.

같은 대상이라도 어떤 환경에 있느냐에 따라 모델링 방법이 달라진다. 값 객체와 엔티티 모두 될 수 있는 개념도 있으니 소프트웨어에 따라 어느 쪽으로 모델링하는 것이 더 적합한지 생각하기 바란다.

3.5 도메인 객체를 정의할 때의 장점

엔티티와 값 객체는 서로 성질은 달라도 두 가지 모두 도메인 모델을 나타내는 도메인 객체다. 도메인 모델을 도메인 객체로 정의하면 어떤 장점이 있는지 알아보자.

도메인 객체를 정의할 때의 장점은 다음 2가지다.

- 자기 서술적인 코드가 된다.
- 도메인에 변경사항이 있을 시 코드에 반영하기 쉽다.

이 장점은 최초 개발 시점보다는 개발 완료 후 유지보수 시점에 빛을 발한다. 잠시 내가 만든 소프트웨어의 미래를 생각하며 읽어나가기 바란다.

3.5.1 자기 서술적인 코드가 된다

개발자도 자신이 손대고 있는 소프트웨어에 대한 모든 것을 알지는 못한다. 프로젝트 중간에 참여했을 수도 있고, 전임자로부터 새로 인수인계를 받는다거나 하는 이유로 전혀 내부를 알지 못하는 소프트웨어를 다루는 경우가 많다. 사전지식이 없는 개발자는 소프트웨어가 만족해야 할 사항을 어떻게 파악할까?

대부분의 경우라면 기능명세서 같은 문서를 통해 파악한다. 그러나 기능명세서는 굵직굵직한 사항을 파악하기에는 유용해도 세세한 사항을 파악하기는 어려운 경우가 많다. 운 나쁜 경우에는 문서와 코드가 서로 어긋나서 문서의 내용을 지키지 않아도 소프트웨어가 그대로 동작하는 경우도 있다.

소프트웨어가 만족해야 할 사항을 파악하는 데 문서가 도움을 주지 못한다면 개발자는 코드에 의존하는 수밖에 없다. 그러나 예를 들어 사용자명에 대한 명세를 알아보려고 할 때 User 클래스의 코드가 리스트 3-8과 같다면 어떨까?

리스트 3-8 아무것도 알려주지 않는 코드

```csharp
class User
{
    public string Name { get; set; }
}
```

이 코드는 자신의 내용에 대해 아무것도 알려주지 않는다. 이런 코드를 읽어봐야 개발자는 사용자명과 관련된 기능에 대한 아무런 힌트를 얻을 수 없다.

이와 비교해 리스트 3-9의 코드를 보자.

리스트 3-9 많은 힌트를 주는 코드

```csharp
class UserName
{
    private readonly string value;

    public UserName(string value)
    {
```

```
        if (value == null) throw new ArgumentNullException(nameof(value));
        if (name.Length < 3) throw new ArgumentException("사용자명은 3글자 이상이어야
함", nameof(name));

        this.value = value;
    }

    (...생략...)
}
```

UserName 클래스의 코드를 보면 사용자명은 3글자 이상이어야 한다는 것을 알 수 있다. 자신의
내용을 잘 전달하는 코드를 작성하면 개발자는 코드를 힌트 삼아 코드에 녹아있는 규칙을 확인
할 수 있다.

그리고 도메인 주도 설계에서는 원래부터 도메인을 익혀 도메인 모델을 정립하고 이를 도메인 객체로 구현한다(그림
3-6).

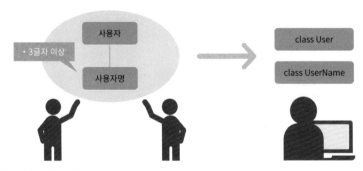

그림 3-6 도메인 모델을 도메인 객체로

도메인 모델과 관련된 규칙은 모두 도메인 객체로 옮겨지며 이들 규칙이 도메인 객체의 유효성
을 보장한다.

예를 들면 그림 3-6의 '사용자명의 최소 길이는 3글자 이상'이라는 규칙은 리스트 3-9의 코드
에 그대로 옮겨져 있다.

개발자는 리스트 3-9의 코드를 보고 사용자명의 최소 길이가 3글자라는 규칙이 지켜지고 있음을 알 수 있다. 그러므로 프로그래밍에 대한 지식이 없는 사람에게도 한 줄씩 코드의 내용을 설명하며 도메인 객체의 유효성을 이해시킬 수 있는 것이다.

만약 리스트 3-8처럼 구현 내용에 대한 힌트가 없는 코드만 있다면 도메인 객체의 유효성을 이해시키기 어려울 것이다. 이렇듯 구현 내용과 관련된 규칙이 준수되고 있는지에 대한 판단을 모두 코드에 녹여내야 하며 이런 작업은 숙련된 개발자일지라도 많은 노력이 필요하다.

3.5.2 도메인에 일어난 변경을 코드에 반영하기 쉽다

도메인 객체의 행동이나 규칙을 코드로 작성했을 때의 두 번째 장점은 도메인에 일어난 변경을 코드에 반영하기 쉽다는 점이다.

예를 들어 도메인의 규칙에 변경이 일어난 상황을 생각해 보자. 그림 3-6의 '사용자명의 최소 길이는 3글자 이상'이라는 규칙이 '최소 길이는 6글자 이상'으로 바뀌었다고 가정하자.

도메인 모델도 도메인의 변경에 따라 그림 3-7과 같이 변화한다.

그림 3-7 도메인의 변경은 도메인 모델의 변화로 이어진다

이러한 규칙 변화는 코드에도 반영돼야 한다. 이때 사용자를 나타내는 User 클래스의 코드가 리스트 3-8과 같이 단순한 데이터 구조체 형태라면 변화한 규칙을 코드에 반영하는 과정이 매우 어려울 것이다. 수정이 필요한 부분이 프로그램 이곳저곳에 흩어져 이들을 모두 직접 찾아야 하기 때문이다.

반대로 리스트 3-9의 코드처럼 구현된 규칙을 직접 보여주는 코드라면 어떨까? 도메인 모델의 규칙이 기술된 코드를 명확히 구별할 수 있으므로 수정도 그만큼 쉬울 것이다.

도메인 객체에 이와 관련된 행동이나 규칙을 코드로 작성해 두면 도메인 모델로 전달된 도메인의 변화를 쉽게 객체까지 전달할 수 있다.

사람의 일은 변화하기 쉬우며 도메인 또한 그러하다. 또한 소프트웨어는 도메인 속에서 사는 사용자를 위한 것이다. 그러므로 도메인이 변화할 때마다 소프트웨어도 그에 맞춰 자주 변화해야 한다. 소프트웨어가 미래에도 건강하게 성장해 나가려면 코드에 많은 정보를 담자.

3.6 정리

이번 장에서는 값 객체와 쌍벽을 이루는 주요 모델링 객체인 엔티티에 대해 배웠다.

다양한 행동이 기술된 객체는 그 소프트웨어가 어떤 도메인 지식에 관심이 있는지, 또 그 지식을 어떻게 식별하는지를 드러낸다. 이들 객체는 나중에 참여하는 개발자들이 도메인을 이해하는 데도 유용한 힌트가 된다.

도메인에 대한 날카로운 통찰은 구현 시에도 나타난다. 특히 소프트웨어가 사람의 특성인 애매모호함을 받아들이기 어려울 때 더욱더 그러하다. 엔티티를 구현하려 할 때 애매함을 느꼈다면 도메인을 파악하는 방법을 바꿀 때가 된 것이다.

부자연스러움을 해결하는
도메인 서비스

도메인 서비스는 부자연스러움을 해결해준다.

도메인 개념을 지식으로 녹이고 값 객체나 엔티티의 행동으로 구현하려 하면 어딘가 어색한 부분이 생기는 경우가 있다. 이 어색한 느낌은 특히 도메인에서 일어나는 활동을 코드로 옮겼을 때 자주 나타난다.

이 어색한 느낌을 해결하지 않고 값 객체의 행동을 억지로 구현하면 객체의 책임이 왜곡될 수 있다. 이럴 때의 해결책은 어색한 느낌을 낳는 이 행동을 별도의 객체로 분리해 정의하는 것이다. 이러한 객체가 이번 장에서 설명할 도메인 서비스다.

4.1 서비스란?

서비스란 무엇일까?

서비스업이라는 업종명을 들어본 적이 있을 것이다. 소프트웨어 시스템을 서비스를 제공한다고 표현하기도 한다. 또 '서비스하다'라는 동사로 사용되는 경우도 있다. 모두 서비스라는 단어가 쓰였지만, 의미는 제각각이다. 서비스라는 단어가 친숙하기는 하지만, 막상 '서비스가 무엇인가'라는 질문을 받는다면 선뜻 답하기가 어렵다.

소프트웨어 개발에서 말하는 서비스는 클라이언트를 위해 무언가를 해주는 객체를 말한다. 그러나 이 '무언가'의 범위가 매우 넓고 다양하기 때문에 도리어 혼란스럽다. 심지어 도메인 주도 설계에만 초점을 맞춰도 서비스가 들어간 용어끼리 의미가 서로 다른 경우도 있어 상당히 큰 혼란을 일으킨다.

도메인 주도 설계에서 말하는 서비스는 크게 두 가지로 나뉜다. 첫 번째는 도메인을 위한 서비스고 두 번째는 애플리케이션을 위한 서비스다. 서비스의 의미가 혼란스러운 이유는 이 두 가지를 혼동하기 때문이다. 앞으로는 이 두 가지를 확실히 구분하기 위해 전자를 도메인 서비스, 후자를 애플리케이션 서비스라고 부르겠다. 애플리케이션 서비스는 6장에서 더 자세히 설명한다. 서비스라는 단어가 자주 나올 텐데, 어떤 의미로 쓰였는지 주의하며 읽기 바란다.

4.2 도메인 서비스란?

값 객체나 엔티티 같은 도메인 객체에는 객체의 행동을 정의할 수 있다. 예를 들어 사용자명으로 사용할 수 있는 문자열의 길이나 문자의 종류에 제한이 있다면 이러한 지식은 사용자명을 나타내는 값 객체에 정의될 것이다.

그러나 시스템에는 값 객체나 엔티티로 구현하기 어색한 행동도 있다. 도메인 서비스는 이런 어색함을 해결해주는 객체다.

우선 값 객체나 엔티티에 정의하기 어색한 행동이란 어떤 것인지 알아본 다음, 도메인 서비스가 이를 어떻게 해결하는지 설명하겠다.

4.2.1 값 객체나 엔티티에 정의하기 어색한 행동

현실에서는 동명이인이 충분히 있을 수 있지만, 시스템에서는 사용자명을 중복으로 사용할 수 없게 하는 경우는 많다. 사용자명에 중복을 허용하지 않는 것은 도메인의 규칙이며 따라서 도메인 객체에 행동으로 정의돼야 한다. 그렇다면 이 규칙은 구체적으로 어떤 객체에 구현돼야 할까?

우선 사용자에 대한 사항은 사용자를 나타내는 객체에 담는다는 지극히 당연한 논리적 사고에 따라 User 클래스에 사용자명의 중복 여부를 확인하는 행위를 추가해 보자(리스트 4-1).

리스트 4-1 사용자명의 중복 여부를 확인하는 코드를 User 클래스에 추가하기

```
class User
{
    private readonly UserId id;
    private UserName name;

    public User(UserId id, UserName name)
    {
        if (id == null) throw new ArgumentNullException(nameof(id));
        if (name == null) throw new ArgumentNullException(nameof(name));

        this.id = id;
        this.name = name;
    }

    // 사용자명 중복 여부 확인 코드 추가
    public bool Fxists(User user)
    {
        // 사용자명 중복을 확인하는 코드
        (...생략...)
    }
}
```

이 시점에서 사용자명 중복을 확인하는 구체적인 과정에 대해서는 논하지 않겠다. 여기서 중요한 것은 중복을 확인하는 수단이 User 클래스의 행동으로 정의돼 있다는 점이다.

객체의 정의만 봐서는 문제가 없어 보이지만, 사실 이 코드는 자연스럽지 못한 코드다. 실제로 이 메서드를 이용해 중복을 확인하는 과정을 따라가 보자(리스트 4-2).

리스트 4-2 리스트 4-1에 실린 코드를 사용한 사용자명 중복 확인

```
var userId = new UserId("id");
var userName = new UserName("smith");
var user = new User(userId, userName);

// 새로 만든 객체에 중복 여부를 묻는 상황이 됨
var duplicateCheckResult = user.Exists(user);
Console.WriteLine(duplicateCheckResult); // true? false?
```

사용자명 중복을 확인하는 처리는 User 클래스에 정의돼 있으니 결국 자기 자신에게 중복 여부를 묻는 상황이 된다. 이런 코드는 많은 경우에 개발자를 혼란스럽게 하는 부자연스러운 코드다. 자신의 사용자명 중복 여부를 확인하는 일을 해당 객체에 맡긴다면 그 결과로 참을 반환해야 할까, 아니면 거짓을 반환해야 할까?

중복 여부 확인을 새로 생성한 객체에 맡기면 개발자가 혼란을 일으키기 쉽다. 그러니 접근법을 조금 바꿔보자. 예를 들어 사용자명 중복을 확인하는 목적으로만 사용되는 전용 인스턴스를 만든다면 어떨까(리스트 4-3)?

리스트 4-3 사용자명 중복 확인에만 쓰이는 인스턴스를 사용하는 경우

```
var userId = new UserId("id");
var userName = new UserName("smith");
var user = new User(userId, userName);

// 새로 만든 객체에 중복 여부를 묻는 상황이 됨
var duplicateCheckResult = user.Exists(user);
Console.WriteLine(duplicateCheckResult); // true? false?

4-3
var checkId = new UserId("check");
var checkName = new UserName("checker");
var checkObject = new User(checkId, checkName);
```

```
var userId = new UserId("id");
var userName = new UserName("smith");
var user = new User(userId, userName);

// 사용자명 중복 확인용 객체에 중복 여부를 문의함
var duplicateCheckResult = checkObject.Exists(user);
Console.WriteLine(duplicateCheckResult);
```

리스트 4-3의 코드를 보면 자기 자신에게 자신의 사용자명 중복 여부를 묻지 않아도 된다는 부자연스러움은 사라졌다. 그러나 사용자명 중복 확인을 위해 만든 checkObject가 사용자를 나타내는 객체이면서 사용자가 아니라는 점에서 여전히 부자연스러움이 남아있다. 올바른 코드라면 이런 부자연스러운 객체가 존재해서는 안 된다.

엔티티로 구현한 사용자 객체에 사용자명 중복 처리를 구현하는 것은 부자연스러운 코드의 전형적인 예다. 이러한 부자연스러움을 해결해주는 것이 도메인 서비스다.

4.2.2 부자연스러움을 해결해주는 객체

도메인 서비스도 일반적인 객체와 다를 것이 없다. 사용자에 대한 도메인 서비스는 리스트 4-4와 같이 정의한다.

리스트 4-4 사용자에 대한 도메인 서비스 정의

```
class UserService
{
    public bool Exists(User user)
    {
        // 사용자명 중복을 확인
        (...생략...)
    }
}
```

도메인 서비스는 자신의 행동을 바꿀 수 있는 인스턴스만의 값을 갖지 않는다는 점에서 값 객체나 엔티티와 다르다.

중복을 확인하는 구체적인 구현 내용은 좀 더 나중에 다루겠다. 지금은 중복을 확인하는 메서드가 UserService 클래스 안에 정의돼 있다는 것만 알면 된다.

이렇게 정의한 사용자 도메인 서비스를 이용해 실제로 사용자명 중복을 확인해 보자(리스트 4-5).

리스트 4-5 사용자 도메인 서비스를 이용해 사용자명 중복을 확인하기

```
var userService = new UserService();

var userId = new UserId("id");
var userName = new UserName("john");
var user = new User(userId, userName);

// 도메인 서비스에 요청하기
var duplicateCheckResult = userService.Exists(user);
Console.WriteLine(duplicateCheckResult);
```

도메인 서비스를 이용하니 자기 자신에게 중복 여부를 확인하거나 중복 확인에만 사용되고 버려질 인스턴스를 만들 필요가 없어졌다. 리스트 4-5의 코드는 개발자에게 혼란을 주지 않는 자연스러운 코드다.

값 객체나 엔티티에 정의하기 부자연스러운 처리를 도메인 서비스에 정의하면 자연스러운 코드를 만들 수 있다.

4.3 도메인 서비스를 남용한 결과

엔티티나 값 객체에 정의하기 부자연스러운 처리는 도메인 서비스에 정의하면 된다. 이때 중요한 것은 '부자연스러운 처리'에만 한정해야 한다는 점이다. 그렇지 않으면 모든 처리가 도메인 서비스에 정의되는 결과를 낳을 수 있다.

예를 들어 사용자명 변경 처리를 엔티티가 아닌 도메인 서비스에 정의하면 리스트 4-6과 같은 코드가 된다.

```
class UserService
{
    public void ChangeName(User user, UserName name)
    {
        if (user == null) throw new ArgumentNullException(nameof(user));
        if (name == null) throw new ArgumentNullException(nameof(name));

        user.Name = name;
    }
}
```

리스트 4-6은 의도한 대로 사용자명을 변경하는 코드다. 언뜻 보면 올바른 코드로 보일 수도 있지만, 이대로라면 User 클래스의 코드가 어떻게 될지 생각해 보자(리스트 4-7).

리스트 4-7 리스트 4-6에서 사용될 User 클래스의 정의

```
class User
{
    private readonly UserId id;

    public User(UserId id, UserName name)
    {
        this.id = id;
        Name = name;
    }

    public UserName Name{ get; set; }
}
```

모든 처리를 도메인 서비스에 구현하면 엔티티에는 게터와 세터만 남게 된다. 아무리 숙련된 개발자라도 이러한 코드만으로는 사용자 객체의 처리 내용이나 적용되는 도메인 규칙을 발견하기 어렵다.

생각 없이 모든 처리 코드를 도메인 서비스로 옮기면 다른 도메인 객체는 그저 데이터를 저장할 뿐, 별다른 정보를 제공할 수 없는 객체가 되는 결과를 낳는다.

도메인 객체가 원래 포함했어야 할 지식이나 처리 내용을 모두 도메인 서비스나 애플리케이션 서비스에 빼앗겨 자신이 제공할 수 있는 정보가 없는 도메인 객체를 빈혈 도메인 모델이라고 한다. 이런 객체는 데이터와 행위를 함께 모아 놓는다는 객체 지향 설계의 기본 원칙을 정면으로 거스르는 것이다.

사용자명 변경 처리는 원래대로라면 User 클래스에 정의해야 할 내용이다(리스트 4-8).

리스트 4-8 User 클래스에 정의된 사용자명 변경 처리

```
class User
{
    private readonly UserId id;
    private UserName name;

    public User(UserId id, UserName)
    {
        this.id = id;
        this.name = name;
    }

    public void ChangeUserName(UserName name)
    {
        if (name == null) throw new ArgumentNullException(nameof(name));
        this.name = name;
    }
}
```

4.3.1 도메인 서비스는 가능한 한 피할 것

앞서 보았듯이, 모든 행위를 도메인 서비스에 구현하는 것도 가능하다. 마음만 먹는다면 얼마든지 도메인 객체를 모두 빈혈 도메인 객체로 만들 수 있다.

물론 도메인 서비스로 옮기지 않으면 어색한 행위도 있다. 어떤 행위를 값 객체나 엔티티에 구현할지 아니면 도메인 서비스에 구현할지 망설여진다면 우선 엔티티나 값 객체에 정의하는 것이 좋으며, 도메인 서비스에 행위를 구현하는 것은 가능한 한 피해야 한다.

도메인 서비스를 남용하면 데이터와 행위가 단절돼 로직이 흩어지기 쉽다. 로직이 흩어지면 소프트웨어가 변화에 대응하는 유연성이 저해돼 심각하게 정체된다. 소프트웨어의 변경에 대한 유연성을 확보하려면 중복되는 코드를 제거하기 위한 노력을 한시도 포기해서는 안 된다.

4.4 엔티티/값 객체와 함께 유스케이스 수립하기

도메인 서비스는 값 객체나 엔티티와 함께 사용된다. 도메인 서비스의 사용법을 살펴보기 위해 실제 유스케이스를 세워보자. 이번에 계획할 유스케이스도 역시 사용자, 그중에서도 사용자 생성 처리를 소재로 한다.

사용자 생성 처리의 명세는 단순하다. 클라이언트가 사용자명을 지정해 사용자 생성 처리를 호출한다. 중복이 없는 사용자명이라면 사용자를 생성해 저장한다. 여기서 사용할 데이터스토어는 일반적인 관계형 데이터베이스를 대상으로 한다.

4.4.1 사용자 엔티티 확인

우선 사용자를 나타내는 User 클래스를 정의한다(리스트 4-9).

리스트 4-9 User 클래스의 정의

```
class User
{
    public User(UserName name)
    {
        if (name == null) throw new ArgumentNullException(nameof(name));

        Id = new UserId(Guid.NewGuid().ToString());
        Name = name;
    }

    public UserId Id { get; }
    public UserName Name { get; }
}
```

사용자는 Id로 식별되는 엔티티다. 그리고 사용자 생성 처리 중에는 User 클래스의 행동은 필요치 않으므로 주요 메서드는 여기에 정의하지 않았다.

User 클래스를 구성하는 객체도 살펴보자. User 클래스는 UserId 타입의 식별자를 속성으로 갖는다. 또 사용자명을 나타내는 UserName 타입의 속성도 갖고 있다. 이들을 구현한 코드는 리스트 4-10과 같다.

리스트 4-10 UserId 클래스와 UserName 클래스의 정의

```
class UserId
{
    public UserId(string value)
    {
        if (value == null) throw new ArgumentNullException(valueof(value));

        Value = value;
    }

    public string Value { get; }
}


class UserName
{
    public UserName(string value)
    {
        if (value == null) throw new ArgumentNullException(valueof(value));
        if (value.Length < 3) throw new ArgumentException("사용자명은 3글자 이상이어야
함", nameof(value));

        Value = value;
    }

    public string Value { get; }
}
```

UserId와 UserName은 모두 데이터를 래핑했을 뿐인 단순한 값 객체다. 다만 UserName은 세 글자 미만의 사용자명에 대해 예외를 발생시켜 사용자명이 세 글자 이상이 되게 강제한다.

4.4.2 사용자 생성 처리 구현

사용자 엔티티와 이를 구성하는 객체의 구현을 살펴보았으니 실제 사용자 생성 처리 과정을 살펴볼 차례다. 리스트 4-11은 사용자 생성 처리를 구현한 예다. 우선 코드를 전체적으로 살펴보자.

리스트 4-11 사용자 생성 처리 구현 예

```
class Program
{
    public void CreateUser(string userName)
    {
        var user = new User(
            new UserName(userName)
        );
        var userService = new UserService();
        if (userService.Exists(user))
        {
            throw new Exception($"{userName}은 이미 존재하는 사용자명임");
        }

        var connectionString =
ConfigurationManager.ConnectionStrings["FooConnection"].ConnectionString;
        using (var connection = new SqlConnection(connectionString))
        using (var command = connection.CreateCommand())
        {
            connection.Open();
            command.CommandText = "INSERT INTO users (id, name) VALUES(@id, @name)";
            command.Parameters.Add(new SqlParameter("@id", user.Id.Value));
            command.Parameters.Add(new SqlParameter("@name", user.Name.Value));
            command.ExecuteNonQuery();
        }
    }
}
```

앞부분의 코드는 주의 깊게 읽지 않아도 우선 사용자를 생성한 다음 중복 확인을 거치는 내용을 이해할 수 있다. 그러나 그 뒤에 오는 처리는 다르다.

후반부의 코드는 앞의 코드와 달리 눈으로 훑어서는 의도를 파악하기 어렵다. 코드를 자세히 뜯어보면 관계형 데이터베이스에 접속하기 위한 접속 문자열을 사용해 데이터스토어에 접속한 다음 SQL 문을 통해 사용자 정보를 저장하는 내용이라는 것까지는 알 수 있다. 그 앞의 사용자 생성 및 중복 확인 코드와 비교하면, 대부분의 코드가 데이터스토어에 접근하기 위한 구체적인 과정을 작성한 것이다. 코드 자체는 그리 어려운 코드가 아니지만, 생성한 사용자를 저장한다는 의도를 파악하기 위해서는 코드를 자세히 봐야 한다.

도메인 서비스로 구현된 UserService의 구현은 어떻게 될까(리스트 4-12)?

리스트 4-12 도메인 서비스의 구현 예

```
class UserService
{
    public bool Exists(User user)
    {
        Var connectionString =
ConfigurationManager.ConnectionStrings["FooConnection"].ConnectionString;
        using (var connection = new SqlConnection(connectionString))
        using (var command = connection.CreateCommand())
        {
            connection.Open();
            command.CommandText = "SELECT * FROM users WHERE name = @name";
            command.Parameters.Add(new SqlParameter("@name", user.Name.Value));
            using (var reader = command.ExecuteReader())
            {
                var exist = reader.Read();
                return exist;
            }
        }
    }
}
```

사용자명이 중복되는지 확인하려면 데이터스토어에 중복 여부를 물어봐야 한다. 이 때문에 UserService 클래스의 사용자명 중복 확인 처리는 처음부터 끝까지 데이터스토어를 다룬다.

이 코드는 바르게 동작하기는 하지만 유연성이 부족하다. 예를 들어 데이터스토어를 관계형 데이터베이스에서 NoSQL 데이터베이스로 바꿀 필요가 생겼다면 어떻게 될까? 사용자 생성 처리는 본질적으로 아무 변화가 없음에도 코드의 대부분을 수정해야 할 것이다. 특히 UserService 클래스는 모든 코드를 NoSQL 데이터베이스를 다루는 코드로 수정하지 않으면 안 된다.

데이터를 다뤄야 하는 이상 데이터를 실제 읽고 쓰는 처리를 구현하지 않을 수는 없다. 그러나 사용자 생성 처리를 담당하는 코드의 태반이 데이터스토어를 다루는 코드, 그것도 특정한 데이터스토어에 의존적인 코드여야 할까?

물론 그렇지 않다. 사용자 생성 처리의 본질은 '사용자를 생성하는 것'과 '사용자명 중복 여부를 확인하는 것', 그리고 '생성된 사용자 데이터를 저장하는 것'이다. 코드로 나타내야 할 것은 이런 본질적인 내용이지 특정 데이터스토어를 직접 다루는 내용이어서는 안 된다.

소프트웨어 시스템에서 데이터를 저장하는 처리는 꼭 필요하다. 그러나 이와 관련된 코드를 그대로 작성하면 그 처리의 의미가 잘 드러나지 않는다. 다음 장에서 설명할 리포지토리 패턴으로 이러한 문제를 해결할 수 있다.

칼럼 도메인 서비스의 기준

도메인 서비스는 도메인 모델을 코드상에 나타냈다는 점에서는 값 객체, 엔티티와 같다. 이 때문에 도메인 서비스가 입출력을 포함하는 처리를 다뤄서는 안 된다고 생각하는 의견도 있다. 이 의견을 따른다면 앞서 봤듯이 '사용자명의 중복'을 확인하는 처리를 도메인 서비스로 구현하는 것은 잘못된 일이 된다.

데이터스토어는 본래 도메인에는 없는 존재로, 애플리케이션 구축을 위해 추가된 애플리케이션만의 관심사다. 그러므로 도메인 개념이나 지식을 코드로 옮긴 대상인 도메인 객체가 데이터스토어를 직접 다루는 것은 바람직하지 못하다. 도메인 객체는 오로지 도메인 모델만을 나타내야 한다. 하지만 필자의 의견은 이와 다르기 때문에 이 칼럼의 제목을 이렇게 지었다.

개인적으로 어떤 처리를 도메인 서비스로 만들어야 할지를 판단할 때 그 처리가 도메인에 기초한 것인지를 중요하게 본다. '사용자명 중복'이라는 개념이 도메인에 기초한 것이라면 이를 구현하는 서비스도 도메인 서비스여야 한다. 반대로, 애플리케이션을 만들며 필요하게 된 것이라면 도메인 서비스가 아니다. 그런 처리는 애플리케이션 서비스(6장에서 설명함)로 정의해야 한다.

물론 입출력을 가능한 한 도메인 서비스로 다루지 말아야 한다는 점에는 필자도 동의한다. 이 점을 고려한 상태에서 필요하다면 입출력이 포함된 처리를 도메인 서비스로 만들 수도 있다는 얘기다.

4.5 물류 시스템의 도메인 서비스 예

도메인 서비스 중에는 데이터스토어 같은 인프라스트럭처와 엮이지 않고 도메인 객체만 다루는 것도 있다. 오히려 그런 도메인 서비스가 진짜 도메인 서비스라고 할 수 있다. 잠시 원래 주제에서 벗어나 사용자명 중복 확인 외의 다른 도메인 서비스의 예를 살펴보자.

이번에 살펴볼 소재는 물류 시스템이다.

물류 시스템에서는 화물이 직접 배송지로 보내지는 것이 아니라, 현재 거점에서 배송지에 가까운 거점을 거쳐 배송된다(그림 4-1).

그림 4-1 물류 배송 과정

이 개념을 코드로 옮겨 보겠다.

4.5.1 거점의 행동으로 정의하기

그림 4-1을 보면 거점이라는 단어가 나온다. 거점은 물류 도메인에서 중요한 개념으로, 엔티티 형태로 정의된다(리스트 4-13).

리스트 4-13 거점 엔티티

```
class PhysicalDistributionBase
{
    (...생략...)

    public Baggage Ship(Baggage baggage)
    {
        (...생략...)
    }
```

```
    public void Receive(Baggage baggage)
    {
        (...생략...)
    }
}
```

거점은 출고(Ship)와 입고(Receive)라는 행위를 갖는다. 출고와 입고는 함께 다뤄져야 하는 활동이다. 출고된 적이 없는 가공의 화물이 입고되거나 출고된 채 사라지는 경우가 생겨서는 안 된다. 실제 현장에서는 물리 법칙에 따라 출고와 입고가 확실히 함께 일어나지만, 프로그램에서는 그렇지 않다. 그러므로 출고와 입고가 빠짐없이 함께 일어나도록 '운송' 처리를 갖춰야 한다.

운송 처리를 준비하기 전에 운송 처리를 어디에 구현해야 할지 생각해 보자. 거점에서 거점으로 화물이 이동하는 운송은 거점에서 시작된다. 거점에 운송 처리를 정의해 보자(리스트 4-14).

리스트 4-14 거점 클래스에 정의된 운송의 행동

```
class PhysicalDistributionBase
{
    (...생략...)

    public void Transport(PhysicalDistributionBase to, Baggage baggage)
    {
        var shippedBaggage = Ship(baggage);
        to.Receive(shippedBaggage);

        // 운송 기록 같은 것도 필요할 것이다.
    }
}
```

리스트 4-14에 구현된 처리 내용 자체는 문제없이 완료될 것이다. Transport 메서드를 이용하는 한 출고와 입고는 함께 이루어진다. 그러나 거점에서 거점으로 직접 화물이 이동하는 것은 어딘가 찜찜하다. 그리고 현재 구현된 코드는 맥락에 대한 요소를 극도로 생략한 간단한 예제다. 실제라면 리스트 4-14의 주석 내용처럼 운송 기록 같은 처리가 더 필요할 수도 있다. 이들 처리도 모두 거점 객체가 수행해야 한다면 어딘가 어색하면서 다루기도 까다로울 것이다.

4.5.2 운송 도메인 서비스 정의하기

운송이라는 행위는 아무래도 특정 객체의 행위로 정의하기에는 들어맞지 않는 부분이 있는 듯하다. 이번에는 거점 대신 운송을 맡을 별도의 도메인 서비스로 정의해 보자(리스트 4-15).

리스트 4-15 운송 도메인 서비스

```
class TransportService
{
    public void Transport(PhysicalDistributionBase from, PhysicalDistributionBase to,
Baggage baggage)
    {
        var shippedBaggage = from.Ship(baggage);
        to.Receive(shippedBaggage);

        // 운송 기록을 남김
        (...생략...)
    }
}
```

리스트 4-14의 코드에서 느껴지던 찜찜함이 사라졌다. 이제 배송 기록을 남겨야 할 필요가 생겨도 위화감 없이 처리할 수 있다.

어떤 처리를 객체 안에 정의했을 때 잘 들어맞지 않는 느낌이 든다면 이 처리를 도메인 서비스로 옮기면 자연스럽게 나타낼 수 있다.

도메인 서비스에 이름을 붙이는 규칙은 다음 세 가지다.

❶ 도메인 개념

❷ 도메인 개념 + Service

❸ 도메인 개념 + DomainService

서비스는 도메인의 활동을 대상으로 하는 경우가 많으며, 동사에서 따온 이름을 쓰는 경우가 많다.

필자는 접미사 Service를 붙이는 두 번째 규칙을 자주 적용한다. 접미사로 DomainService 대신 Service를 쓰는 이유는 도메인 서비스 자체도 서비스이며, 그 성격에 따라 도메인 서비스가 될 뿐이라 생각하기 때문이다. 구체적으로는 XxxDomain.Services.XxxService 네임스페이스를 부여해 XxxService가 도메인 서비스임을 보여줄 수 있다.

'사용자명 중복 확인'처럼 특정 도메인 객체와 밀접하게 연관된 서비스는 UserService와 같이 도메인 객체 이름에 Service를 붙여 이름을 정하고 이 서비스에 처리를 모아 놓는다. 만약 '사용자명 중복을 확인하는' 일을 별도의 서비스로 독립시켜야 한다면 CheckDuplicateUserService라는 클래스를 만드는 경우도 있다.

첫 번째 규칙처럼 도메인 개념만으로 이름을 정하는 것이 표현으로서는 더 적절하겠으나, 이런 경우 항상 이 클래스가 서비스임을 염두에 둬야 한다.

세 번째 규칙은 도메인 서비스임을 강조하기 위한 이름이다. 해당 클래스의 코드만으로 알기 쉽다는 점에서는 다른 방법보다 낫다.

도메인 서비스라는 것을 팀원 전원이 함께 인식할 수 있다면 이중 어느 규칙을 사용해도 무방하다.

4.6 정리

이번 장에서는 도메인 서비스에 대해 알아봤다.

도메인에는 도메인 객체에 구현하기에 자연스럽지 못한 행위가 있다. 이런 행위는 여러 개의 도메인 객체를 가로질러 이뤄지는 처리인 경우가 많다. 도메인 서비스는 이럴 때 활용하는 객체다.

서비스는 이모저모로 편리한 존재다. 도메인 객체에 구현해야 할 행위를 마음만 먹는다면 모두 서비스로 옮길 수 있다. 빈혈 도메인 모델이 생기지 않으려면 어떤 행위를 어디에 구현해야 할지 세심하게 신경 써야 한다. 행위가 빈약한 객체는 절차적 프로그래밍으로 빠지기 쉽기 때문에 도메인 지식을 객체의 행위로 나타낼 기회를 잃게 된다.

지금까지 배운 내용을 통해 값 객체, 엔티티, 도메인 서비스 등 기본적인 도메인 개념을 나타낼 수 있는 수단을 갖췄다. 그리고 이번 장에서 이들을 사용해 유스케이스를 수립하는 경험도 해봤다.

그러나 이와 함께 한 가지 문제점도 살펴봤다. 유스케이스가 처음부터 끝까지 데이터스토어를 다뤄야 한다는 점이다. 다음 장에서 배울 리포지토리는 이러한 문제를 해결해주는 패턴이다.

05

데이터와 관계된
처리를 분리하자
- 리포지토리

리포지토리는 퍼시스턴시를 담당한다.

소프트웨어를 계속 성장시키려면 코드의 의도를 명확히 해야 한다. 객체를 저장하고 복원하는 퍼시스턴시 처리도 물론 중요하지만, 데이터스토어를 다루는 코드는 프로그램의 의도를 가리기 쉽다. 의도가 잘 드러나게 하려면 데이터스토어와 관련된 처리를 따로 떼어내야 한다. 리포지토리는 이러한 처리를 추상적으로 다룰 수 있게 해주며 따라서 코드의 의도가 더 잘 드러나게 해준다.

그 외에도 데이터 관련 처리를 리포지토리에 맡기면 데이터스토어를 쉽게 교체하는 효과도 기대할 수 있다. 이를 통해 테스트 실행이 쉬워지며, 나아가 프로그램의 변경도 쉬워진다.

리포지토리는 소프트웨어의 유연성에 기여하는 중요한 패턴이다.

5.1 리포지토리란 무엇인가

리포지토리의 일반적인 의미는 보관창고다. 소프트웨어 개발에서 말하는 리포지토리 역시 데이터 보관창고를 의미한다(그림 5-1).

그림 5-1 데이터 보관창고

소프트웨어로 도메인 개념을 표현했다고 해서 그대로 애플리케이션이 되는 것은 아니다. 프로그램을 실행할 때 메모리에 로드된 데이터는 프로그램을 종료하면 그대로 사라져버린다. 특히 엔티티는 생애주기를 갖는 객체이기 때문에 프로그램의 종료와 함께 객체가 사라져서는 안 된다.

객체를 다시 이용하려면 데이터스토어에 객체 데이터를 저장 및 복원할 수 있어야 한다. 리포지토리는 데이터를 저장하고 복원하는 처리를 추상화하는 객체다.

객체 인스턴스를 저장할 때는 데이터스토어에 기록하는 처리를 직접 실행하는 대신 리포지토리에 객체의 저장을 맡기면 된다. 또 저장해 둔 데이터에서 다시 객체를 읽어 들일 때도 리포지토리에 객체의 복원을 맡긴다(그림 5-2).

그림 5-2 리포지토리를 통한 객체의 저장 및 복원

이런 방법으로 리포지토리를 거쳐 간접적으로 데이터를 저장 및 복원하는 방식을 취하면 소프트웨어의 유연성이 놀랄 만큼 향상된다.

이번 장에서는 먼저 리포지토리를 구현하는 구체적인 방법을 익힌 후 리포지토리의 사용법을 알아본다. 그리고 리포지토리의 장점을 체감해본 다음 앞 장에서 발생했던 문제를 해결한다.

칼럼 도메인 객체에 스포트라이트를 비추는 리포지토리

리포지토리는 지금까지 배운 도메인 객체와 달리, 도메인 개념으로부터 유래한 객체가 아니라는 점에서 도메인 객체와는 큰 차이가 있다. 그러면 리포지토리는 도메인과 전혀 무관한가 하면 그것도 사실과 거리가 있다.

도메인 객체를 이용해 프로그램을 구성하고 문제를 해결하기 위해서는 기술적 요소와 관계 깊은 코드가 함께 필요하다. 그러나 자칫하면 문제 해결을 위한 코드가 이 기술적 요소와 관련된 코드에 침식당하기 때문에 코드의 원래 의도를 알아보기 어려워진다. 리포지토리는 이런 기술적 요소와 관련된 코드를 모아 문제 해결을 위한 코드가 침식되는 것을 막는 역할을 한다.

리포지토리는 도메인 개념에서 유래한 객체가 아닌 만큼 도메인 객체라고는 할 수 없지만, 그 대신 도메인 객체가 더욱 돋보이게 하는 역할을 한다. 따라서 리포지토리는 도메인을 잘 나타내는 것이 목표인 도메인 설계에서 빼놓을 수 없는 구성요소다.

5.2 리포지토리의 책임

리포지토리의 책임은 도메인 객체를 저장하고 복원하는 퍼시스턴시다.

퍼시스턴시라고 하면 무조건 관계형 데이터베이스를 떠올리는 사람이 많지만, 퍼시스턴시의 기반 기술은 관계형 데이터베이스 외에도 다양하다. 단적으로 관계형 데이터베이스만 따져도 여러 가지 종류가 있으며, 파일에 데이터를 저장하는 간단한 것부터 NoSQL 데이터베이스를 이용하는 경우도 있다.

어떤 기술을 채용하든지 퍼시스턴시를 구현하는 코드는 특정 데이터스토어를 사용하기 위한 구체적인 절차를 따라야 하기 때문에 조금 까다롭다. 이 까다로운 절차를 그대로 도메인 코드에 노출시키면 어떤 일이 벌어지는지 알아보자.

리스트 5-1은 4장에서 이미 봤던 사용자 생성 처리 코드다.

리스트 5-1 4장에 나왔던 사용자 생성 처리 코드

```
class Program
{
    public void CreateUser(string userName)
    {
        var user = new User(
            new UserName(userName)
        );

        var userService = new UserService();
        if (userService.Exists(user))
        {
            throw new Exception($"{userName}은 이미 존재하는 사용자명임");
        }

        var connectionString =
ConfigurationManager.ConnectionStrings["FooConnection"].ConnectionString;
        using (var connection = new SqlConnection(connectionString))
        using (var command = connection.CreateCommand())
        {
            connection.Open();
            command.CommandText = "INSERT INTO users (id, name) VALUES(@id, @name)";
            command.Parameters.Add(new SqlParameter("@id", user.Id.Value));
            command.Parameters.Add(new SqlParameter("@name", user.Name.Value));
            command.ExecuteNonQuery();
        }
    }
}
```

코드의 앞부분은 사용자 생성 및 사용자명 중복 확인을 맡은 코드임을 쉽게 알 수 있다. 그러나
후반부의 코드는 어떠한가? 일단 SqlConnection을 이용해 관계형 데이터베이스에 접근한다는
것은 알 수 있다. 그러나 그 내용이 User 객체 인스턴스를 저장하는 내용이라는 것까지 파악하
려면 코드를 자세히 읽지 않으면 안 된다.

이번에는 리스트 5-1의 코드에서 사용된 UserService의 구현 코드를 살펴보자(리스트 5-2).

리스트 5-2 UserService의 구현 코드

```
class UserService
{
    public bool Exists(User user)
    {
        var connectionString =
ConfigurationManager.ConnectionStrings["FooConnection"].ConnectionString;
        using (var connection = new SqlConnection(connectionString))
        using (var command = connection.CreateCommand())
        {
            connection.Open();
            command.CommandText = "SELECT * FROM users WHERE name = @name";
            command.Parameters.Add(new SqlParameter("@name", user.Name.Value));
            using (var reader = command.ExecuteReader())
            {
                var exist = reader.Read();
                return exist;
            }
        }
    }
}
```

UserService의 Exists 메서드는 처음부터 끝까지 관계형 데이터베이스를 다루는 코드로 돼 있다. 사용자명 중복을 어떻게 판단하는지 그 과정을 이해할 수 있을 것이다. 사용자명 중복 금지 규칙은 이 처리 내용을 자세히 읽고 어떤 쿼리를 전송하는지까지 봐야 알 수 있는 정보다.

사용자 생성 처리와 사용자명 중복 확인 처리 모두 바르게 동작하지만, 코드의 대부분이 데이터스토어를 조작하는 코드로 가득 차 있어 코드의 의도를 이해하기가 어렵다. 데이터스토어를 직접 다루는 퍼시스턴시 관련 처리를 추상적으로 뽑아내면 이 코드의 의도를 좀 더 잘 드러낼 수 있다. 퍼시스턴시를 리포지토리를 통해 추상화해서 다루게 수정해 보자.

먼저 사용자 생성 처리부터 리포지토리를 이용하게 수정한다(리스트 5-3).

리스트 5-3 리포지토리를 이용하는 사용자 생성 처리

```
class Program
{
    private IUserRepository userRepository;

    public Program(IUserRepository userRepository)
    {
        this.userRepository = userRepository;
    }

    public void CreateUser(string userName)
    {
        var user = new User(
            new UserName(userName)
        );

        var userService = new UserService(userRepository);
        if (userService.Exists(user))
        {
            throw new Exception($"{userName}은 이미 존재하는 사용자명임");
        }

        userRepository.Save(user);
    }
}
```

User 객체의 퍼시스턴시는 리포지토리 IUserRepository 객체가 맡아 수행한다. 데이터스토어가 관계형 데이터베이스든 NoSQL 데이터베이스든, 아니면 그냥 파일이라도 도메인 입장에서는 중요한 문제가 아니다. 중요한 것은 인스턴스를 어떤 수단을 통해 저장하냐는 것이다. 데이터 스토어에 대한 명령을 추상화함으로써 데이터스토어를 직접 다루는 까다로운 코드에서 해방되고 사용자 생성과 관련된 순수한 로직만 남은 코드가 된다. 따라서 코드가 의도하는 바가 뚜렷해지고 굳이 주석을 통해 부연 설명할 필요도 사라진다.

이번에는 도메인 서비스의 구현 코드가 어떻게 변화했을지 살펴보자(리스트 5-4).

리스트 5-4 리포지토리를 이용하는 도메인 서비스의 구현 코드

```
class UserService
{
    private IUserRepository userRepository;

    public UserService(IUserRepository userRepository)
    {
        this.userRepository = userRepository;
    }

    public bool Exists(User user)
    {
        var found = userRepository.Find(user.Name);

        return found != null;
    }
}
```

데이터베이스를 다루는 코드로 절반 이상이 채워졌던 도메인 서비스 코드가 리포지토리를 거쳐 인스턴스를 복원해 'User 객체의 중복 확인은 사용자명을 기준으로 한다'라는 의도를 더 명확히 드러냈다. 사용자 생성 처리가 그랬듯이 더는 눈이 빠지게 코드를 들여다볼 필요가 없다.

지금까지 살펴봤듯이 리포지토리는 객체의 현재 상태를 저장 및 복원하는 퍼시스턴시를 담당하는 객체다. 객체의 퍼시스턴시와 관련된 처리를 리포지토리에 맡기면 비즈니스 로직을 더욱 순수하게 유지할 수 있다.

5.3 리포지토리의 인터페이스

리포지토리를 이용하는 코드와 이러한 코드의 장점을 살펴봤으니 이번에는 리포지토리의 정의를 살펴볼 차례다. 리포지토리는 인터페이스로 정의된다(리스트 5-5).

리스트 5-5 User 클래스의 리포지토리 인터페이스

```
public interface IUserRepository
{
    void Save(User user);
    User Find(UserName name);
}
```

사용자 생성 처리를 구현하려면 인스턴스를 저장하는 저리와 사용자명 중복 확인을 위한 객체 복원 처리가 필요하다. 따라서 IUserRepository도 인스턴스를 저장하기 위한 행동과 사용자명으로 인스턴스를 복원하는 행동을 제공한다. 복원을 시도할 때 대상이 되는 객체가 발견되지 않은 경우에는 null을 반환해 해당 객체가 발견되지 않았다는 것을 나타낸다.

사용자명 중복 확인과 같은 목적이 있다면 Exists 메서드를 리포지토리에 구현하는 게 어떨까 하는 생각도 할 수 있다(리스트 5-6).

리스트 5-6 리포지토리에 사용자명 중복 확인 메서드 추가하기

```
public interface IUserRepository
{
    void Save(User user);
    User Find(UserName name);
    bool Exists(User user);
}
```

그러나 리포지토리의 책임은 객체의 퍼시스턴시까지다. 사용자명의 중복 확인은 도메인 규칙에 가까우므로 이를 리포지토리에 구현하는 것은 리포지토리의 책임을 벗어난다. 만약 리포지토리에 Exists 메서드가 정의된다면 리포지토리의 구현에 따라 동작 내용이 바뀔 가능성이 있다. 사용자명 중복 확인은 도메인 서비스가 주체가 되는 것이 옳다(리스트 5-7).

리스트 5-7 리스트 5-6의 코드로는 사용자명 중복 확인의 주체가 도메인 서비스가 아니게 된다

```
class UserService
{
    private IUserRepository userRepository;

    (...생략...)

    pubic bool Exists(User user)
    {
        // 중복 확인이 사용자명 기준이라는 지식이 도메인 객체에서 누락된다
        return userRepository.Exists(user);
    }
}
```

인프라를 다루는 처리를 도메인 서비스에 두는 것이 꺼려져 리포지토리에 사용자명 중복 확인을 정의하고 싶다면 리스트 5-8과 같이 구체적인 중복 확인 키를 전달하는 형태가 좋다.

리스트 5-8 리포지토리에 사용자명 중복 확인을 정의한 경우

```
public interface IUserRepository
{
    (...생략...)

    public bool Exists(UserName name);
}
```

이 외에도 리포지토리에 정의할 만한 행동으로, User의 식별자인 UserId를 이용한 사용자 검색 메서드 등을 생각해 볼 수 있다. 그러나 지금부터 서둘리 준비할 필요는 없다. 미리 메서드를 갖춘다 해도 결국 사용하지 않는 경우도 있다. 현시점에서 필요한 최소한의 정의만 작성하면 된다.

C#에서는 객체의 유무를 나타내는 데 null을 이용한다. 그러나 null을 이런 의미로 사용하는 데 거부감을 갖는 사람도 있다. 그리고 아마 그렇게 생각하는 것이 옳을 것이다.

null은 인류가 이해하기 어려운 개념이다. null이 존재하는 프로그래밍 언어를 다뤄본 개발자라면 다들 한 번쯤은 null을 참조했다가 오류를 발생시킨 적이 있을 것이다. 그만큼 null로 인해 발생하는 버그는 많은 개발자의 골칫거리였다.

null로 인한 버그를 방지하기 위한 최선의 방책은 null을 사용하지 않는 것이다. 아예 null이 없는 프로그래밍 언어도 있다. 이런 언어에서는 객체의 유무를 나타내기 위해 Option 타입(또는 이에 준하는 타입)을 이용한다(리스트 5-9).

리스트 5-9 Option 타입을 도입한 리포지토리

```
public inter face IUserRepository
{
    void Save(User user);
    Option<User> Find(UserName name);
}
```

Option 타입은 반환되는 객체가 있을 수도 있고 없을 수도 있다는 것을 의미하는 타입이다. 반환 값의 타입이 Option인 메서드는 이 타입 정보만으로 반환되는 객체가 '없을 수도 있음'을 알려준다. 따라서 Option 타입을 사용하면 '없는 경우 null이 반환됨'과 같은 주석을 달 필요가 없다.

5.4 SQL을 이용하는 리포지토리 구현하기

인터페이스를 준비했으니 리포지토리를 구현할 차례다. 원래 코드는 관계형 데이터베이스를 데이터스토어로 사용하고 있었다. 첫 번째로 구현하는 리포지토리는 이 관계형 데이터베이스를 다루는 리포지토리다(리스트 5-10).

리스트 5-10 SQL을 이용하는 리포지토리 구현

```
public class UserRepository : IUserRepository
{
    private string connectionString =
ConfigurationManager.ConnectionStrings["DefaultConnection"].ConnectionString;
```

```
    public void Save(User user)
    {
        using (var connection = new SqlConnection(connectionString))
        using (var command = connection.CreateCommand())
        {
            connection.Open();
            command.CommandText = @"
MERGE INTO users
    USING (
        SELECT @id AS id, @name AS name
    ) AS DATA
    ON userd.id = data.id
    WHEN MATCHED THEN
        UPDATE SET name = data.name
    WHEN NOT MATCHED THEN
        INSERT (id, name)
        VALUES (data.id, data.name);
";
            command.Parameters.Add(new SqlParameter("@id", user.Id.Value));
            command.Parameters.Add(new SqlParameter("@name", user.Name.Value));
            command.ExecuteNonQuery();
        }
    }

    (...생략...)
}
```

UserRepository 클래스의 Save 메서드는 User 클래스의 인스턴스를 관계형 데이터베이스에 저장하기 위해 UPSERT(기존 데이터가 있다면 UPDATE, 없다면 INSERT)한다. UPSERT 치리를 구현하는 방법은 자신을 찾는 SELECT 쿼리를 전달해 데이터가 존재하는지 여부를 따져 분기해도 좋고, 예제 코드에서 보듯이 데이터베이스 고유의 문법(MERGE)을 사용해도 된다. 비즈니스 로직에서 특정한 기술에 의존하는 구현은 바람직하지 않지만, 리포지토리의 구현 클래스라면 특정 기술에 의존하는 구현도 문제가 없다.

다음으로 Find 메서드의 구현을 살펴보자(리스트 5-11).

리스트 5-11 SQL을 이용하는 리포지토리 구현(Find 메서드)

```csharp
public class UserRepository : IUserRepository
{
    (...생략...)

    public User Find(UserName userName)
    {
        using (var connection = new SqlConnection(connectionString))
        using (var command = connection.CreateCommand())
        {
            connection.Open();
            command.CommandText = "SELECT * FROM users WHERE name = @name";
            command.Parameters.Add(new SqlParameter("@name", userName.Value));
            using (var reader = command.ExecuteReader())
            {
                if (reader.Read())
                {
                    var id = reader["id"] as string;
                    var name = reader["name"] as string;

                    return new User(
                        new UserId(id),
                        new UserName(name)
                    );
                }
                else
                {
                    return null;
                }
            }
        }
    }
}
```

Find 메서드는 인자로 받은 데이터로 user 테이블을 조회한 다음 User 객체의 인스턴스를 복원해 반환한다. 해당하는 데이터가 없다면 null을 반환한다.

이렇게 구현된 리포지토리는 리스트 5-12와 같이 생성자 메서드를 통해 Program 클래스에 전달된다.

리스트 5-12 Program 클래스에 리포지토리를 인자로 전달하기

```
var userRepository = new UserRepository();
var program = new Program(userRepository);
program.CreateUser("john");
```

Program 클래스는 IUserRepository를 다루지만, 실제 객체는 UserRepository다. 따라서 IUserRepository의 Save 메서드가 호출되면 UserRepository의 Save 메서드로 제어가 넘어가며 UPSERT 처리가 실행된다. UserDomainService도 마찬가지로 IUserRepository의 Find 메서드를 호출하면 UserRepository의 Find 메서드가 실행되며 관계형 데이터베이스에서 객체를 복원한다 (그림 5-3).

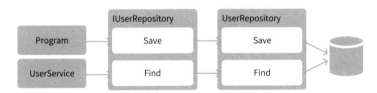

그림 5-3 UserRepository가 동작하는 구도

이렇듯 인터페이스를 잘 활용하면 Program 클래스에서 퍼시스턴시와 관련된 구체적인 처리를 구현하지 않아도 객체 인스턴스를 데이터스토어에 저장할 수 있다.

5.5 테스트로 구현 검증하기

소프트웨어를 개발할 때 테스트는 필수적이다. 개발자는 프로그램이 자신의 의도대로 동작하리라 기대하지만, 프로그램은 개발자의 의도가 아닌 코드를 따라 동작한다.

프로그램이 개발자의 의도대로 동작하는지 항상 확인할 필요가 있다. 이를 확인하는 대표적인 방법이 테스트다. 직접 실행해 보면 의도대로 동작하는지 확인할 수 있다.

또한 테스트는 동작을 확인하는 목적 외에 소프트웨어의 유연성을 향상시키기도 한다.

소프트웨어를 변경하는 것은 간단한 일이 아니다. 요구 조건을 따라 변경할 부분을 찾고 신중하게 코드를 변경하면서도 원래 있던 기능을 망가뜨려서는 안 된다. 이때 테스트가 미리 갖춰져 있다면 코드를 변경한 후에 테스트를 실행해 보고 원래 있던 기능이 제대로 동작하는지(아니면 동작하지 않는지)를 확인할 수 있다. 이러한 테스트는 소프트웨어 변경에 따른 검증 비용을 줄여준다.

도메인의 변화에 맞춰 소프트웨어를 변경하려면 테스트를 미리 갖춰 두는 것이 중요하다.

5.5.1 테스트가 필요한 작업 확인하기

사용자 생성 처리가 의도대로 동작하는지 확인하기 위해 테스트를 작성하는 상황을 생각해 보자.

테스트를 수행하려면 우선 관계형 데이터베이스가 필요하다. 설치 파일을 내려받아 설치를 진행하자. 무사히 설치가 끝났다면 접속 문자열을 로컬 데이터베이스 접속용으로 교체한다. 설정 파일을 조금 수정하면 된다. 데이터베이스의 준비가 끝나면 쿼리의 대상이 될 테이블도 만들어야 한다. 코드를 보면 'SELECT * FROM users'와 같은 쿼리문이 보인다. 이로부터 user 테이블이 필요하다는 것을 알 수 있다. 테이블을 만들려면 테이블 정의가 필요하다. 한 번 더 코드를 확인하니 문자열로 된 사용자 ID와 사용자명 칼럼이 있으면 될 것 같다. 수집한 정보를 바탕으로 테이블을 생성한다. 또 코드에는 사용자명의 중복을 확인하는 처리가 있다. 중복 확인이 제대로 동작하는지 확인할 수 있게 데이터를 미리 넣어둔다.

데이터베이스는 한 번 설치해 두면 어지간한 일이 아니면 다시 설치할 필요가 없다. 그러나 테이블은 그렇지 않다. 로직마다 다른 테이블이 필요하므로 로직이 늘어남에 따라 테이블도 추가해야 한다. 여러 가지 기능이 있는 처리는 더 어렵다. 확인이 필요한 항목마다 테스트에 필요한 데이터를 하나하나 넣어두지 않으면 안 된다. 경우에 따라서는 이전 테스트에서 사용한 데이터를 지워야 할 수도 있다.

자, 이제 대략 상황을 상상할 수 있다. 이 작업을 하루에도 몇 번씩 해야 한다면 어떻겠는가?

5.5.2 기도하는 자의 테스트 이론

테스트에 드는 수고가 점점 커지면 개발자는 테스트를 성실히 하지 않게 된다.

개발자의 업무는 다양하다. 그만큼 다양한 업무를 수행하기 위한 효율 개선에 주력하며 작업에 들어가는 비용과 편익에 민감하다. 동시에 어느 정도 경험을 쌓은 개발자라면 작성한 코드가 의도한 대로 동작할지 '감을 잡을' 수도 있다. 효율 개선을 열심히 하는 개발자라면 '어지간하면' 잘 돌아갈 코드에 큰 노력을 들여 테스트를 수행하는 것은 가성비가 좋지 않다고 생각할 것이다. 결과적으로 '잘 돌아가겠지!' 싶은 코드가 제품에 포함되는 것이다.

테스트를 거치지 않은 코드에 개발자가 할 수 있는 일은 그저 기도뿐이다.

'부디 이 코드가 문제없이 동작하게 해주세요.'

기도는 곧 불안감의 방증이다. 개발자는 코드가 릴리스 된 후로 불안감에 휩싸인다. 짧게는 며칠에서 몇 주, 가끔은 더 긴 시간이 지나서야 겨우 안심하며 생각한다.

'역시 그 코드는 문제가 없었어.'

이런 잘못된 성공 경험은 개발자를 더욱더 테스트로부터 멀어지게 한다. '잘 돌아가겠지!' 싶은 코드를 작성하고 문제없기를 기도만 하는 것이다. 물론 기도가 최선책일 수는 없다. 기도한다고 프로그램의 오류가 고쳐질 리가 없기 때문이다.

5.5.3 기도는 이제 그만

기도에만 의존해 온 개발자가 기도를 그만두고 테스트에 나서게 하는 방법은 크게 두 가지다. 첫 번째는 공포에 의한 통제고 두 번째는 효율적인 테스트를 만드는 것이다. 시스템을 개발하는 사람이라면 후자를 택해야 한다. 이번에는 효율적인 테스트를 만드는 방법에 대해 알아보자.

지금의 문제는 테스트를 위해 데이터베이스를 설치하고, 테이블을 만드는 등 준비 작업이 너무 복잡하다는 것이다. 이 문제를 해결하는 방법은 간단하다. 데이터베이스를 사용하지 않으면 된다. 즉, 데이터베이스가 없는 테스트용 리포지토리를 쓰는 것이다.

5.6 테스트용 리포지토리 만들기

테스트만을 위해 특정한 인프라를 갖추는 것은 매우 번거롭다. 이 문제를 해결하는 방법으로
메모리를 데이터스토어 삼는 방법이 있다. 인스턴스를 저장하는 매체로 메모리를 이용하고
싶을 때 가장 쉬운 방법은 딕셔너리다. 리스트 5-13은 딕셔너리를 기반으로 구현한 리포지토
리다.

리스트 5-13 딕셔너리를 기반으로 구현한 리포지토리

```
class InMemoryUserRepository : IUserRepository
{
    // 테스트케이스에 따라 데이터를 확인해야 하는 경우도 있다
    // 확인을 위해 외부에서 접근할 수 있게 public으로 둔다
    public Dictionary<UserId, User> Store { get; } = new Dictionary<UserId, User>();

    public User Find(UserName userName)
    {
        var target = Store.Values.FirstOrDefault(user => userName.Equals(user.Name));

        if (target != null) {
            // 인스턴스를 직접 반환하지 않고 깊은 복사한 사본을 반환
            return Clone(target);
        }
        else
        {
            return null;
        }
    }

    public void Save(User user) {
        // 저장 시에도 깊은 복사를 수행
        Store[user.Id] = Clone(user);
    }

    // 깊은 복사를 담당하는 메서드
    private User Clone(User user) {
```

```
        return new User(user.Id, user.Name);
    }
}
```

먼저 데이터가 저장될 곳을 살펴보자. 데이터는 평범한 딕셔너리에 저장된다. 인덱스는 객체의 식별자 역할을 하는 값 객체를 사용한다. 값 객체를 딕셔너리의 인덱스로 사용하면 Equals와 GetHashCode 메서드를 오버라이드해야 한다. 이들 메서드를 오버라이드할 수 없는 상황이라면 래핑된 실제 값을 인덱스로 써도 된다.

다음으로 Find 메서드를 살펴보자. 이 메서드는 딕셔너리에서 목표하는 인스턴스를 검색하는 역할을 한다. FirstOrDefault는 C#의 집합을 다루는 라이브러리(Linq)에서 제공하는 검색 메서드다. 물론 리스트 5-14처럼 반복문을 사용해도 무방하다.

리스트 5-14 반복문으로 구현한 리스트 5-13의 Find 메서드

```
public User Find(UserName name)
{
    foreach (var elem in Store.Values)
    {
        if (elem.Name.Equals(name))
        {
            return Clone(elem);
        }
    }

    return null;
}
```

검색 결과로 찾은 인스턴스는 그대로 반환하는 것이 아니라 깊은 복사[1]를 통해 만든 새로운 객체를 반환한다. 이렇게 하는 이유는 복원된 인스턴스를 조작했을 때 리포지토리에 저장된 객체에 그 영향이 미치지 않게(리스트 5-15) 하기 위해서다.

---

1   객체만 복사하는 것이 아니라 객체와 메모리에 로드된 데이터 모두를 복사하는 것을 말한다.

리스트 5-15 객체에 대한 조작이 리포지토리의 객체에도 영향을 미치는 경우

```
// 객체를 복원할 때 깊은 복사를 하지 않으면
var user = userRepository.Find(new UserName("John"));
// 복원된 객체에 대한 조작이 리포지토리에 저장된 객체에도 영향을 미친다
user.ChangeUserName(new UserName("john"));
```

같은 이유로 Save 메서드에서도 인스턴스를 저장할 때 깊은 복사를 한다. 그래서 리포지토리에 저장된 인스턴스가 영향을 받지 않게(리스트 5-16) 한다.

리스트 5-16 리포지토리 내부의 객체가 저장 후에도 영향을 받는 경우

```
// 여기서 인스턴스를 바로 리포지토리에 저장하면
userRepository.Save(user);
// 인스턴스에 대한 조작이 리포지토리에 저장된 객체에도 영향을 미친다
user.ChangeUserName(new UserName("john"));
```

데이터베이스에 데이터를 저장하는 운영용 리포지토리에서는 최적화 등의 이유로 현재 데이터와의 차이를 탐지해 변경된 부분만 수정하는 경우도 있지만, InMemoryUserRepository는 테스트에만 사용될 예정이므로 여기까지는 고려할 필요가 없다.

테스트용 리포지토리에 대한 설명은 이것으로 끝이다. 사용자 생성 처리를 실제로 테스트해 보자(리스트 5-17).

리스트 5-17 사용자 생성 처리 테스트

```
var userRepository = new InMemoryUserRepository();
var program = new Program(userRepository);
program.CreateUser("john");

// 리포지토리에서 데이터를 꺼내 확인한다
var head = userRepository.Store.Values.First();
Assert.AreEqual("john", head.Name);
```

데이터베이스에 접속할 필요가 없으니 테스트가 놀랄 만큼 간단해졌다. 이제 불안에 가득 찬 밤을 보내며 릴리스 일정을 맞출 필요가 없다. 코드가 제대로 동작하리라는 확신이 들 때까지 마음껏 테스트하기 바란다.

5.7 객체–관계 매핑이 적용된 리포지토리 구현하기

오늘날에는 SQL 문을 직접 코드에 작성해 실행하는 대신 객체–관계 매핑(ORM, O–R mapper)을 사용하는 스타일이 주류를 이룬다. 이번 절에서는 객체–관계 매핑을 적용한 리포지토리를 구현해본다.

C#에서 사용되는 객체–관계 매핑 라이브러리로는 EntityFramework가 잘 알려져 있다. 리스트 5–18은 EntityFramework를 이용해 구현한 리포지토리다.

리스트 5–18 객체–관계 매핑 라이브러리 EntityFramework를 이용해 구현한 리포지토리

```
public class EFUserRepository : IUserRepository
{
    private readonly MyDbContext context;

    public EFUserRepository(MyDbContext context)
    {
        this.context = context;
    }

    public User Find(UserName name)
    {
        var target = context.Users.FirstOrDefault(userData => userData.Name ==
name.Value);
        if (target == null)
        {
            return null;
        }

        return ToModel(target);
    }

    public void Save(User user)
    {
        var found = context.Users.Find(user.Id.Value);
```

```
            if (found == null)
            {
                var data = ToDataModel(user);
                context.Users.Add(data);
            }
            else
            {
                var data = Transfer(user, found);
                context.Users.Update(data);
            }

            context.SaveChanges();
    }

    private User ToModel(UserDataModel from)
    {
        return new User(
            new UserId(from.Id),
            new UserName(from.Name)
        );
    }

    private UserDataModel Transfer(User from, UserDataModel model)
    {
        model.Id = from.Id.Value;
        model.Name = from.Name.Value;

        return model;
    }

    private UserDataModel ToDataModel(User from)
    {
        return new UserDataModel{
            Id = from.Id.Value,
            Name = from.Name.Value,
        };
    }
}
```

네임스페이스를 이용해 EF.UserRepository라는 이름의 클래스를 만들어도 무방하다. 이 책에서는 가독성을 위해 클래스명을 EFUserRepository로 했다.

EntityFramework에서 데이터 스토리지로 이용하는 객체(데이터 모델)를 엔티티라고 부른다. UserDataModel은 EntityFramework의 엔티티다(리스트 5-19).

리스트 5-19 EntityFramework가 직접 사용하는 데이터 모델

```
[Table("Users")]
public class UserDataModel{
    [DatabaseGenerated(DatabaseGeneratedOption.None)]
    public string Id { get; set; }

    [Required]
    [MinLength(3)]
    public string Name { get; set; }
}
```

이 엔티티는 이름만 같을 뿐 2장에서 배웠던 도메인 주도 설계의 엔티티와는 전혀 다른 것이다. UserDataModel이라는 이름에서 이를 강조하고 있다. 물론 네임스페이스를 이용해 User라는 이름으로 데이터 모델을 만들어도 된다(리스트 5-20).

리스트 5-20 네임스페이스를 이용해 User 클래스로 정의한 데이터 모델

```
namespace Infrastructure.DataModel.Users
{
    [Table("Users")]
    public class User
    {
        [DatabaseGenerated(DatabaseGeneratedOption.None)]
        public string Id { get; set; }

        [Required]
        [MinLength(3)]
        public string Name { get; set; }
    }
}
```

중요한 것은 도메인 객체가 도메인 지식을 나타내는 데 집중하게 하는 것이다. 특정한 기술에서만 사용될 게터와 세터를 도메인 객체에 추가하는 것은 바람직하지 못하다.

이제 EFUserRepository를 사용해 볼 차례다. EFUserRepository는 IUserRepository 인터페이스를 구현하므로 Program 클래스에 그대로 인자로 전달할 수 있다(리스트 5-21).

리스트 5-21 EntityFramework를 이용해 구현한 리포지토리로 테스트하기

```
var userRepository = new EFUserRepository(MyContext);
var program = new Program(userRepository);
program.CreateUser("smith");

// 리포지토리에서 데이터를 꺼내 확인한다
var head = myContext.Users.First();
Assert.AreEqual("smith", head.Name);
```

리포지토리의 구현체만 바꾸었을 뿐 Program 클래스의 인스턴스가 생성된 뒤의 처리 내용은 인메모리 리포지토리를 이용한 테스트 코드(리스트 5-17)와 완전히 같다.

5.8 리포지토리에 정의되는 행동

리포지토리에 정의되는 행위는 객체의 저장 및 복원에 대한 것이다. 이 행위를 한번 살펴보자.

5.8.1 객체의 저장과 관계된 행위

객체를 저장하는 행위는 이미 예제 코드에서 등장했던 Save 메서드다(리스트 5-22).

리스트 5-22 객체를 저장하는 행동

```
interface IUserRepository
{
    void Save(User user);
    (...생략...)
}
```

Save라는 메서드 이름은 강제되는 것이 아니다. Store라고 이름을 지어도 무방하다.

객체를 저장하려면 저장 대상 객체를 인자로 전달받아야 한다. 따라서 리스트 5-23과 같이 대상 객체의 식별자 및 수정 항목을 인자로 받게 메서드를 정의해서는 안 된다.

리스트 5-23 수정할 항목만을 인자로 받는 수정 처리(나쁜 예)

```
interface IUserRepository
{
    void UpdateName(UserId id, UserName name);
    (...생략...)
}
```

리스트 5-23과 같이 메서드를 정의하면 리포지토리에 수많은 수정 메서드가 생기는 결과를 낳는다(리스트 5-24).

리스트 5-24 불필요하게 많은 수정 메서드가 정의된 리포지토리(나쁜 예)

```
interface IUserRepository
{
    void UpdateName(UserId id, UserName name);
    void UpdateEmail(UserId id, Email mail);
    void UpdateAddress(UserId id, Address address);
    (...생략...)
}
```

객체가 저장하고 있는 데이터를 수정하려면 애초부터 객체 자신에게 맡기는 것이 옳다. 위와 같은 코드는 피해야 한다.

마찬가지로 객체를 생성하는 처리도 리포지토리에 정의해서는 안 된다. 생성자 메서드를 경유하지 않는 객체 생성에 관해서는 9장에서 다룰 것이다.

이 외에도 퍼시스턴시와 관련한 행동으로 객체의 파기를 들 수 있다. 생애주기를 갖는 객체는 필요를 다하면 파기해야 한다. 이를 지원하는 것도 리포지토리의 역할이다. 리스트 5-25와 같이 객체를 파기하는 메서드도 리포지토리에 정의한다.

리스트 5-25 객체를 파기하는 행위가 정의된 리포지토리

```
interface IUserRepository
{
    void Delete(User user);
    (...생략...)
}
```

5.8.2 저장된 객체의 복원과 관계된 행위

저장된 객체를 복원하는 행위 중에 가장 자주 쓰이는 것은 식별자로 검색을 수행하는 메서드다
(리스트 5-26).

리스트 5-26 식별자를 키로 객체를 검색하는 메서드

```
interface IUserRepository
{
    User Find(UserId id);
    (...생략...)
}
```

기본적으로는 식별자를 키로 삼는 검색 메서드를 이용하지만, 사용자명 중복 여부를 확인하는
등의 이유로 모든 객체를 받아와야 할 경우도 있다. 이런 경우를 위해 저장된 모든 객체를 복원
해 오는 메서드를 정의한다(리스트 5-27).

리스트 5-27 저장된 모든 객체를 복원하는 메서드

```
interface IUserRepository
{
    List<User> FindAll();
    (...생략...)
}
```

다만 이 메서드를 정의할 때는 조금 신중해야 한다. 복원되는 객체의 숫자에 따라 컴퓨터의 리
소스가 바닥나는 상황이 벌어질 수 있기 때문이다.

성능에서 기인하는 심각한 문제를 회피하려면 검색에 적합한 메서드를 정의해야 한다(리스트 5-28).

리스트 5-28 검색에 적합한 메서드의 예

```
interface IUserRepository
{
    User Find(UserName name);
    // 오버로딩을 지원하지 않는 언어라면 이름을 바꿔가며 배리에이션을 만든다
    // User FindByUserName(USerName name);
    (...생략...)
}
```

위와 같은 메서드라면 검색의 키가 될 데이터를 인자로 전달받기 때문에 리포지토리의 구현체도 최적화된 검색을 수행할 수 있다.

5.9 정리

로직이 특정한 인프라스트럭처 기술에 의존하면 소프트웨어가 경직되는 현상이 일어난다. 코드의 대부분이 데이터스토어를 직접 다루는 내용으로 오염되며 코드의 의도가 잘 드러나지 않는다.

리포지토리를 이용하면 데이터 퍼시스턴시와 관련된 처리를 추상화할 수 있다. 이 정도의 변화만으로도 소프트웨어의 유연성을 놀랄 만큼 향상시킬 수 있다.

예를 들면 개발 초기에 어떤 데이터스토어를 채용할지 결정하기 전이라도 인메모리 리포지토리 등을 이용해 먼저 로직 구현 작업을 할 수 있다. 이 외에도 더 성능이 높은 데이터스토어가 출시된다면 이를 위한 리포지토리를 구현해 데이터스토어를 교체할 수 있다. 그리고 원한다면 언제든지 테스트도 실시할 수 있다.

도메인 규칙과 비교하면 어떤 데이터스토어를 사용할지는 사소한 문제에 지나지 않는다. 리포지토리를 잘 활용해 코드의 의도를 명확히 하면 뒷날 개발자에게 큰 도움이 될 것이다.

유스케이스를
구현하기 위한
'애플리케이션 서비스'

애플리케이션 서비스는 도메인 객체를 서로 협조하게 해서 유스케이스를 구현한다.

값 객체나 엔티티 같은 도메인 객체는 도메인 모델을 코드로 표현한 객체다.

이용자의 문제를 해결해주는 소프트웨어가 되려면 이들 도메인 객체가 한 덩어리가 되어 문제를 해결할 수 있게 이끌어야 한다.

애플리케이션 서비스는 도메인 객체가 수행하는 태스크를 관리하고 문제를 해결하게 이끄는 존재다.

6.1 애플리케이션 서비스란 무엇인가

이번 장에서는 4장에서 소개했던 두 가지 서비스 중 애플리케이션 서비스를 설명한다. 애플리케이션 서비스를 한마디로 표현하면 유스케이스를 구현하는 객체라고 할 수 있다.

예를 들어 사용자 등록을 해야 하는 시스템에서 사용자 기능을 구현하려면 '사용자 등록하기' 유스케이스와 '사용자 정보 수정하기' 유스케이스가 필요하다. 사용자 기능에 대한 애플리케이션 서비스는 유스케이스를 따라 '사용자 등록하기' 행위와 '사용자 정보 수정하기' 행위를 정의한다. 이들 행위는 도메인 객체를 실제로 조합해 실행되는 스크립트 같은 것이다.

이번 장에서는 사용자 기능에 필요한 유스케이스를 작성하는 과정을 살펴보며 애플리케이션 서비스가 무엇인지 알아본다.

> **칼럼** 애플리케이션 서비스의 의미
>
> 애플리케이션 서비스의 의미를 알기 위해서는 애플리케이션이 무엇인지부터 알아야 한다.
>
> 애플리케이션은 일반적으로 이용자의 목적에 부응하는 프로그램을 의미한다. 애플리케이션의 목표는 이용자의 필요를 만족시키고 목적을 달성하게 하는 것이다.
>
> 도메인 객체는 도메인을 코드로 옮긴 것이다. 도메인을 코드로 나타냈다고 해도 그것만으로는 이용자가 당면한 문제나 필요가 해결되지 않는다. 이용자의 필요를 만족시키거나 문제를 해결하려면 도메인 객체의 힘을 하나로 엮어 올바른 방향으로 이끌어야 한다.
>
> 도메인 객체를 조작해서 이용자의 목적을 달성하게 이끄는 객체인 애플리케이션 서비스의 이름에 애플리케이션이라는 단어가 들어가는 것은 어찌 보면 당연한 일이다.

6.2 유스케이스 수립하기

이번 장에서 다룰 애플리케이션 서비스의 소재는 SNS(소셜 네트워킹 서비스)의 사용자 기능이다. 하나의 시스템을 이루기 위해 반드시 개발이 필요한 요소를 골라내기 위해 우선 사용자 기능이 어떤 것인지부터 살펴보겠다.

이용자는 시스템을 이용하기 위해 먼저 사용자 등록을 해야 한다. 여기서 말하는 사용자는 시스템상의 이용자 자신에 해당한다. 이용자는 이전에 등록한 사용자 정보를 참조하기도 하고, 때에 따라서는 정보를 수정할 수도 있다. 만약 이용자가 더이상 시스템이 필요하지 않게 됐을 때는 탈퇴를 통해 시스템 이용을 중지할 수 있다.

이러한 기능을 갖는 시스템의 유스케이스를 그림 6-1에 나타냈다.

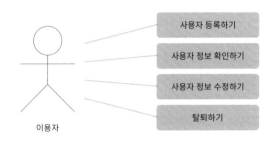

그림 6-1 사용자 기능을 구현하는 유스케이스 다이어그램

사용자 기능을 구현하기 위해 필요한 '사용자 등록하기', '정보 받아오기', '정보 수정하기', '탈퇴하기' 등의 유스케이스는 소위 말하는 CRUD(CREATE, READ, UPDATE, DELETE) 처리에 해당한다. 이 네 가지 처리는 시스템을 개발하기 위한 기본으로, 애플리케이션 서비스를 만들어보는 튜토리얼로 적합한 소재가 될 수 있다.

6.2.1 도메인 객체 준비하기

우선 애플리케이션 서비스가 다룰 도메인 객체를 준비한다.

이번에 소재가 된 사용자 개념은 생애주기를 갖는 모델이므로 엔티티로 구현된다(리스트 6-1).

리스트 6-1 사용자를 나타내는 엔티티

```
public class User
{
    // 인스턴스를 처음 생성할 때 사용한다
    public User(UserName name)
```

```
    {
        if (name == null) throw new ArgumentNullException(nameof(name));

        Id = new UserId(Guid.NewGuid().ToString());
        Name = name;
    }

    // 인스턴스를 복원할 때 사용한다
    public User(UserId id, UserName name)
    {
        if (id == null) throw new ArgumentNullException(nameof(id));
        if (name == null) throw new ArgumentNullException(nameof(name));

        Id = id;
        Name = name;
    }

    public UserId Id { get; }
    public UserName Name { get; private set; }

    public void ChangeName(UserName name)
    {
        if (name == null) throw new ArgumentNullException(nameof(name));

        Name = name;
    }
}
```

사용자는 동일성을 식별하기 위한 속성 UserId를 가지며, 사용자 정보에 해당하는 속성은 사용자명뿐이다. 모든 속성이 값 객체로 정의되어 있으나, 지금은 특별한 행위가 없으므로 거의 원시 타입을 단순히 래핑한 상태나 마찬가지다(리스트 6-2).

리스트 6-2 User 클래스가 사용하는 값 객체 타입의 정의

```
public class UserId
{
    public UserId(string value)
```

```
    {
        if (string.IsNullOrEmpty(value)) throw new ArgumentException("value가 null이거나
빈 문자열임");

        Value = value;
    }

    public string Value { get; }
}

public class UserName
{
    public UserName(string value)
    {
        if (value == null) throw new ArgumentNullException(nameof(value));
        if (value.Length < 3) throw new ArgumentException("사용자명은 3글자 이상이어야
함", nameof(value));
        if (value.Length > 20) throw new ArgumentException("사용자명은 20글자 이하이어야
함", nameof(value));

        Value = value;
    }

    public string Value { get; }
}
```

그리고 사용자명의 중복 여부를 확인해야 하니 도메인 서비스도 갖춰야 한다(리스트 6-3).

리스트 6-3 사용자 도메인 서비스

```
public class UserService
{
    private readonly IUserRepository userRepository;

    public UserService(IUserRepository userRepository)
    {
        this.userRepository = userRepository;
```

```
    }

    public bool Exists(User user)
    {
        var duplicatedUser = userRepository.Find(user.Name);

        return duplicatedUser != null;
    }
}
```

여기에 추가로 사용자 객체의 퍼시스턴시를 구현해야 한다. 이를 위해 리포지토리를 구현한다 (리스트 6-4).

리스트 6-4 사용자 리포지토리

```
public interface IUserRepository
{
    User Find(UserId id);
    User Find(UserName name);
    void Save(User user);
    void Delete(User user);
}
```

리포지토리에는 리스트 6-3의 코드에서 사용되는 메서드 외에도 CRUD 처리를 수행하는 퍼시스턴시 및 객체 파기 메서드가 정의된다. 그리고 리포지토리를 구현한 클래스는 아직 만들지 않아도 된다. 로직을 작성하기 위해서는 인터페이스만으로도 충분하다.

지금까지 소개한 객체는 모두 앞서 설명했다. 이어서 사용자 기능을 구현해 보겠다.

6.2.2 사용자 등록 처리 구현하기

첫 번째로 구현할 유스케이스는 사용자 등록 처리다. 사용자 등록 처리를 리스트 6-5와 같이 애플리케이션 서비스의 행위로 구현할 수 있다.

리스트 6-5 사용자 등록 처리 구현 코드

```csharp
public class UserApplicationService
{
    private readonly IUserRepository userRepository;
    private readonly UserService userService;

    public UserApplicationService(IUserRepository userRepository, UserService
userService)
    {
        this.userRepository = userRepository;
        this.userService = userService;
    }

    public void Register(string name)
    {
        var user = new User(
            new UserName(name)
        );

        if (userService.Exists(user))
        {
            throw new CanNotRegisterUserException(user, "이미 등록된 사용자임");
        }

        userRepository.Save(user);
    }
}
```

Register 메서드를 보면 먼저 User 객체를 생성한 다음 사용자명 중복 체크를 도메인 서비스 UserService에 문의한다. 문의 결과를 통해 사용자명이 중복되지 않음을 확인하고 나면 IUserRepository 인스턴스에 해당 사용자 객체를 저장할 것을 요청하고 사용자 등록을 끝낸다.

5장에서 리포지토리에 대한 설명을 다 읽은 독자라면 이상한 점을 발견했을 것이다. 방금 본 코드는 이전의 설명에도 나왔던 Program 클래스와 거의 내용이 같기 때문이다. 사실 Program 클래스가 바로 애플리케이션 서비스다.

6.2.3 사용자 정보 확인 처리 구현하기

사용자 등록이 끝나면 등록된 사용자 정보를 확인해야 한다. UserApplicationService에 사용자 정보 확인 처리를 추가해 보자.

사용자 등록과 달리 사용자 정보 확인 처리는 확인된 결과를 반환해야 한다. 이때 도메인 객체를 그대로 반환 값으로 사용할지 말지에 대한 선택이 중요한 분기점이 된다.

리스트 6-6의 코드는 도메인 객체를 공개하기로 한 경우의 구현이다.

리스트 6-6 도메인 객체를 그대로 반환하는 사용자 정보 확인 메서드

```
public class UserApplicationService
{
    private readonly IUserRepository userRepository;

    (...생략...)

    public User Get(string userId)
    {
        var targetId = new UserId(userId);
        var user = userRepository.Find(targetId);

        return user;
    }
}
```

도메인 객체를 공개하기로 했다면 애플리케이션 서비스의 코드가 비교적 간단해진다. 그러나 이로 인해 약간의 위험성이 생긴다. 애플리케이션 서비스를 이용하는 클라이언트의 입장에서 생각해 보자.

애플리케이션 서비스를 이용하는 클라이언트는 결과로 받은 도메인 객체의 속성 정보를 파일 이나 화면에 출력한다. 여기까지는 문제가 없다. 문제가 되는 것은 리스트 6-7과 같이 의도하 지 않은 도메인 객체의 메서드 호출이 가능하다는 점이다.

```
public class Client
{
    private UserApplicationService UserApplicationService;

    (...생략...)

    public void ChangeName(string id, string name)
    {
        var target = userApplicationService.Get(id);
        var newName = new UserName(name);
        target.ChangeName(newName);
    }
}
```

리스트 6-7은 사용자명 변경을 목적으로 하는 코드다. 이 코드를 실행해도 데이터 퍼시스턴시가 수행되지 않으므로 원하는 목적을 달성할 수 없다.

그러나 여기서 문제 삼아야 할 점은 그것이 무의미한 코드라는 점이 아니다. 진짜 문제는 애플리케이션 서비스가 아닌 객체가 도메인 객체의 직접적인 클라이언트가 되어 도메인 객체를 자유롭게 조작하고 있다는 점이다. 도메인 객체의 행동을 호출하는 것은 애플리케이션 서비스의 책임이다. 이 구조가 지켜진다면 도메인 객체의 행동을 호출하는 코드가 모두 애플리케이션 서비스 안에 모여 있지만, 그렇지 않다면 여러 곳에 코드가 흩어질 수 있다.

이 외에 도메인 객체에 대한 의존이 많이 발생하는 것도 문제다. 도메인의 변화가 즉시 객체에 반영돼야 하는데, 복잡한 의존 관계의 핵심이 되는 코드를 수정하는 것은 숙련된 개발자에게도 조심스러운 작업이다.

도메인 객체를 외부에 공개한다는 선택은 각 처리의 코드를 단순하게 만들 수는 있지만, 그 대가로 많은 위험성을 안게 된다.

이를 방지하기 위한 수단으로 접근제어 수정자(access modifier)를 이용해 메서드의 호출을 제한하는 방법이 있지만, 클라이언트와 애플리케이션 서비스, 도메인 객체가 모두 같은 패키지에 있다면 이 방법도 사용하기 어렵다. 또 개발팀 내의 합의를 통해 도메인 객체의 메서드 호출에 대한 제약을 두는 방법도 있으나 이 방법은 강제력이 없다는 점을 잊어서는 안 된다. 어떤 방법도 완벽한 대책은 되지 못한다.

필자는 도메인 객체를 직접 공개하지 않는 쪽을 권한다. 도메인 객체는 비공개로 남겨두고 클라이언트에 데이터 전송을 위한 객체(DTO, data transfer object)를 만들어 여기에 데이터를 옮겨 넣어 반환하는 방법이다.

그럼, 구체적인 구현 코드를 살펴보자. 우선 User 클래스의 데이터를 전달할 DTO를 만든다(리스트 6-8).

리스트 6-8 User 클래스의 데이터를 공개하기 위한 목적으로 정의한 DTO

```
public class UserData
{
    public UserData(string id, string name)
    {
        Id = id;
        Name = name;
    }

    public string Id { get; }
    public string Name { get; }
}
```

DTO에 데이터를 옮겨 넣는 처리는 애플리케이션 서비스에서 수행한다(리스트 6-9).

리스트 6-9 도메인 객체에서 DTO로 데이터 옮겨 넣기

```
public class UserApplicationService
{
    private readonly IUserRepository userRepository;

    (...생략...)

    public UserData Get(string userId)
    {
        var targetId = new UserId(userId);
```

```
        var user = userRepository.Find(targetId);

        var userData = new UserData(user.Id.Value, user.Name.Value);
        return userData;
    }
}
```

User 클래스의 인스턴스가 외부로 공개되지 않으므로 UserApplicationService의 클라이언트는
User 객체의 메서드를 직접 호출할 수 없다.

그리고 외부로 공개할 파라미터가 추가될 경우에는 리스트 6-10과 같이 코드를 수정해야
한다.

리스트 6-10 외부로 공개할 파라미터가 추가될 경우 코드의 수정

```
public class UserApplicationService
{
    private readonly IUserRepository userRepository;

    (...생략...)

    public UserData Get(string userId)
    {
        var targetId = new UserId(userId);
        var user = userRepository.Find(targetId);

        // var userData = new UserData(user.Id.Value, user.Name.Value);
        // 생성자 메서드의 인자가 늘어남
        var userData = new UserData(user.Id.Value, user.Name.Value,
user.MailAddress.Value);
        return userData;
    }
}
```

간단한 수정이므로 기계적으로 할 수도 있지만, UserData 객체를 생성하는 곳은 모두 수정이 필
요하다. 정적 타입 언어라면 컴파일 에러가 발생하니 수정할 곳을 찾기가 비교적 쉽고 정규표

현식이나 문자열 치환 등을 사용해 수정할 수도 있지만, 그리 즐거운 작업은 아닐 것이다. 수정이 필요한 곳은 적을수록 좋다.

DTO의 생성자 메서드에서 User 객체를 인자로 받는 방법도 코드 수정이 필요한 곳을 줄일 수 있다(리스트 6-11).

리스트 6-11 도메인 객체를 인자로 받는 DTO의 생성자 메서드

```
public class UserData
{
    public UserData(User source) // 도메인 객체를 인자로 받음
    {
        Id = source.Id.Value;
        Name = source.Name.Value;
    }

    public string Id { get; }
    public string Name { get; }
}
```

UserData는 생성자 메서드의 인자로 받은 User와 밀접한 관계가 있다. UserData 타입의 목적이 User 객체의 데이터를 공개하는 것인 만큼 UserData가 User에 의존하는 것은 큰 문제가 되지 않는다.

전용 생성자 메서드를 이용할 때 데이터를 옮겨 넣는 코드는 리스트 6-12와 같다.

리스트 6-12 전용 생성자 메서드를 이용할 때 데이터를 옮겨 넣는 코드

```
var userData = new UserData(user);
```

이러면 파라미터를 나중에 더 추가하더라도 UserData 클래스만 수정하면 된다(리스트 6-13).

리스트 6-13 파라미터를 추가하더라도 UserData 클래스만 수정하면 된다

```
public class UserData
{
    public UserData(User source)
```

```
    {
        Id = source.Id.Value;

        Name = source.Name.Value;

        MailAddress = source.MailAddress.Value; // 속성에 대입
    }


    public string Id { get; }
    public string Name { get; }
    public string MailAddress { get; } // 추가된 속성
}
```

마지막으로 리스트 6-13의 UserData 클래스를 이용한 사용자 정보 확인 처리 구현을 살펴보자
(리스트 6-14).

리스트 6-14 리스트 6-13의 UserData 클래스를 이용한 사용자 정보 확인 처리 구현 코드

```
public class UserApplicationService
{
    private readonly IUserRepository userRepository;

    (...생략...)

    public UserData Get(string userId)
    {
        var targetId = new UserId(userId);
        var user = userRepository.Find(targetId);

        if (user == null)
        {
            return null;
        }

        return new UserData(user);
    }
}
```

DTO를 적용하면 DTO를 정의하는 데 필요한 수고와 데이터를 옮겨 담는 데서 오는 약간의 성능 저하가 따르지만, 어지간히 많은 양의 데이터를 옮겨 넣는 것이 아닌 이상 성능 저하는 미미한 수준이다. 오히려 불필요한 의존을 줄이고 도메인 객체의 변경을 방해받지 않는 편익이 더 크다.

도메인 객체를 외부에 공개하느냐 마느냐에 대한 판단은 큰 분기점이다. 도메인 객체를 공개했다고 해서 바로 문제가 발생하지는 않는다. 또 도메인 객체를 공개하지 않기 위해 추가로 작성한 코드가 작업량을 늘리는 결과를 낳기도 한다. 어느 쪽을 선택하든지 프로젝트의 정책을 따르는 것이 좋다. 중요한 것은 이 선택이 소프트웨어의 미래를 좌우할 수도 있는 결정사항임을 인식하고 결정을 내려야 한다는 점이다.

칼럼 번거로운 작업을 줄이자

도메인 객체를 외부에 공개하지 않기로 했다고 하더라도 개발팀 멤버의 이해를 구하지 못할 가능성이 있다. 일단 코드량이 증가하는 것을 곤란해하는 개발자가 어느 정도 있기 때문이다. 이럴 때는 늘어나는 작업량만큼 다른 귀찮은 작업을 덜어주는 방법이 유용하다.

구체적으로 소개하면 도메인 객체를 지정해주면 해당 클래스의 DTO 역할을 하는 클래스 코드를 자동으로 생성해주는 도구를 만드는 것이다.

개발자 중에는 귀찮은 일을 싫어하는 사람이 많다. 그렇기 때문에 효율 개선을 위해 노력을 아끼지 않는다. 귀찮은 작업을 강요해 이러한 노력을 헛되이 할 것이 아니라 대체 수단을 마련해 주는 편이 훨씬 더 건설적인 방법이다.

6.2.4 사용자 정보 수정 처리 구현하기

사용자 정보 수정 처리를 개개의 정보 항목마다 별도의 유스케이스를 둘 것인지, 아니면 단일 유스케이스로 여러 항목을 한꺼번에 수정할 수 있게 할지는 결정하기 까다로운 문제다(그림 6-2).

그림 6-2 사용자 정보 수정의 유스케이스

받아들이기에 따라서 어느 쪽이든 정답이 될 수 있지만, 이번에는 여러 항목을 한꺼번에 수정하는 유스케이스(그림 6-2의 오른쪽)를 예제로 할 것이다.

우선 리스트 6-15에 실린 사용자명 변경 코드를 살펴보자.

리스트 6-15 사용자명 변경 처리 코드

```
public class UserApplicationService
{
    private readonly IUserRepository userRepository;
    private readonly UserService userService;
    (...생략...)

    public void Update(string userId, string name)
    {
        var targetId = new UserId(userId);
        var user = userRepository.Find(targetId);

        if (user == null)
        {
            throw new UserNotFoundException(targetId);
        }

        var newUserName = new UserName(name);
        user.ChangeName(newUserName);
        if (userService.Exists(user))
        {
            throw new CanNotRegisterException(user, "이미 존재하는 사용자명임");
        }

        userRepository.Save(user);
    }
}
```

User 객체의 파라미터는 사용자명뿐이므로 사용자명을 인자로 받는다. 그러나 앞으로도 사용자 정보가 사용자명으로 구성될 가능성은 낮다. 사용자 정보의 항목이 늘어나면 코드가 어떻게 변화할까?

사용자 정보에 이메일 주소가 추가된 상황의 사용자 정보 수정 처리를 예로 살펴보자(리스트 6-16).

리스트 6-16 사용자 정보의 항목이 늘어난 경우의 사용자 정보 수정 처리

```
public class UserApplicationService
{
    private readonly IUserRepository userRepository;
    private readonly UserService userService;

    (...생략...)

    // 이메일 주소를 인자로 받음
    public void Update(string userId, string name, string mailAddress=null)
    {
        var targetId = new UserId(userId);
        var user = userRepository.Find(targetId);

        if (user == null)
        {
            throw new UserNotFoundException(targetId);
        }

        // 이메일 주소만 수정하므로 사용자명이 지정되지 않은 경우를 고려함
        if (name != null)
        {
            var newUserName = new UserName(name);
            user.ChangeName(newUserName);
            if (userService.Exists(user))
            {
                throw new CanNotRegisterException(user, "이미 존재하는 사용자명임");
            }
        }

        // 이메일 주소를 수정하는 경우
        if (mailAddress != null)
        {
            var newMailAddress = new MailAddress(mailAddress);
```

```
            user.ChangeMailAddress(newMailAddress);
        }

        userRepository.Save(user);
    }
}
```

사용자 정보를 수정할 때 사용자명만 변경하고 싶은 경우도 있고, 이메일 주소만 변경하고 싶은 경우도 있을 것이다. 인자 지정 여부에 따라 다르게 동작하게 한다.

이 방식으로는 사용자 정보 항목이 추가될 때마다 애플리케이션 서비스가 갖는 메서드의 시그니처가 수정돼야 한다. 커맨드 객체를 사용하면 시그니처를 매번 수정할 필요가 없다. 커맨드 객체는 리스트 6-17과 같이 정의할 수 있다.

리스트 6-17 커맨드 객체의 구현 예

```
public class UserUpdateCommand
{
    public UserUpdateCommand(string id)
    {
        Id = id;
    }

    public string Id { get; }
    // <summary> 지정된 값으로 해당 항목이 수정됨 </summary>
    public string Name { get; set; }
    // <summary> 지정된 값으로 해당 항목이 수정됨 </summary>
    public string MailAddress { get; set; }
}

// 생성자 메서드를 통해 이름 혹은 이메일 주소가 지정되지 않았음을 나타낼 수도 있다
public class UserUpdateCommand
{
    public UserUpdateCommand(string id, string name=null, string mailAddress=null)
    {
        Id = id;
        Name = name;
```

```
        MailAddress = mailAddress;
    }


    public string Id { get; }
    public string Name { get; } // 이런 경우 세터가 필요 없다
    public string MailAddress { get; } // 이런 경우 세터가 필요 없다
}
```

커맨드 객체를 사용해 파라미터가 추가되더라도 메서드의 시그니처를 바꿀 필요가 없게 한다
(리스트 6-18).

리스트 6-18 커맨드 객체를 이용하게 구현한 사용자 정보 수정 처리

```
public class UserApplicationService
{
    private readonly IUserRepository userRepository;
    private readonly UserService userService;

    (...생략...)

    public void Update(UserUpdateCommand command)
    {
        var targetId = new UserId(command.Id);
        var user = userRepository.Find(targetId);
        if (user == null)
        {
            throw new UserNotFoundException(targetId);
        }


        var name = command.Name;
        if (name != null)
        {
            var newUserName = new UserName(name);
            user.ChangeName(newUserName);
            if (userService.Exists(user))
            {
                throw new CanNotRegisterException(user, "이미 존재하는 사용자명임");
```

```
        }
    }

    var mailAddress = command.MailAddress;
    if (mailAddress != null)
    {
        var newMailAddress = new MailAddress(mailAddress);
        user.ChangeMailAddress(newMailAddress);
    }

    userRepository.Save(user);
    }
}
```

커맨드 객체를 만든다는 것은 간접적으로 애플리케이션 서비스의 처리 내용을 제어하는 것과
같다(리스트 6-19).

리스트 6-19 커맨드 객체를 이용해 애플리케이션 서비스 제어하기

```
// 사용자명만 변경함
var updateNameCommand = new UserUpdateCommand(id)
{
    Name = "john"
};
userApplicationService.Update(updateNameCommand);

// 이메일 주소만 변경함
var updateMailAddressCommand = new UserUpdateCommand(id)
{
    MailAddress = "xxxx@example.com"
};
userApplicationService.Update(updateMailAddressCommand);
```

이런 식으로 커맨드 객체는 어떤 처리의 파사드[1] 역할을 한다.

---

[1] 파사드(façade)란 '건물의 정면'이라는 뜻이다. 건물의 겉면이 내부의 복잡한 구조를 가려주듯이 복잡한 코드를 간략화해 노출하는 인터페이스를 의미한다.

사용자 정보 수정 처리 중에 수정 대상 사용자를 찾을 수 없을 때 예외를 발생시키는 것에 대해 의문을 품는 독자도 있었을 것이다. 처리 수행 중 실패했을 때 에러를 반환해야 하는지 아니면 예외를 발생시켜야 하는지는 논의할 만한 가치가 있는 문제다.

에러를 반환하는 쪽을 택한 경우 결과 객체를 반환한다. 결과 객체는 개발자에게 강제력을 미치지 못한다. 다시 말해 처리 실패에 대한 핸들링을 어떻게 할지를 클라이언트에 전적으로 위임하게 되는데, 이는 자칫 의도치 않게 실패를 그냥 지나쳐 버리는 결과를 낳는다.

반대로 예외를 발생하는 쪽을 택하면 반환 값을 반환하지 않는다. 예외를 발생시키고 아무것도 하지 않으면 프로그램이 종료되고, 프로그램이 종료되지 않게 하려면 발생한 예외를 catch 문을 통해 해결해야 하기 때문에 개발자에게 에러 핸들링을 강제할 수 있다. 그 결과로 실패를 그냥 지나쳐 후속 처리로 넘어가는 상황을 방지할 수 있다. 단점으로는 미미한 성능 하락이 있으며 반환 값의 에러 타입 형태로 전달되는 정보가 유실된다.

어느 쪽을 선택하든지 장단점이 있다. 장점과 단점을 잘 가늠해 방침을 선택하기 바란다.

6.2.5 탈퇴 처리 구현하기

시스템을 더이상 이용하지 않는 이유는 다양하겠지만, 사용자 입장에서 선택할 수 있는 선택지는 그리 많지 않다. 서서히 이용 빈도가 줄어들다가 이용을 멈추거나 탈퇴 처리를 요청하는 정도다. 리스트 6-20은 후자를 선택한 사용자의 탈퇴 처리를 구현한 코드다.

리스트 6-20 탈퇴 처리 구현 코드

```
public class UserApplicationService
{
    private readonly IUserRepository userRepository;

    (...생략...)

    public void Delete(UserDeleteCommand command)
    {
        var targetId = new UserId(command.Id);
        var user = userRepository.Find(targetId);

        if (user == null)
        {
```

```
            throw UserNotFoundException(targetId);
        }

        userRepository.Delete(user);
    }
}
```

탈퇴 처리는 리포지토리에서 탈퇴할 사용자의 인스턴스를 복원한 다음, 다시 리포지토리에 해
당 사용자의 삭제를 요청하는 간단한 내용이다. 리스트 6-21의 코드에서는 탈퇴 대상 사용자
가 발견되지 않았을 때 예외를 발생시키고 있는데, 탈퇴 대상 사용자가 발견되지 않으면 탈퇴
처리 성공으로 간주하고 예외 발생 없이 정상적으로 종료하게 할 수도 있다.

리스트 6-21 탈퇴 대상 사용자가 발견되지 않았다면 탈퇴 처리 성공으로 간주한다

```
public class UserApplicationService
{
    private readonly IUserRepository userRepository;

    (...생략...)

    public void Delete(UserDeleteCommand command)
    {
        var targetId = new UserId(command.Id);
        var user = userRepository.Find(targetId);

        if (user == null)
        {
            // 탈퇴 대상 사용자가 발견되지 않았다면 탈퇴 처리 성공으로 간주한다
            return;
        }

        userRepository.Delete(user);
    }
}
```

6.3 도메인 규칙의 유출

애플리케이션 서비스는 도메인 객체가 수행하는 태스크를 조율하는 데만 전념해야 한다. 따라서 애플리케이션 서비스에 도메인 규칙을 기술해서는 안 된다. 도메인 규칙이 애플리케이션 서비스에 기술되면 같은 코드가 여러 곳에서 중복되는 현상이 나타난다.

예를 들어 사용자명의 중복을 금지하는 규칙은 도메인에 있어 중요도가 높은 규칙이다. 이 도메인 규칙이 애플리케이션 서비스에 기술됐을 때 사용자 등록 처리의 구현 코드는 리스트 6-22와 같다.

리스트 6-22 사용자명 중복 금지에 대한 도메인 규칙이 애플리케이션 서비스에 기술된 사용자 등록 처리 구현

```
public class UserApplicationService
{
    private readonly IUserRepository userRepository;

    (...생략...)

    public void Register(string name)
    {
        // 사용자명 중복 여부를 확인하는 코드
        var userName = new UserName(name);
        var duplicatedUser = userRepository.Find(userName);
        if (duplicatedUser != null)
        {
            throw new CanNotRegisterUserException(userName, "이미 존재하는 사용자명임");
        }

        var user = new User(
            userName
        );
        userRepository.Save(user);
    }
}
```

'사용자명 중복 금지' 규칙은 사용자 정보를 수정할 때도 같은 방식으로 중복 여부를 확인해야
한다(리스트 6-23).

리스트 6-23 사용자 정보 수정 처리에서도 사용자명 중복을 확인해야 한다

```
public class UserApplicationService
{
    private readonly IUserRepository userRepository;

    (...생략...)

    public void Update(UserUpdateCommand command)
    {
        var targetId = new UserId(command.Id);
        var user = userRepository.Find(targetId);

        if (user == null)
        {
            throw new UserNotFoundException(targetId);
        }

        var name = command.Name;
        if (name != null)
        {
            // 사용자명 중복 여부를 확인
            var newUserName = new UserName(name);
            var duplicatedUser = userRepository.Find(newUserName);
            if (duplicatedUser != null)
            {
                throw new CanNotRegisterUserException(user, "이미 존재하는 사용자명임");
            }
            user.ChangeName(newUserName);
        }

        var mailAddress = command.MailAddress;
        if (mailAddress != null)
        {
            var newMailAddress = new MailAddress(mailAddress);
```

```
        user.ChangeMailAddress(newMailAddress);
    }

    userRepository.Save(user);
  }
}
```

모든 메서드에서 각각 사용자명 중복 확인이 일어나고 의도대로 동작한다. 그렇다면 '사용자명 중복 금지' 규칙이 변경된다면 어떻게 될까?

예를 들어 시스템의 이용자가 증가해 원하는 사용자명을 다른 사람이 이미 사용하고 있는 경우가 늘어났다고 하자. 이를 해결하기 위해 '사용자명 중복 금지' 규칙이 '이메일 주소 중복 금지' 규칙으로 바뀌었다고 하자.

중복을 금지하는 키가 사용자명에서 이메일 주소로 바뀌었으므로 이메일 주소 검색을 새로 지원해야 한다. 우선 이메일 주소로도 검색할 수 있게 리포지토리를 수정한다(리스트 6-24).

리스트 6-24 리포지토리에 이메일 주소로 사용자를 검색할 수 있게 메서드를 추가

```
public interface IUserRepository
{
    (...생략...)
    public User Find(MailAddress mailAddress);
}
```

해당 인터페이스를 이용하는 사용자 등록 처리도 이에 맞춰 변경해야 한다(리스트 6-25).

리스트 6-25 사용자 등록 처리도 인터페이스의 변경에 맞춰 수정하기

```
public class UserApplicationService
{
    private readonly IUserRepository userRepository;

    (...생략...)

    public void Register(string name, string rawMailAddress)
    {
```

```
    // 이메일 주소의 중복을 확인하도록 변경되었다
    var mailAddress = new MailAddress(rawMailAddress);
    var duplicatedUser = userRepository.Find(mailAddress);
    if (duplicatedUser != null)
    {
        throw new CanNotRegisterUserException(mailAddress);
    }

    var userName = new UserName(name);
    var user = new User(
        userName,
        mailAddress
    );

    userRepository.Save(user);
    }
}
```

이 정도만 변경해서 끝난다면 좋겠지만, 사용자 정보 수정 처리에서도 사용자명 중복을 확인했던 것이 기억난다. 사용자명 중복 금지가 이메일 중복 금지로 바뀌었으니 그곳도 수정해야 할 것이다(리스트 6-26).

리스트 6-26 사용자 정보 수정 처리의 중복 확인 로직도 수정하기

```
public class UserApplicationService
{
    private readonly IUserRepository userRepository;

    (...생략...)

    public void Update(UserUpdateCommand command)
    {
        var targetId = new UserId(command.Id);
        var user = userRepository.Find(targetId);

        if (user == null)
        {
```

```
            throw new UserNotFoundException(targetId);
        }

        var name = command.Name;
        if (name != null)
        {
            // 사용자명의 중복은 허용된다
            var newUserName = new UserName(name);
            user.ChangeName(newUserName);
        }

        var mailAddress = command.MailAddress;
        if (mailAddress != null)
        {
            // 대신 이메일 주소의 중복이 금지된다
            var newMailAddress = new MailAddress(mailAddress);
            var duplicatedUser = userRepository.Find(newMailAddress);
            if (duplicatedUser != null)
            {
                throw new CanNotRegisterUserException(newMailAddress);
            }
            user.ChangeMailAddress(newMailAddress);
        }

        userRepository.Save(user);
    }
}
```

수정 내용 자체는 단순하지만, 이번 변경은 큰 문제를 안고 있다. 아직은 코드량이 적어 전체 코드를 훑어볼 수 있기 때문에 수정이 필요한 곳을 쉽게 찾을 수 있다. 그러나 앞으로 코드량이 증가하고 나면 어떨까? 사용자 중복을 확인하는 곳이 그때도 이 두 곳뿐일까? 결국 수정할 곳을 빠뜨려 버그가 발생하게 될 것이다.

이 문제를 해결하는 방법은 간단하다. 이메일 주소 중복을 금지하는 도메인 규칙을 애플리케이션 서비스에 구현하지 않는 것이다. 도메인 규칙은 도메인 객체에 구현하고 애플리케이션 서비스는 이 도메인 객체를 사용하는 역할만 맡는다.

리스트 6-27의 코드는 이메일 주소 중복 확인을 도메인 서비스에 맡기게 수정한 예다.

리스트 6-27 도메인 서비스를 이용하게 수정한 사용자 등록 처리

```csharp
public class UserApplicationService
{
    private readonly IUserRepository userRepository;
    private readonly UserService userService;

    (...생략...)

    public void Register(string name, string mailAddress)
    {
        var user = new User(
            new UserName(name),
            new MailAddress(mailAddress)
        );

        // 도메인 서비스를 통해 중복 확인
        if (userService.Exists(user))
        {
            throw new CanNotRegisterUserException(user, "이미 등록된 사용자임");
        }

        userRepository.Save(user);
    }
}
```

이 코드는 사용자 등록 처리를 구현한 최초 코드와 같다. 이메일 주소 중복 금지 규칙에 따라 중복을 확인하는 코드가 도메인 서비스에 숨겨져서 애플리케이션 서비스는 처음부터 끝까지 도메인 객체를 다루는 데만 전념할 수 있게 됐다.

사용자 정보 수정 처리도 마찬가지로 도메인 서비스를 이용하게끔 수정한다(리스트 6-28).

리스트 6-28 도메인 서비스를 이용하게 수정한 사용자 정보 수정 처리

```csharp
public class UserApplicationService
{
```

```
    private readonly IUserRepository userRepository;
    private readonly UserService userService;

    (...생략...)

    public void Update(UserUpdateCommand command)
    {
        var targetId = new UserId(command.Id);
        var user = userRepository.Find(targetId);

        if (user == null)
        {
            throw new UserNotFoundException(targetId);
        }

        var name = command.Name;
        if (name != null)
        {
            var newUserName = new UserName(name);
            user.ChangeName(newUserName);
            if (userService.Exists(user))
            {
                throw new CanNotRegisterUserException(user, "이미 등록된 사용자임");
            }
        }

        var mailAddress = command.MailAddress;
        if (mailAddress != null)
        {
            var newMailAddress = new MailAddress(mailAddress);
            user.ChangeMailAddress(newMailAddress);
        }

        userRepository.Save(user);
    }
}
```

이제 사용자 정보 수정 처리도 처음부터 끝까지 도메인 객체만 다룬다. 사용자 중복에 대한 규칙이 변경되면 도메인 서비스인 UserService를 수정하면 된다(리스트 6-29).

리스트 6-29 도메인 서비스에서 사용자 중복에 대한 규칙을 변경

```
public class UserService
{
    private readonly IUserRepository userRepository;

    (...생략...)

    public bool Exists(User user)
    {
        // 사용자 중복 기준을 사용자명에서 이메일 주소로 변경
        // var duplicatedUser = userRepository.Find(user.Name);
        var duplicatedUser = userRepository.Find(user.MailAddress);

        return duplicatedUser != null;
    }
}
```

이제 UserService의 Exists 메서드가 쓰인 곳을 확인해 이곳을 필요에 따라 수정하면 빠짐없이 수정을 마칠 수 있다. IUserRepository의 Find 메서드가 쓰인 곳을 모두 뒤지는 것보다 훨씬 간단한 작업이다.

도메인 객체에 규칙을 구현하면 같은 규칙을 구현한 코드가 여러 곳에 반복되는 것을 방지하고 향후 수정 시에도 수정이 필요한 곳을 빠뜨려 발생하는 버그를 막을 수 있다

6.4 애플리케이션 서비스와 프로그램의 응집도.

프로그램에는 응집도라는 개념이 있다. 응집도는 모듈의 책임 범위가 얼마나 집중되어 있는지 나타내는 척도다. 응집도가 높으면 모듈이 하나의 관심사에 집중하고 있다는 의미이므로 모듈의 견고성, 신뢰성, 재사용성, 가독성의 측면에서 바람직하다.

이 응집도를 측정하는 방법에는 LCOM(Lack of Cohesion in Methods)라는 방식이 있다. 간단히 설명하면 모든 인스턴스 변수가 모든 메서드에서 사용돼야 한다는 관점에서 인스턴스 변수의 개수와 메서드의 수를 통해 응집도를 계산하는 것이다.

계산식 자체는 이 책의 주제를 벗어나므로 여기서는 응집도가 무엇인지 구체적인 코드를 살펴보며 이해할 것이다. 리스트 6-30에 실린 LowCohesion 클래스는 이름 그대로 응집도가 낮은 클래스다.

리스트 6-30 응집도가 낮은 클래스의 예

```
public class LowCohesion
{
    private int value1;
    private int value2;
    private int value3;
    private int value4;

    public int MethodA()
    {
        return value1 + value2;
    }

    public int MethodB()
    {
        return value3 + value4;
    }
}
```

LowCohesion 클래스의 value1은 MethodA 메서드에는 사용됐지만, MethodB에는 사용되지 않았다 (그림 6-3). 이를 볼 때 value1과 MethodB는 본질적으로 관계가 없다고 볼 수 있다. 다른 속성에도 이런 논리를 적용할 수 있다. 이들을 분리하면 응집도가 더 높아진다(리스트 6-31).

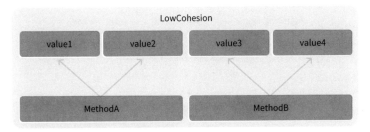

그림 6-3 응집도가 낮은 클래스에서 속성과 메서드의 관계

리스트 6-31 서로 관계가 없는 속성과 메서드를 분리하면 응집도가 높아진다

```
public class HighCohesionA
{
    private int value1;
    private int value2;

    public int MethodA()
    {
        return value1 + value2;
    }
}

public class HighCohesionB
{
    private int value3;
    private int value4;

    public int MethodB()
    {
        return value3 + value4;
    }
}
```

두 클래스 모두 각 클래스의 모든 속성이 해당 클래스의 모든 메서드에서 사용되어 응집도가
높은 상태가 됐다(그림 6-4).

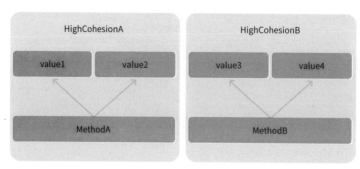

그림 6-4 리팩터링을 통해 응집도가 높아진 클래스

물론 무조건 응집도를 높이는 것이 능사는 아니다. 코드가 처한 맥락과 환경에 따라 오히려 응집도가 낮아지는 선택이 정답일 수도 있다. 그러나 응집도는 클래스를 설계할 때 한 번쯤 고려해볼 만한 가치가 있는 척도임은 틀림없다.

6.4.1 응집도가 낮은 애플리케이션 서비스

응집도를 염두에 두고 애플리케이션 서비스의 코드를 다시 한번 읽어보자. 다음 코드는 사용자 등록 처리와 탈퇴 처리 관련 코드다(리스트 6-32).

리스트 6-32 사용자 등록 처리와 탈퇴 처리 관련 코드

```
public class UserApplicationService
{
    private readonly IUserRepository userRepository;
    private readonly UserService userService;

    (...생략...)

    public void Register(UserRegisterCommand command)
    {
        var user = new User(
            new UserName(command.Name)
        );

        if (userService.Exists(user))
```

```
    {
        throw new CanNotRegisterUserException(user, "이미 등록된 사용자임");
    }

    userRepository.Save(user);
}

public void Delete(UserDeleteCommand command)
{
    var userId = new UserId(command.Id);
    var user = userRepository.Find(userId);
    if (user == null)
    {
        throw new UserNotFoundException(userId);
    }

    userRepository.Delete(user);
}
}
```

우선 userRepository 속성에 주목하기 바란다. UserRepository는 모든 메서드에서 사용되
므로 응집도의 관점에서 봤을 때 바람직한 상태에 있다. 이와 달리 userService 속성은 어
떠한가? userService는 현재 사용자의 중복 확인에만 사용된다. 사용자를 삭제할 때는 중
복 확인이 불필요하므로 결국 사용자 등록 처리에서만 사용되는 셈이다. 이를 봤을 때
UserApplicationService는 응집도의 관점에서 볼 때 그리 바람직한 상태가 아니다(그림 6-5).

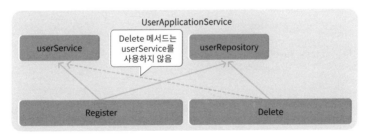

그림 6-5 UserApplicationService의 속성이 사용되는 상태

응집도를 높이려면 간단히 클래스를 분리하면 된다. 응집도를 높이기 위해 UserApplicationService 클래스를 분리해 보겠다. 우선 사용자 등록 처리를 분리한다(리스트 6-33).

리스트 6-33 사용자 등록 처리를 분리해 만든 클래스

```
public class UserRegisterService
{
    private readonly IUserRepository userRepository;
    private readonly UserService userService;

    public UserRegisterService(IUserRepository userRepository, UserService userService)
    {
        this.userRepository = userRepository;
        this.userService = userService;
    }

    public void Handle(UserRegisterCommand command)
    {
        var userName = new UserName(command.Name);

        var user = new User(
            userName,
        );

        if (userService.Exists(user))
        {
            throw new CanNotRegisterUserException(user, "이미 등록된 사용자임");
        }

        userRepository.Save(user);
    }
}
```

생성자 메서드를 통해 필요한 객체를 전달받는 것과 처리 내용은 그대로이지만, 사용자 등록 처리만을 담당하는 클래스이므로 클래스명도 그에 걸맞게 변경한다. Register라는 의도는 이미 클래스명에 반영되어 있으므로 메서드명은 간단하게 할 수 있다.

마찬가지 방법으로 탈퇴 처리만 분리해 낸 클래스를 살펴보자(리스트 6-34).

리스트 6-34 탈퇴 처리를 분리해 만든 클래스

```
public class UserDeleteService
{
    private readonly IUserRepository userRepository;

    public UserDeleteService(IUserRepository userRepository)
    {
        this.userRepository = userRepository;
    }

    public void Handle(UserDeleteCommand command)
    {
        var userId = new UserId(command.Id);
        var user = userRepository.Find(userId);
        if (user == null)
        {
            throw new UserNotFoundException(userId);
        }

        userRepository.Delete(user);
    }
}
```

이번에도 생성자 메서드를 통해 필요한 객체를 전달받고 메서드명도 수정됐다. 특별히 언급할 만한 변화라면 UserService 객체가 탈퇴 처리에서 쓰이지 않는다는 점이다.

이제 사용자 등록 클래스와 탈퇴 클래스가 모든 메서드에서 모든 속성을 사용하게 됐으므로 응집도가 높아졌다(그림 6-6). 클래스의 가독성은 어떨까? 사용자 등록 클래스는 사용자 등록 처리만을 수행하며 탈퇴 클래스는 탈퇴 처리만을 수행한다.

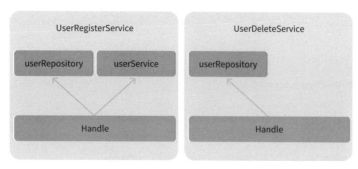

그림 6-6 분리를 통해 응집도가 높아진 클래스

애초에 사용자 등록 처리와 탈퇴 처리는 '사용자'라는 개념을 통해 묶여 있었을 뿐 그 목적과 처리 내용은 정반대다. 책임을 분명하게 나눈다면 클래스를 분리하는 것이 당연하다고 할 수 있다.

하지만 사용자와 관련된 처리에 어떤 것이 있는지 전체적인 파악도 가능해야 한다. 지금의 코드는 클래스를 세세하게 분리했기 때문에 한 번에 전체적인 파악이 어렵다. 이런 경우에 한꺼번에 관련된 코드를 모아두기 위한 기능이 바로 패키지[2]다. 사용자 등록 처리와 탈퇴 처리를 다음과 같이 같은 패키지에 모아둔다.

- Application.Users.UserRegisterService

- Application.Users.UserDeleteService

패키지 구조는 디렉터리 구조에 그대로 반영되는 경우가 많다. 그림 6-7은 소스 파일을 패키지에 대응하는 디렉터리에 배치한 예다.

---

2   네임스페이스라고도 한다.

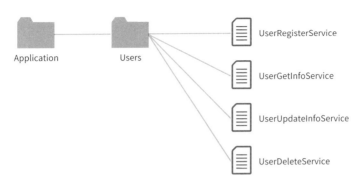

Application   Users   UserRegisterService   UserGetInfoService   UserUpdateInfoService   UserDeleteService

그림 6-7 소스 파일의 디렉터리 구조

패키지를 이용해 클래스를 모아두면 사용자와 관련된 처리가 한 패키지, 같은 디렉터리 안에 모이게 된다. 이렇게 구성해두면 개발자가 사용자와 관련된 처리를 찾기도 쉬울 것이다.

그러나 여기서 말하고자 하는 바는 '유스케이스마다 클래스를 반드시 분리하라'는 말이 아니다. 속성과 메서드로부터 계산되는 응집도의 관점에서 보면 이러한 클래스 구성 방법도 가능하다는 것을 말하고 싶은 것이다. 사용자와 관련된 유스케이스라고 해서 꼭 UserApplicationServce 클래스에 모두 모아둘 필요는 없다.

응집도가 절대적인 지표가 되는 것도 아니다. 클래스를 구성하는 인스턴스 변수와 메서드의 대응 관계가 건전한 상태인지를 나타내는 응집도는 코드를 정돈하기 위한 참고사항으로 기억해 두면 된다.

6.5 애플리케이션 서비스의 인터페이스

더 유연한 코드를 위해 애플리케이션 서비스의 인터페이스를 만드는 경우가 있다. 리스트 6-35는 애플리케이션 서비스의 인터페이스를 정의한 예다.

리스트 6-35 사용자 등록 처리의 인터페이스 정의 예

```
public interface IUserRegisterService
{
    void Handle(UserRegisterCommand command);
}
```

애플리케이션 서비스를 호출하는 클라이언트는 애플리케이션 서비스의 구현체를 직접 호출하는 것이 아니라 인터페이스를 통해 호출한다(리스트 6-36).

리스트 6-36 클라이언트가 다루는 것은 인터페이스

```
public class Client
{
    private IUserRegisterService UserRegisterService;

    (...생략...)

    public void Register(string name)
    {
        var command = new UserRegisterCommand(name);
        userRegisterService.Handle(command);
    }
}
```

애플리케이션 서비스의 인터페이스를 정의하면 클라이언트 측의 편의성이 높아진다.

예를 들어 개발자가 클라이언트 측과 애플리케이션 측으로 나뉘어 분업의 형태로 개발이 진행 중이라면 클라이언트 측 개발자는 애플리케이션 서비스의 구현이 끝나야 클라이언트의 구현을 시작할 수 있다. 클라이언트 구현이 끝나기를 기다리는 동안 다른 작업을 할 수 있다면 문제가 없겠지만, 그렇지 않다면 아까운 시간을 낭비하게 된다.

애플리케이션 서비스의 인터페이스를 미리 만들어 두면 이를 구현한 목업 객체를 이용해 애플리케이션 서비스의 실제 구현이 완료되기를 기다릴 필요 없이 클라이언트의 구현을 진행할 수 있다(리스트 6-37).

리스트 6-37 애플리케이션 서비스의 인터페이스를 구현한 목업 객체

```
public class MockUserRegisterService : IUserRegisterService
{
    public void Handle(UserRegisterCommand command)
    {
        // nop
```

```
        }
    }
```

목업 객체는 이 외에 애플리케이션 서비스에서 예외가 발생했을 때 이 예외에 대한 클라이언트
측 처리를 실제로 테스트하고자 할 때도 유용하다(리스트 6-38).

리스트 6-38 예외를 발생시키는 목업 객체

```
public class MockUserRegisterService : IUserRegisterService
{
    public void Handle(UserRegisterCommand command)
    {
        throw new ComplexException();
    }
}
```

무결성을 유지하면서도 오류를 일으키는 데이터를 직접 만드는 작업은 아무리 프로그래밍에
숙달했더라도 귀찮은 일이다. 처리 내용과 상관없이 예외가 발생했을 때 어떻게 예외를 처리하
는지를 확인하는 것이 목적이라면 인터페이스를 통해 애플리케이션 서비스 구현체를 교체하는
방법으로 목적을 달성할 수 있다(그림 6-8).

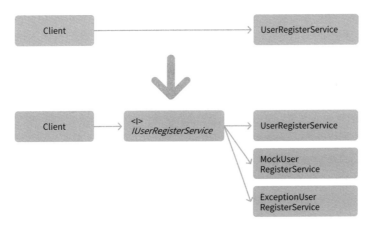

그림 6-8 모듈 구성의 변화 및 처리의 흐름을 나타낸 다이어그램

6.6 서비스란 무엇인가

앞서 4장에서는 도메인 서비스에 대해 배웠고, 이번 장에서는 애플리케이션 서비스에 대해 알아봤다. 새삼스럽지만 여기서 다시 한번 서비스가 무엇인지 알아보자.

서비스는 클라이언트를 위해 무언가를 해주는 존재다. 값 객체와 엔티티는 자신을 위한 행동을 갖고 있지만, 서비스의 행동은 자신을 위한 것이 아니다. 따라서 서비스는 어떤 사물보다는 활동이나 행동인 경우가 많다.

서비스는 어떤 영역에도 존재할 수 있다. 도메인과 관련된 활동은 도메인 서비스가 되고, 애플리케이션이 되기 위한 서비스는 애플리케이션 서비스가 된다.

예를 들어 4장에서 살펴본 사용자명 중복 확인은 도메인의 활동이다. 따라서 이를 제공하는 서비스 객체는 도메인의 서비스, 다시 말해 도메인 서비스가 되는 것이다. 도메인 서비스는 도메인 지식을 나타낸 도메인 객체다.

그렇다면 애플리케이션 서비스는 어떨까? 애플리케이션은 이용자의 문제를 해결하기 위한 것이다. 소프트웨어라면 반드시 그 애플리케이션만의 기능이 있다.

이번 장의 예제에서 본 사용자 등록과 탈퇴 처리는 소프트웨어가 애플리케이션으로서 기능하기 위한 것이다. 따라서 이들 처리는 애플리케이션 고유의 행동이며 이들이 정의된 서비스도 애플리케이션의 서비스, 다시 말해 애플리케이션 서비스가 된다.

도메인 서비스와 애플리케이션 서비스는 대상 영역은 다르지만, 본질적으로는 같은 것이다. 같은 서비스지만, 그 방향이 도메인이냐 애플리케이션이냐에 따라 나뉜다.

6.6.1 서비스는 무상태다

서비스는 자신의 행동을 변화시키는 것을 목적으로 하는 상태를 갖지 않는다. 서비스가 상태를 갖지 않으면 현재 상태를 신경 쓸 필요가 없다는 장점이 있다. 하지만 이를 서비스가 전혀 상태를 갖지 않는다고 이해한다면 잘못 이해한 것이다.

예를 들어 이번 장에서 살펴본 UserApplicationService도 상태를 갖는 서비스다(리스트 6-39).

```
public class UserApplicationService
{
    private readonly IUserRepository userRepository;
    (...생략...)
}
```

UserApplicationService는 IUserRepository 타입의 userRepository를 속성으로 갖는데, userRepository는 직접 서비스의 행동을 변화시키지는 않는다. 따라서 자신의 행동을 변화시키기 위한 목적의 상태라고 할 수 없다.

반대로 리스트 6-40의 상태는 행동을 변화시키기 위한 상태다.

리스트 6-40 자신의 행동을 변화시키는 것이 목적인 상태를 갖는 서비스의 예

```
public class UserApplicationService
{
    private bool sendMail;

    (...생략...)

    public void Register()
    {
        (...생략...)

        if (sendMail)
        {
            MailUtility.Send("user registered");
        }
    }
}
```

Register 메서드는 변수 sendMail의 값에 따라 처리 내용이 달라진다. sendMail의 값은 서비스의 행동에 직접 영향을 미친다. Register 메서드를 사용할 때는 서비스 인스턴스의 상태에 주의할 필요가 있다.

상태가 만들어내는 복잡성은 개발자를 혼란스럽게 한다. 상태를 만들지 않을 방법을 먼저 생각해 보는 것이 좋다.

6.7 정리

이번 장에서는 도메인 객체의 힘을 끌어내고 그것으로 도메인의 문제를 해결하는 애플리케이션 서비스에 대해 배웠다.

도메인 모델을 표현하는 것만으로 애플리케이션이 완성되지는 않는다. 애플리케이션 서비스는 도메인 객체를 다루는 데 전념하며 유스케이스를 구현한다.

애플리케이션 서비스를 구현할 때는 도메인 규칙에 대한 기술이 포함되지 않게 주의해야 한다. 애플리케이션 서비스에 도메인 지식이 담기면 단기적으로는 문제가 없겠지만 장기적으로는 도메인 지식이 변경됐을 때 한곳에서 수정하기가 어렵다. 도메인 규칙은 도메인 객체에만 기술하는 것이 좋다.

지금까지 배운 내용을 통해 이용자의 문제를 실제로 해결해주는 애플리케이션을 만들 수 있게 됐다. 다음 장에서는 소프트웨어의 유연성을 결정하는 의존성을 다루는 방법을 알아본다.

소프트웨어의 유연성을
위한 의존 관계 제어

소프트웨어가 유연성을 가지려면 의존 관계를 잘 제어해야 한다.

프로그램에는 의존(dependency)이라는 개념이 있다. 의존은 어떤 객체가 다른 객체를 참조할 때 발생한다. 따라서 객체 간에 의존 관계가 생기는 것은 어찌 보면 당연한 일이다. 그러나 이 의존 관계를 주의해서 다루지 않으면 유연하지 못한 소프트웨어가 된다.

유연한 소프트웨어가 되려면 특정 기술에 대한 의존을 피하고, 변경의 주도권을 추상 타입에 둬야 한다. 이번 장에서 설명할 의존 관계 제어도 이를 위한 방법이다.

객체 간의 의존 관계가 무엇인지 먼저 살펴본 다음, 유연한 소프트웨어를 만들기 위해 특정 기술의 요소에 대한 의존에서 벗어나는 방법을 배운다.

7.1 특정 기술 요소에 대한 의존의 결과

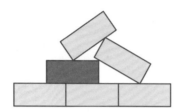

그림 7-1 복잡한 의존 관계

나무 블록을 쌓아 올리고 나서 그 중간에 위치한 블록을 뽑아내야 하는 상황을 상상해 보자(그림 7-1). 우리가 뽑아내려는 블록은 그 위에 얹힌 블록을 떠받치고 있다. 섣불리 블록을 뽑아내려다가는 쌓여 있는 블록이 모두 무너져 내릴 것이다. 프로그램의 의존 관계에서도 이런 일이 일어날 수 있다.

소프트웨어에서 중심적 지위를 가진 객체를 변경해야 하는 경우를 생각해 보자. 이 객체에 의존하는 객체도 이 객체가 의존하는 객체도 여러 가지가 있을 것이다. 하나의 변경도 여러 객체에 영향을 미친다. 이처럼 정교하게 서로 엮인 코드를 수정하는 작업에 대한 부담감은 거의 공포에 가까운 감정으로 개발자를 압박할 것이다.

프로그램을 만들어가는 과정에서 객체 간의 의존 관계가 발생하는 것을 막을 수는 없다. 의존 관계는 객체를 사용하는 것만으로도 발생하기 때문이다. 의존 자체를 피하는 것보다는 이를 잘 제어하는 것이 중요하다.

이번 장에서 설명할 의존 관계 제어는 도메인 로직을 기술적 요소에서 분리해 소프트웨어를 유연하게 만드는 방법이다. 기술적 요소에 지배당한 코드의 문제점을 먼저 살펴보고 이를 해결할 방법도 알아보자.

7.2 의존이란 무엇인가

먼저 간단한 예제를 통해 의존이 무엇인지 알아보자. 의존은 어떤 객체가 다른 객체를 참조하면서 발생한다. 리스트 7-1과 같은 간단한 코드에도 의존 관계가 존재한다.

리스트 7-1 ObjectA가 ObjectB에 의존하는 관계의 예

```
public class ObjectA
{
    private ObjectB objectB;
}
```

ObjectA는 ObjectB를 참조한다. 그러므로 ObjectB에 대한 정의가 없으면 ObjectA의 정의가 성립할 수 없다. 이때 ObjectA가 ObjectB에 의존한다고 한다.

이 의존 관계를 다이어그램으로 나타낼 수 있다. 그림 7-2는 ObjectA와 ObjectB의 의존 관계를 나타낸 다이어그램이다.

그림 7-2 참조를 통해 발생하는 의존 관계

의존은 의존하는 객체에서 의존의 대상이 되는 객체 쪽으로 향하는 화살표를 통해 나타낸다. 그림 7-2의 화살표는 참조를 통해 발생하는 의존을 나타낸다.

의존 관계는 참조를 통해서만 발생하는 것은 아니다. 인터페이스와 그 구현체가 되는 구상 클래스 사이에도 의존 관계가 생긴다(리스트 7-2).

리스트 7-2 UserRepository는 IUserRepository 클래스에 의존한다

```
public interface IUserRepository
{
    User Find(UserId id);
```

```
}

public class UserRepository : IUserRepository
{
    public User Find(UserId id)
    {
        (...생략...)
    }
}
```

UserRepository 클래스는 IUserRepository 인터페이스를 구현한다. 만약 IUserRepository가 정의되어 있지 않다면 클래스 선언부에 컴파일 에러가 발생하며 UserRepository의 정의가 성립하지 않는다. 따라서 UserRepository는 IUserRepository에 의존한다.

그림 7-3 일반화를 통한 의존 관계

인터페이스와 구현 클래스 간의 의존 관계를 그림 7-3에 다이어그램으로 나타냈다. 속이 빈 화살표는 일반화(generalization) 관계임을 나타낸다.

지금까지 본 예제를 통해, 의존 관계는 프로그램을 만들어나가며 자연히 발생한다는 것을 알았다. 물론 이 외의 객체에서도 의존이 발생한다. 예를 들어 UserServiceApplication 클래스에 나오는 모듈 간의 의존 관계를 살펴보자(리스트 7-3).

리스트 7-3 UserApplicationService가 갖는 의존 관계

```
public class UserApplicationService
{
    private readonly UserRepository userRepository;

    public UserApplicationService(UserRepository userRepository)
    {
        this.userRepository = userRepository;
```

```
    }

    (...생략...)
}
```

UserApplicationService는 UserRepository 객체를 속성으로 갖도록 정의됐다. 따라서
UserApplicationService는 UserRepository에 의존하는 상태다(그림 7-4).

그림 7-4 리스트 7-3의 코드가 갖는 의존 관계

사실 UserApplicationService 클래스에는 문제가 있다. 구상 클래스 UserRepository에서 특정
퍼시스턴시 기술에 의존한다는 점이다.

리스트 7-3의 코드만으로 UserRepository에서 다루는 데이터스토어가 관계형 데이터베이스인
지 NoSQL 데이터베이스인지 판단하기는 어려우나, UserApplicationService가 이 중 한 가지
와 엮여 있다는 것은 분명하다. 소프트웨어가 건강하게 성장해 가려면 개발 및 테스트 중 아무
때나 부담 없이 코드를 실행할 수 있는 것이 중요하다. 특정 데이터베이스와 밀접하게 엮여 있
으면 이것이 불가능하다. 코드를 실행하기 위해 데이터베이스를 갖추고, 여기에 필요한 테이블
을 만들어야 한다. 어떤 로직을 다룰지에 따라 데이터베이스에 미리 데이터를 넣어둬야 할 수
도 있다. 단지 코드를 실행해 보기 위해 그 정도의 노력이 드는 것이다.

이런 문제를 해결하는 데는 5장에서 배운 리포지토리가 효과적이다. UserApplicationService가
구상 클래스 UserRepository 대신 리포지토리 인터페이스를 참조하게 한다(리스트 7-4).

리스트 7-4 리포지토리 인터페이스를 참조하는 애플리케이션 서비스

```
public class UserApplicationService
{
    // 인스턴스 변수의 타입을 인터페이스로 한다
    private readonly IUserRepository userRepository;
```

```
// 생성자 메서드에서 받는 인자의 타입도 인터페이스로 한다
public UserApplicationService(IUserRepository userRepository)
{
    this.userRepository = userRepository;
}

    (...생략...)
}
```

이제 UserApplicationService는 추상 타입(인터페이스를 추상 타입이라고도 한다)
IUserRepository를 구현한 클래스라면 어떠한 구상 클래스라도 인자로 받을 수 있다. 즉,
UserApplicationService는 UserRepository라는 구상 클래스, 더 나아가 특정 데이터베이스와 엮
이지 않는 것이다. 이렇게 수정된 UserApplicationService는 예를 들어 테스트에 사용되는 인메
모리 리포지토리를 인자로 전달해 단위 테스트를 실시할 수 있다. 그리고 다른 데이터스토어를
사용하는 새로운 리포지토리를 구현해 주 로직을 수정하지 않고도 데이터스토어를 교체할 수
도 있다.

리스트 7-4에 실린 코드의 의존 관계를 그림 7-5에 다이어그램으로 나타냈다.

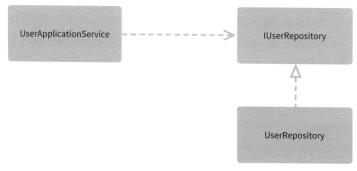

그림 7-5 추상 타입에 대한 의존

추상 타입을 사용하면 기존에 구상 타입을 향하던 의존 관계 화살표가 추상 타입을 향하게 된
다. 이런 식으로 의존 관계의 방향을 제어해 모든 모듈이 추상 타입에 의존하게끔 하면 비즈니
스 로직이 특정 구현에서 해방될 수 있다.

이렇게 추상 타입을 이용해 의존 관계를 제어하는 방법을 '의존 관계 역전 원칙'이라고 한다.

7.3 의존 관계 역전 원칙이란 무엇인가

의존 관계 역전 원칙(Dependency Inversion Principle)은 다음과 같이 정의한다[1].

> A. 추상화 수준이 높은 모듈이 낮은 모듈에 의존해서는 안 되며 두 모듈 모두 추상 타입에 의존해야 한다.
>
> B. 추상 타입이 구현의 세부 사항에 의존해서는 안 된다. 구현의 세부 사항이 추상 타입에 의존해야 한다.

의존 관계 역전 원칙은 소프트웨어를 유연하게 하며, 기술적 요소가 비즈니스 로직을 침범하는 일을 막기 위해서는 필수적이다. 지금 잘 이해해두기 바란다.

7.3.1 추상 타입에 의존하라

프로그램에는 추상화 수준이라는 개념이 있는데, 추상화 수준은 입·출력으로부터의 거리를 뜻한다. 추상화 수준이 낮다는 것은 기계와 가까운 구체적인 처리를 말하며, 추상화 수준이 높다는 것은 사람과 가까운 추상적인 처리를 말한다.

예를 들어 UserRepository를 다루는 UserApplicationService의 처리 내용보다는 데이터스토어를 다루는 UserRepository의 처리 내용이 기계와 더 가깝다. 추상화 수준을 따지면 UserRepository가 UserApplicationService보다 더 낮다. 추상 타입을 사용하지 않았다면(리스트 7-3) UserApplicationService는 특정 기술 기반에 비해 추상화 수준이 높은 모듈이면서도 데이터스토어를 다루는 낮은 추상화 수준의 모듈 UserRepository에 의존하는 셈이다. 이 상황은 '추상화 수준이 높은 모듈이 낮은 모듈에 의존해서는 안 된다'는 원칙에 위배된다.

UserApplicationService가 추상 타입 IUserRepository를 참조하게 하면(리스트 7-4) 이 의존 관계는 그림 7-6과 같이 변화한다.

---

1 『実践ドメイン駆動設計』(翔泳社, P.119)에서 인용.

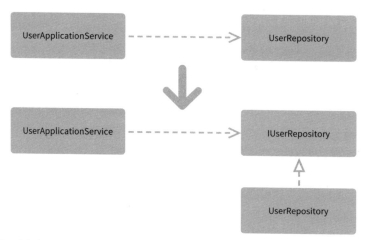

그림 7-6 의존 관계의 변화

추상 타입을 도입하면 UserApplicationService와 UserRepository 두 클래스 모두 추상 타입인 IUserRepository를 향한 의존 관계를 갖는다. 높은 추상화 수준의 모듈(UserApplicationService)이 낮은 추상화 수준의 모듈(UserRepository)에 의존하는 상황도 해소되고 '두 모듈 모두 추상 타입에 의존할 것'이라는 원칙도 지켜진다. 본래 구상 타입의 구현에 의존하던 것이 추상 타입을 의존하게 되면서 의존 관계가 역전된다.

일반적으로 추상 타입은 자신을 사용할 클라이언트가 요구하는 정의다. 즉, IUserRepository는 말하자면 UserApplicationService를 위해 존재하는 것이다. 그리고 IUserRepository를 준수해 UserRepository를 구현하면 방침의 주도권을 UserApplicationService에게 넘긴다는 뜻이 된다. '추상 타입이 구현의 세부 사항에 의존해서는 안 된다. 구현의 세부 사항이 추상 타입에 의존해야 한다'는 원칙은 이런 식으로 준수된다.

7.3.2 주도권을 추상 타입에 둬라

전통적인 소프트웨어 개발 기법에서는 추상화 수준이 높은 모듈이 낮은 모듈에 의존하는 형태로 만들어지는 경향이 있었다. 다시 말하면 추상 타입이 세부 사항에 의존하는 형태다.

추상 타입이 세부 사항에 의존하면 낮은 추상화 수준의 모듈에서 일어난 변경이 높은 추상화 수준의 모듈까지 영향을 미치게 되는 이상한 상황이 발생한다. 중요도가 높은 도메인 규칙은 항상 추상화 수준이 높은 쪽에 기술되는데, 낮은 추상화 수준의 모듈에서 일어난 변경 때문에 더 중요한, 추상화 수준이 높은 모듈을 수정해야 하는 상황(예를 들어, 데이터스토어 변경 때문에 비즈니스 로직을 변경하는)이 일어나는 것이다. 이는 바람직한 상황이 아니다.

주체가 되는 것은 추상화 수준이 높은 모듈, 추상 타입이어야 한다. 추상화 수준이 낮은 모듈이 주체가 되어서는 안 된다.

추상화 수준이 높은 모듈은 낮은 모듈을 이용하는 클라이언트다. 클라이언트가 할 일은 어떤 처리를 호출하는 선언이다. 앞서 설명했듯이 인터페이스는 구현할 처리를 클라이언트에 선언하는 것이며 주도권은 인터페이스를 사용할 클라이언트에 있다. 추상화 수준이 낮은 모듈을 인터페이스와 함께 구현하면 좀 더 중요도가 높은 고차원적 개념에 주도권을 넘길 수 있다.

7.4 의존 관계 제어하기

상황에 따라 UserApplicationService가 테스트용 인메모리 리포지토리를 사용해야 할 수도 있고, 운영용 관계형 데이터베이스에 접속해야 할 수도 있다. 개발 중이라면 테스트용 리포지토리를 주로 사용할 것이고, 배포 빌드라면 운영용 리포지토리를 사용할 것이다. 이때 더 중요한 것은 무엇을 사용하느냐가 아니고 원하는 것을 선택하게 제어하는 것이다. 지금부터 의존 관계를 제어하는 수단을 알아보자.

우선 흔하지 않은 예를 먼저 살펴볼 것이다. 리스트 7-5는 일단 테스트용 인메모리 리포지토리를 사용하는 것만을 목적으로 하는 짧은 코드다.

리스트 7-5 생성사 메서드에서 인메모리 리포지토리 생성하기

```
public class UserApplicationService
{
    private readonly IUserRepository userRepository;

    public UserApplicationService()
    {
        this.userRepository = new InMemoryUserRepository();
    }
```

```
    (...생략...)
}
```

리스트 7-5의 코드를 보면 userRepository가 추상 타입으로 정의되어 있지만, 생성자 메서드 안에서 구상 클래스의 객체를 만들면서 InMemoryUserRepository에 의존 관계가 발생한다. 이로부터 발생하는 문제는 이미 완성된 코드에 추가로 수정이 필요해지는 단순한 문제다. 어느 정도 동작하는 수준까지 개발이 끝난 시점 혹은 원하는 만큼 테스트를 끝낸 다음이 될지는 모르겠으나, 어쨌든 늦어도 릴리스 시점에는 운영용 리포지토리를 사용하게끔 코드를 수정해야 한다.

리스트 7-6 운영용 리포지토리로 교체하기

```
public class UserApplicationService
{
    private readonly IUserRepository userRepository;

    public UserApplicationService()
    {
        // this.userRepository = new InMemoryUserRepository();
        this.userRepository = new UserRepository();
    }

    (...생략...)
}
```

거기다 이런 작업이 이곳만으로 끝난다는 보장은 없다. 개발 중 앞에서와 같은 코드를 허용했다면 분명 비슷한 코드가 다른 곳에도 있을 것이다. 이들도 모두 빠짐없이 운영용 리포지토리로 교체 수정해야 한다. 수정 자체는 매우 단순한 작업이지만, 개발자가 좋아하지 않는 번거롭고 피곤한 작업이다.

또한 빠짐없이 수정을 마치고 코드를 릴리스했더라도, 인메모리 리포지토리를 다시 사용해야 할 상황이 생길 수도 있다. 이를테면 버그가 발생해 원인을 파악해야 할 경우가 그렇다. 버그가 발생하면 이 버그 상황을 재현하기 위한 데이터베이스를 준비하는 데도 수고가 든다. '에러를 발생시키면서도 무결성을 유지하는 데이터'를 만들기란 쉬운 일이 아니다.

이때 테스트용 리포지토리로 교체해 프로그램의 동작을 확인하면 편리할 것이다. 그러나 이때도 개발자를 기다리는 것은 운영용 리포지토리를 테스트용 리포지토리로 다시 교체하는 단순작업이다.

Service Locator 패턴과 IoC Container 패턴으로 이 문제를 해결할 수 있다. 각각의 패턴이 어떤 것인지 지금부터 알아보자.

7.4.1 Service Locator 패턴

Service Locator 패턴은 ServiceLocator 객체에 의존 해소 대상이 되는 객체를 미리 등록해 둔다음, 인스턴스가 필요한 곳에서 ServiceLocator를 통해 인스턴스를 받아 사용하는 패턴이다.

설명만으로는 잘 이해되지 않을 것이다. 구체적인 예를 살펴보자. 리스트 7-7은 Service Locator 패턴이 적용된 UserApplicationService다.

리스트 7-7 ServiceLocator 패턴이 적용된 예

```
public class UserApplicationService
{
    private readonly IUserRepository userRepository;

    public UserApplicationService()
    {
        // ServiceLocator를 통해 필요한 인스턴스를 받음
        this.userRepository = ServiceLocator.Resolve<IUserRepository>();
    }

    (...생략...)
}
```

생성자 메서드에서 IUserRepository에 대한 의존을 해소하기 위해 ServiceLocator에 인스턴스 요청을 보낸다. 이 요청을 통해 반환되는 실제 인스턴스는 시작 스크립트 등을 이용해 미리 등록된 인스턴스다(리스트 7-8).

리스트 7-8 ServiceLocator에 의존 해소를 위한 정보를 미리 등록하기

```
ServiceLocator.Register<IUserRepository, InMemoryUserRepository>();
```

리스트 7-8과 같이 인스턴스를 미리 등록해 두고 IUserRepository에 대한 의존 해소 요청이 들어오면 InMemoryUserRepository의 인스턴스를 만들어 반환한다. 만약 운영용 리포지토리를 사용하고 싶다면 ServiceLocator를 리스트 7-9와 같이 수정하면 된다.

리스트 7-9 ServiceLocator의 설정을 운영용 리포지토리로 교체하기

```
ServiceLocator.Register<IUserRepository, UserRepository>();
```

IUserRepository를 필요로 하는 객체는 모두 ServiceLocator를 통해 인스턴스를 받으므로 의존 관계가 설정돼 시작 스크립트만 수정하면 간단하게 리포지토리를 교체할 수 있다.

이렇듯 ServiceLocator에 의존 관계 해소를 맡기면 InMemoryUserRepository나 UserRepository의 인스턴스를 만드는 코드가 사라지므로 애플리케이션의 핵심을 담당하는 로직을 수정하지 않아도 리포지토리의 구현체를 교체할 수 있다(그림 7-7).

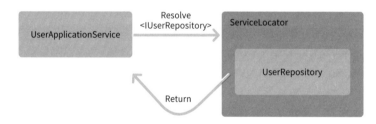

그림 7-7 ServiceLocator를 이용한 의존 관계 해소

ServiceLocator에 등록된 의존 관계 설정은 운영용과 테스트용으로 나눠 일괄적으로 관리하면 편리하다. 시작 스크립트 등에서 프로젝트 구성 설정을 키로 삼아 용도에 맞는 의존 관계 설정으로 교체되게 한다(그림 7-8).

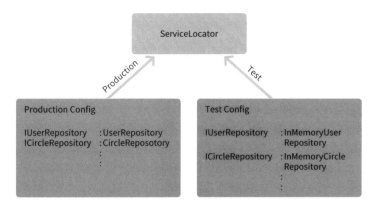

그림 7-8 시작 스크립트를 이용한 의존 관계 설정 교체

Service Locator 패턴은 처음부터 커다란 설정을 만들 필요가 없어서 최초 도입이 쉽다. 한편
으로는 Service Locator 패턴을 안티 패턴으로 보는 사람들도 있다. 그 이유는 크게 다음 두
가지다.

- 의존 관계를 외부에서 보기 어렵다.

- 테스트 유지가 어렵다.

각각의 이유가 어떤 문제를 말하는지 알아보자.

의존 관계를 외부에서 보기 어렵다

Service Locator 패턴을 적용한 경우 대부분 생성자 메서드는 하나다. 그 이유는 Service
Locator에서 필요한 인스턴스를 제공하기 때문이다. 이때 외부에서 클래스 정의를 보면 리스
트 7-10과 같다.

리스트 7-10 외부에서 본 클래스 정의

```
public class UserApplicationService
{
    public UserApplicationService();
    public void Register(UserRegisterCommand command);
}
```

이 정의를 보고 나면 개발자는 UserApplicationService의 인스턴스를 만들고 Register 메서드를 호출할 것이다. 그것 말고는 이 객체에 할 수 있는 일이 없기 때문이다. 그러나 실제로 인스턴스를 만들어 메서드를 호출해 보면 에러가 발생하고 프로그램이 강제 종료된다. 그 이유는 UserApplicationService의 생성자 메서드가 ServiceLocator에 IUserRepository에 대한 의존 관계 해소를 요청하기 때문이다(리스트 7-11).

리스트 7-11 리스트 7-10의 생성자 메서드

```
public class UserApplicationService
{
    private readonly IUserRepository userRepository;

    public UserApplicationService()
    {
        // IUserRepository의 의존 관계 해소 대상이 설정되어 있지 않으므로 에러 발생
        this.userRepository = ServiceLocator.Resolve<IUserRepository>();
    }

    (...생략...)
}
```

ServiceLocator에 의존 관계 해소를 위한 설정이 미리 돼 있지 않기 때문에 UserApplication Service가 의존 관계를 해소하는 데 실패한다.

클래스 정의만 보고 'UserApplicationService가 바르게 동작하려면 IUserRepository를 요청했을 때 전달할 객체를 미리 등록해야 한다'라는 정보를 알 수 없다는 것은 바람직한 것은 아니다.

ServiceLocator에 UserRepository를 등록해 UserApplicationService를 바르게 동작하게 했다는 것은 UserApplicationService의 구현 내용을 봤거나 초능력자가 아니고서는 불가능하다. 물론 주석을 통해 따로 정보를 제공할 수도 있겠으나, 주석이 실제 코드와 일치하지 않는 경우가 존재하는 이상 최선의 해결책은 못 된다.

테스트 유지가 어렵다

뛰어난 개발자는 '사람은 실수하는 존재'라는 점을 잘 알고 있으며, 그 대표적인 예가 자기 자신이라는 것도 잘 아는 사람이다. 테스트는 이런 실수의 가능성을 미연에 방지하는 도구다. 모든 실수를 방지하지는 못하지만, 착각하거나 의도하지 않은 동작을 발견할 수 있다. 리스트 7-12는 UserApplicationService를 테스트하는 테스트 스크립트의 일부분이다.

리스트 7-12 테스트를 준비하는 스크립트

```
ServiceLocator.Register<IUserRepository, InMemoryUserRepository>();
var userApplicationService = new UserApplicationService();
```

UserApplicationService를 구현한 당시에는 이 코드가 문제없이 동작했다. 테스트는 개발자의 실수를 바로잡아 준다는 점에서 유용하다. 이렇게 제 역할을 다하는 코드라도 시간이 지남에 따라 변화가 필요하다. UserApplicationService도 예외가 아니다(리스트 7-13).

리스트 7-13 UserApplicationService에 일어난 변화

```
public class UserApplicationService
{
    private readonly IUserRepository userRepository;
    // 새로운 속성이 추가됨
    private readonly IFooRepository fooRepository;

    public UserApplicationService()
    {
        this.userRepository = ServiceLocator.Resolve<IUserRepository>();
        // ServiceLocator를 통해 필요한 인스턴스를 받음
        this.fooRepository = ServiceLocator.Resolve<IFooRepository>();
    }

    (...생략...)
}
```

변화한 코드에 새로운 의존 관계가 추가됐다. 그러나 리스트 7-12의 테스트 코드에는 IFooRepository에 대한 의존 관계 해소 정보가 등록되지 않았다. 이 때문에 테스트가 깨진다.

하지만 테스트가 깨지는 것 자체는 그리 큰 문제가 아니다. UserServiceApplication을 변경하면 이를 테스트하는 테스트 코드에도 변경이 필요해지는 것은 당연한 일이다. 진짜 문제는 테스트를 실행할 때까지 테스트가 깨진 것을 깨닫지 못하는 것이다.

개발자의 입장에서 테스트는 나를 돕는 도구지만, 끊임없는 관리가 필요한 귀찮은 존재이기도 하다. 그런 만큼 테스트를 유지하려면 일정 수준의 강제력이 필요하다. 지금 같은 의존 관계의 변경이 생겼을 때 바로 테스트 코드에도 반영하게 강제할 수 없다면 오래지 않아 테스트가 깨질 것이다.

7.4.2 IoC Container 패턴

IoC Container(DI Container)[2]가 무엇인지 이해하려면 먼저 Dependency Injection 패턴에 대해 알아야 한다.

Dependency Injection 패턴은 '의존 관계 주입'이라고 번역할 수 있다. 직역에 가까운 번역이라 이해될 듯 말 듯 아리송하기만 하다. 구체적인 예를 보며 이해해 보자. 리스트 7-14는 UserApplicationService에 InMemoryUserRepository를 주입하는, 다시 말해 Dependency Injection을 하는 코드다.

리스트 7-14 의존 관계 주입

```
var userRepository = new InMemoryUserRepository();
var userApplicationService = new UserApplicationService(userRepository);
```

이 방식은 의존 관계를 주입하는 데 생성자 메서드를 사용하므로 생성자 주입이라고도 한다. 지금까지 예제 코드에서 여러 번 본 패턴이다. 이외에도 메서드를 이용해 의존 관계를 주입하는 메서드 인젝션 등 다양한 패턴이 존재한다. 의존하는 모듈을 외부에서 주입한다는 점에서는 모든 패턴이 같다.

Dependency Injection 패턴을 적용하면 의존 관계를 변경했을 때 테스트 코드 수정을 강제할 수 있다. 예를 들어 리스트 7-15의 코드처럼 UserApplicationService에 새로운 의존 관계가 추가됐다고 하자.

---

2   IoC는 Inversion of Control의 약자로, '제어의 역전'이라는 뜻이다.

리스트 7-15 새로운 의존 관계가 추가된 UserApplicationService

```
public class UserApplicationService
{
    private readonly IUserRepository userRepository;
    // IFooRepository에 대한 의존 관계가 새로 추가됨
    private readonly IFooRepository fooRepository;

    // 생성자 메서드를 통해 의존 관계를 주입함
    public UserApplicationService(IUserRepository userRepository, IFooRepository
fooRepository)
    {
        this.userRepository = userRepository;
        this.fooRepository = fooRepository;
    }

    (...생략...)
}
```

UserApplicationService에 새로운 의존 관계가 추가되면서 생성자 메서드에도 인자가 추가됐다. 그로 인해 테스트 코드에서 UserApplicationService의 인스턴스를 만드는 코드가 컴파일 에러를 일으킨다(리스트 7-16).

리스트 7-16 테스트에 컴파일 에러가 발생함

```
var userRepository = new InMemoryUserRepository();
// 2번째 인자로 IFooRepository의 구현체가 전달되지 않았으므로 컴파일 에러 발생
var userApplicationService = new UserApplicationService(userRepository);
```

테스트를 실행하려면 먼저 컴파일 에러부터 수정해야 하는데, 바로 이 강제력이 큰 역할을 한다.

그러나 편리함의 반대 면에는 의존하는 객체를 만드는 코드를 여기저기 작성해야 하는 불편함이 있다. 예를 들어 개발 중 인메모리 리포지토리로 프로그램을 실행하고 있었다면 운영 환경으로 넘어갈 때는 데이터베이스를 쓰는 리포지토리로 바꿔야 한다. 이런 경우 리스트 7-16에서 보듯이 리포지토리의 인스턴스를 만드는 곳을 모두 찾아 리포지토리를 교체할 필요가 있다.

이런 문제를 해결해 주는 것이 IoC Container 패턴이다. 리스트 7-17의 코드는 IoC Container를 이용해 UserApplicationService의 인스턴스를 만드는 C# 코드다.

리스트 7-17 IoC Container를 이용해 의존 관계 해소하기

```
// IoC Container
var serviceCollection = new ServiceCollection();
// 의존 관계 해소를 위한 설정 등록
serviceCollection.AddTransient<IUserRepository, InMemoryUserRepository>();
serviceCollection.AddTransient<UserApplicationService>();

// IoC Container를 통해 필요한 인스턴스를 받아옴
var provider = serviceCollection.BuildServiceProvider();
var userApplicationService = provider.GetService<UserApplicationService>();
```

IoC Container의 설정에 따라 의존 관계를 해소하고 인스턴스를 생성한다.

리스트 7-17의 코드를 예로 의존 관계가 해소되는 과정을 따라가 보자. 객체 생성 과정은 리스트 7-17의 마지막 줄부터 시작된다. GetService<UserApplicationService>가 호출되고 IoC Container에서 UserApplicationService의 생성을 시도한다. UserApplicationService는 생성자 메서드에서 IUserRepository가 필요한데, 이 의존 관계를 내부적으로 해소하기 위해 IUserRepository 객체를 요청한다. IUserRepository는 InMemoryUserRepository를 사용하라는 설정이 등록되어 있으니 UserApplicationService의 인스턴스는 InMemoryUserRepository의 인스턴스를 받은 다음 생성된다(그림 7-9).

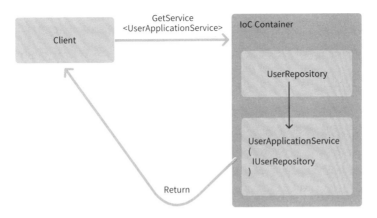

그림 7-9 IoC Container를 이용한 의존 관계 해소

IoC Container의 설정은 Service Locator와 마찬가지로 시작 스크립트 등을 이용한다.

7.5 정리

이번 장에서는 프로그램과 떼려야 뗄 수 없는 개념인 의존과 의존 관계를 제어하는 방법을 알아봤다.

의존 관계는 소프트웨어를 만드는 과정에서 자연스럽게 발생한다. 그러나 의존 관계를 잘 다루지 못하면 손대기가 어려울 정도로 유연성을 잃은 소프트웨어가 된다.

소프트웨어는 원래 유연해야 한다. 사용자가 처한 환경의 변화에 맞춰 변화하며 지속적으로 사용자에게 도움을 줄 수 있어야 한다. 그렇기 때문에 '소프트'웨어인 것이다.

의존 관계를 두려워할 필요는 없다. 의존 관계가 발생하는 것은 막을 수 없어도 그 방향성은 개발자가 절대적으로 제어 가능하기 때문이다. 이번 장에서 배운 내용에 따라 도메인을 중심으로 삼고 주요 로직이 기술적 요소와 의존 관계를 갖지 않게 하면서 소프트웨어의 유연성을 확보해 나가기 바란다.

소프트웨어 시스템 구성하기

사용자 인터페이스를 추가해 시스템을 구성한다.

사용자가 애플리케이션을 사용하려면 사용자 인터페이스가 필요하다.

모두 사용자 인터페이스라고 부르기는 하지만, 사용자 인터페이스에도 문자를 기반으로 한 것부터 그래픽을 기반으로 한 것까지 다양한 종류가 있다. 지금까지 우리가 만들어 온 애플리케이션은 특정한 사용자 인터페이스에 의존하지 않는다. 문자 기반이든 그래픽 기반이든 원하는 것을 추가할 수 있다.

이번 장에서는 먼저 문자 기반 사용자 인터페이스와 웹 GUI를 추가하는 방법을 살펴보겠다.

지금까지 배운 내용을 모두 녹여 넣은 사용자 인터페이스를 만들고, 소프트웨어로서 기능하게 하는 방법을 배운다.

8.1 소프트웨어에 꼭 필요한 사용자 인터페이스

사용자는 사용자 인터페이스를 통해 애플리케이션을 이용한다. 그러므로 프로그램이 소프트웨어로서 기능하려면 사용자 인터페이스가 필요하다.

사용자 인터페이스에도 다양한 종류가 있다. 사용자가 문자열 형식으로 지시를 내리는 CLI(명령행 인터페이스)와 조작 대상을 그래픽으로 보여주는 GUI(그래픽 인터페이스)가 대표적이다.

이 책에서는 웹 GUI를 사용하는 웹 애플리케이션을 주 예제로 삼고 있는데, 그렇다고 도메인 주도 설계가 웹 애플리케이션에만 한정된 것이라는 뜻은 아니다. 사용자가 문자열이나 아이콘 중에 어떤 것을 사용해 지시를 내리든, '사용자 등록'이라는 비즈니스 로직에는 변함이 없기 때문이다. 사용자 인터페이스로 CLI나 GUI 중 어떤 것을 채택하더라도 도메인 주도 설계의 장점을 체감하는 데는 문제가 없다.

꼭 이를 증명하려는 것은 아니지만, 이번 장에서는 먼저 CLI를 적용해 애플리케이션이 문제없이 동작하는 것을 확인한 다음, 웹 GUI를 적용해 본다. 또한 소프트웨어는 그저 동작한다고 해서 완성된 것이 아니다. 모든 기능이 의도대로 빠짐없이 동작하는 것을 확인해야 진짜 완성이다. 따라서 이번 장은 애플리케이션이 바르게 동작하는지 확인하는 단위 테스트를 하면서 마무리한다.

애플리케이션의 CLI와 GUI, 그리고 마지막에 단위 테스트를 다룬다니 조금 이질적인 느낌이 들지만, 이들은 소프트웨어가 제대로 기능하는지 확인하기 위해 필요한 주제다.

칼럼 소프트웨어와 애플리케이션 구분하기

소프트웨어와 애플리케이션은 일반적으로 같은 대상을 가리키지만, 이 책에서는 도메인의 문제를 해결하고 사용자의 필요를 만족시키는 주요 모듈의 그룹을 애플리케이션이라고 부른다. 그리고 애플리케이션에 사용자 인터페이스 등을 추가해 독립적인 시스템으로 기능할 수 있게 만든 것을 소프트웨어로 구분한다.

8.2 명령행 인터페이스 추가하기

많은 개발자가 CLI를 좋아하지만, 그 이유는 제각각이다. 그중에서도 그래픽 관련 구현이 불필요한 만큼 단순하고 명령을 정확히 입력해야 하기 때문에 조작 실수가 적다는 이유가 대표적이다. 이번 절에서 CLI를 다루는 이유는 주로 전자와 관련된 이유다.

본론으로 들어가 CLI를 추가하기 위한 코드를 살펴보자. 먼저 볼 것은 의존 관계를 등록하는 코드다. 여기서는 의존 관계 제어를 위해 IoC Container를 적용했다. ServiceCollection은 C#에서 쓰이는 IoC Container다(리스트 8-1).

리스트 8-1 의존 관계 등록하기

```
class Program
{
    private static ServiceProvider serviceProvider;

    static void Main(string[] args)
    {
        Startup();

        (...생략...)
    }

    private static void Startup()
    {
        // IoC Container
        var serviceCollection = new ServiceCollection();
        // 의존 관계 등록 (주석으로 보충 설명)
        // IUserRepository가 처음 필요해지면 InMemoryUserRepository를 생성해
전달함(생성된 인스턴스는 이후로도 다시 씀)
        serviceCollection.AddSingleton<IUserRepository, InMemoryUserRepository>();
        // UserService가 필요해지면 매번 인스턴스를 생성해 전달함
        serviceCollection.AddTransient<UserService>();
        // UserApplicationService가 필요해지면 매번 인스턴스를 생성해 전달함
        serviceCollection.AddTransient<UserApplicationService>();
        // 의존 관계 해소를 위한 프로바이더 생성
```

```
        // 프로그램은 serviceProvider에 의존 관계 해소를 요청함
        serviceProvider = serviceCollection.BuildServiceProvider();
    }
}
```

IUserRepository의 의존 관계 해소에 쓰이는 InMemoryUserRepository는 AddSingleton 메서드
를 통해 싱글턴으로 등록된다. 싱글턴으로 등록되면 처음 한 번만 인스턴스를 생성하고 그
다음부터는 이미 만든 인스턴스를 재사용한다. InMemoryUserRepository를 싱글턴으로 등
록하지 않았다면 IoC Container가 IUserRepository의 의존 관계 해소를 요청받을 때마다
InMemoryUserRepository의 인스턴스를 새로 만든다. InMemoryUserRepository는 메모리상에서 동
작하는 객체이므로 인스턴스마다 데이터를 따로 저장한다. 따라서 인스턴스를 재사용하지 않
으면 다른 인스턴스에 저장했던 데이터가 유실된다.

칼럼 싱글턴 패턴에 대한 오해

디자인 패턴 중 싱글턴 패턴만큼 많은 오해를 부르는 패턴도 없을 것이다.

많이 오해하는 부분 중 하나는 싱글턴을 static의 대체재로 인식하는 것이다. 싱글턴이 그저 static을 대체하기 위
한 패턴이었다면 그냥 static을 사용하면 된다.

싱글턴을 사용하는 이유는 인스턴스 개수를 하나로 제한하면서도 일반적인 객체처럼 다루기 위해서다. 다시 말해,
static에서는 누릴 수 없는 다형성(polymorphism)과 같은 객체 지향 프로그래밍의 장점을 그대로 활용하는 것이
목적이다.

싱글턴을 static의 대체재로 생각하고 있다면 잘못 이해하고 있는 것이다. 일반적인 객체 지향 프로그래밍의 흐름
을 그대로 따라야 싱글턴을 제대로 활용한다고 할 수 있다.

UserApplicationService는 AddTransient를 통해 등록한다. AddTransient는 등록된 타입의 객체
를 요청받으면 매번 새로운 인스턴스를 생성해 제공한다. 지금 보고 있는 스크립트의 내용대로
라면 AddSingleton으로 등록해도 무방하지만, 인스턴스의 생애주기는 가능한 한 짧게 가져가는
것이 관리상 유리하다. 성능에 영향을 끼치지 않는 한 인스턴스를 매번 새로 생성해도 문제는
없다.

그리고 AddSingleton과 AddTransient는 C#의 IoC Container 라이브러리인 ServiceCollection
이 제공하는 일개 메서드에 지나지 않는다. 어떤 프로그래밍 언어와 라이브러리를 사용하느냐
에 따라 메서드 이름이 다를 수 있으므로 잘 확인하기 바란다.

8.2.1 Main 구현하기

시작 스크립트에 의존 관계 설정을 마쳤으니 진입점(entry point) 역할을 할 Main을 구현할
차례다(리스트 8-2).

리스트 8-2 진입점 역할을 하는 Main 구현하기

```
class Program
{
    private static ServiceProvider serviceProvider;
    static void Main(string[] args)
    {
        Startup();

        while(true)
        {
            Console.WriteLine("Input user name");
            Console.Write(">");
            var input = Console.ReadLine();
            var userApplicationService =
serviceProvider.GetService<UserApplicationService>();
            var command = new UserRegisterCommand(input);
            userApplicationService.Register(command);

            Console.WriteLine("------------------------");
            Console.WriteLine("user created:");
            Console.WriteLine("------------------------");
            Console.WriteLine("user name:");
            Console.WriteLine("- " + input);
            Console.WriteLine("------------------------");

            Console.WriteLine("continue? (y/n)");
            Console.Write(">");
            var yesOrNo = Console.ReadLine();
            if (yesOrNo == "n")
            {
                break;
```

```
            }
        }
    }

    (...생략...)
}
```

코드를 보면 IoC Container(serviceProvider)로부터 UserApplicationService 객체를 제공받아 사용자 등록 처리를 호출했다. 인스턴스를 직접 생성하는 대신 IoC Container를 통해 제공받으므로 시작 스크립트 등에 의존 관계 설정을 모아둘 수 있다.

운영용 관계형 데이터베이스에 접속하기 위한 리포지토리를 사용하려면 시작 스크립트를 다음과 같이 수정한다(리스트 8-3).

리스트 8-3 리포지토리 교체하기

```
class Program
{
    (...생략...)

    privte static void Startup()
    {
        var serviceCollection = new ServiceCollection();
        // 리포지토리를 UserRepository로 교체함
        // serviceCollection.AddSingleton<IUserRepository, InMemoryUserRepository>();
        serviceCollection.AddTransient<IUserRepository, UserRepository>();
        serviceCollection.AddTransient<UserService>();
        serviceCollection.AddTransient<UserApplicationService>();

        serviceProvider = serviceCollection.BuildServiceProvider();
    }
}
```

이런 방법으로 IoC Container를 활용해 Main 메서드(리스트 8-2)에 손을 대지 않고도 데이터스토어를 변경할 수 있다.

8.3 MVC 프레임워크 적용하기

좀 더 본격적인 소프트웨어가 될 수 있게 웹 애플리케이션을 만들어보자.

웹 애플리케이션 개발에는 일반적으로 웹 프레임워크가 사용된다. C#에서는 ASP.net이라는 웹 프레임워크가 주류를 이룬다. ASP.net에도 몇 가지 버전이 있는데, 여기서는 ASP.net Core MVC를 기준으로 한다.

웹 GUI 역시 CLI 구현 때와 마찬가지로 시작 스크립트에 의존 관계를 설정한 다음, 시스템 사용자의 액션에 따라 필요한 인스턴스를 IoC Container에 요청하게 하는 설정과 구현 코드를 살펴보겠다. 그다음 실제 사용자의 조작이 일어났을 때 처리가 실행되는 부분을 확인한다. 처리의 흐름은 그림 8-1과 같다. 그림을 미리 보고 본문을 읽어나가기 바란다.

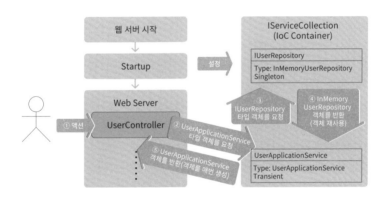

그림 8-1 MVC 프레임워크와 IoC Container의 연동 과정

ASP.net Core MVC는 MVC 프레임워크가 갖춰야 할 일반적인 기능을 두루 갖추고 있다. 평소 사용하는 프로그래밍 언어나 프레임워크가 무엇이든 거의 같은 기능을 갖추고 있을 것이다. 적절히 바꿔 생각하며 책을 읽어 나가기 바란다.

8.3.1 의존 관계 설정하기

의존 관계 설정은 앞에서 설명했듯이 시작 스크립트(리스트 8-4)에 작성한다. ASP.net Core MVC에는 시작 스크립트 기능을 가진 Startup 클래스를 제공하므로 이를 이용해 서버를 시작할 때 실행할 처리를 정의할 수 있다.

리스트 8-4 ASP.net Core MVC에 제공되는 Startup 클래스

```
public class Startup
{
    public Startup(IConfiguration configuration)
    {
        Configuration = configuration;
    }

    public IConfiguration Configuration { get; }
    // This method gets called by the runtime. Use this method to add services to the
container.
    public void ConfigureServices(IServiceCollection services)
    {
        services.AddControllersWithViews();

        services.AddSpaStaticFiles(configuration =>
        {
            configuration.RootPath = "ClientApp/build";
        });
    }

    (...생략...)
}
```

Startup 클래스의 ConfigureServices 메서드에서 IoC Container를 이용해 의존 관계를 등록한다. 이 메서드에 리포지토리 등 의존 관계 설정을 작성하면 된다(리스트 8-5).

```
public class Startup
{
    (...생략...)

    public void ConfigureServices(IServiceCollection services)
    {
        services.AddControllersWithViews();

        services.AddSpaStaticFiles(configuration =>
        {
            configuration.RootPath = "ClientApp/build";
        });

        // 리포지토리나 애플리케이션 서비스에 대한 의존 관계 설정
        services.AddSingleton<IUserRepository, InMemoryUserRepository>();
        services.AddTransient<UserService>();
        services.AddTransient<UserApplicationService>();
    }
}
```

리스트 8-5에서 추가된 의존 관계 등록은 리스트 8-1에서 했던 의존 관계 등록과 같은 내용
이다. 설정 자체에는 문제가 없지만, 운영용 데이터베이스로 교체할 때 설정 스크립트를 수정
해야 한다. 지금은 등록된 리포지토리가 단 하나뿐이라 크게 문제가 되지 않지만, 시스템의 성
장과 비례해 리포지토리의 수도 늘어날 것이다. 수많은 리포지토리의 설정을 일일이 고치는 것
은 너무 수고스럽다.

이런 수고를 줄이기 위해 설정 스크립트를 디버그용과 운영용으로 나눠 따로 두면 편리하다(리
스트 8-6, 8-7).

리스트 8-6 테스트용 설정 스크립트

```
public class InMemoryModuleDependencySetup : IDependencySetup
{
    public void Run(IServiceCollection services)
    {
```

```
        SetupRepositories(services);
        SetupApplicationServices(services);
        SetupDomainServices(services);
    }

    private void SetupRepositories(IServiceCollection services)
    {
        services.AddSingleton<IUserRepository, InMemoryUserRepository>();
    }

    private void SetupApplicationServices(IServiceCollection services)
    {
        services.AddTransient<UserApplicationService>();
    }

    private void SetupDomainServices(IServiceCollection services)
    {
        services.AddTransient<UserService>();
    }
}
```

리스트 8-7 운영용 설정 스크립트

```
public class SqlConnectionDependencySetup : IDependencySetup
{
    public void Run(IServiceCollection services)
    {
        SetupRepositories(services);
        SetupApplicationServices(services);
        SetupDomainServices(services);
    }

    private void SetupRepositories(IServiceCollection services)
    {
        services.AddTransient<IUserRepository, SqlUserRepository>();
    }
```

```
    private void SetupApplicationServices(IServiceCollection services)
    {
        services.AddTransient<UserApplicationService>();
    }

    private void SetupDomainServices(IServiceCollection services)
    {
        services.AddTransient<UserService>();
    }
}
```

이 스크립트는 프로젝트 구성 파일을 이용해 쉽게 교체할 수 있다. ASP.net Core를 사용할 경우 appsetting.json이라는 json 포맷 파일이 프로젝트 구성 파일이다(리스트 8-8).

리스트 8-8 프로젝트 구성 파일에서 설정 스크립트 선택하기

```
{
    "Dependency": {
        "SetupName": "InMemoryModuleDependencySetup"
    }
}
```

시작 스크립트에서 리스트 8-8에 해당하는 부분을 읽으면 의존 관계 설정 내용이 교체된다(리스트 8-9, 8-10).

리스트 8-9 리스트 8-8의 설정 내용에 따라 설정 스크립트를 선택하는 모듈

```
class DependencySetupFactory
{
    public IDependencySetup CreateSetup(IConfiguration configuration)
    {
        var setupName = configuration["Dependency:SetupName"];
        switch (setupName)
        {
            case nameof(InMemoryModuleDependencySetup):
                return new InMemoryModuleDependencySetup();
```

```
            case nameof(SqlConnectionDependencySetup):
                return new SqlConnectionDependencySetup(configuration);


            default:
                throw new NotSupportedException(setupName + " is not registered.");
        }
    }
}
```

리스트 8-10 시작 스크립터에서 리스트 8-9의 코드를 이용한다

```
public class Startup
{
    public IConfiguration Configuration { get; }

    public void ConfigureServices(IServiceCollection services)
    {
        // 의존 관계 설정 스크립트를 받아온 다음 실행함
        var factory = new DependencySetupFactory();
        var setup = factory.CreateSetup(Configuration);
        setup.Run(services);

        services.AddControllersWithViews();

        services.AddSpaStaticFiles(configuration =>
        {
            configuration.RootPath = "ClientApp/build";
        });
    }

    (...생략...)
}
```

8.3.2 컨트롤러 구현하기

의존 관계를 설정하는 코드를 모두 살펴봤으니 컨트롤러의 구현을 살펴볼 차례다. 우선 사용자 등록을 위한 데이터를 전달받아 사용자를 등록하는 처리(액션)부터 살펴보겠다.

대부분의 MVC 프레임워크가 IoC Container와 연동되므로 컨트롤러의 생성자 메서드를 통해 IoC Container에 등록된 객체를 전달받을 수 있다. UserApplicationService를 쓰고 싶다면 리스트 8-11과 같이 생성자 메서드를 통해 인스턴스를 전달받고 액션에서 서비스를 호출하게 하면 된다.

리스트 8-11 사용자 등록을 위한 액션

```
[Route("api/[controller]")]
public class UserController : controller
{
    private readonly UserApplicationService userApplicationService;

    // IoC Container와의 연동을 통해 의존 관계를 해소한다
    public UserController(UserApplicationService userApplicationService)
    {
        this.userApplicationService = userApplicationService;
    }

    (...생략...)

    [HttpPost]
    public void Post([FromBody] UserPostRequestModel request)
    {
        var command = new UserRegisterCommand(request.UserName);
        userApplicationService.Register(command);
    }
}
```

Post 액션의 인자인 UserPostRequestModel은 뷰로부터 전달되는 데이터가 바인딩된 객체다. 이 객체는 애플리케이션 서비스가 전달받는 UserRegisterCommand 객체와 데이터 구조가 거의 유사하므로 이를 재사용하면 좋을 것 같은 생각도 들지만, 프런트 엔드에서 들어오는 데이터를 전

달하는 객체와 애플리케이션 서비스의 행동을 실행하기 위한 커맨드 객체는 엄연히 용도가 다르다. 특별한 이유가 없는 한 이런 식으로 객체를 재사용하는 것은 좋지 않다.

이어서 다른 액션의 구현도 살펴보자(리스트 8-12).

리스트 8-12 컨트롤러에 구현된 그 외 액션

```
[Route("api/[controller]")]
public class UserController : Controller
{
    private readonly UserApplicationService userApplicationService;

    public UserController(UserApplicationService userApplicationService)
    {
        this.userApplicationService = userApplicationService;
    }

    [HttpGet]
    public UserIndexResponseModel Index()
    {
        var result = userApplicationService.GetAll();
        var users = result.Users.Select(x => new UserResponseModel(x.Id,
x.Name)).ToList();

        return new UserIndexResponseModel(users);
    }

    [HttpGet("{id}")]
    public UsetGetResponseModel Get(string id)
    {
        var command = new UserGetCommand(id);
        var result = userApplicationService.Get(command);

        var userModel = new UserResponseModel(result.User);

        return new UserGetResponseModel(userModel);
    }
```

```
(...생략...)

[HttpPut("{id}")]
public void Put(string id, [FromBody] UserPutRequestModel request)
{
    var command = new UserUpdateCommand(id, request.Name);
    userApplicationService.Update(command);
}

[HttpDelete("{id}")]
public void Delete(string id)
{
    var command = new UserDeleteCommand(id);
    userApplicationService.Delete(command);
}
}
```

모든 액션에서 컨트롤러는 프런트 엔드에서 받은 데이터를 비즈니스 로직이 필요로 하는 입력
데이터로 변환하는 작업에만 집중하고 있다. 애플리케이션 서비스에 비즈니스 로직을 맡긴다
면 컨트롤러의 코드는 리스트 8-11이나 8-12와 다를 바 없는 단순한 형태가 될 것이다.

이것으로 CRUD 기능을 갖춘 최소한의 웹 애플리케이션이 완성됐다.

칼럼 컨트롤러의 책임

컨트롤러의 책임은 입력을 변환하는 것이다. 게임기를 예로 들어 보자(그림 8-2).

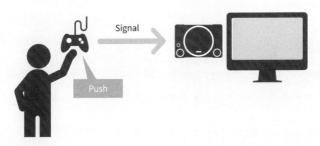

그림 8-2 컨트롤러의 역할

게임을 플레이하는 플레이어는 컨트롤러의 버튼을 눌러 캐릭터를 원하는 대로 움직인다. 이때 컨트롤러는 '버튼이 눌렸음'이라는 정보를 그대로 게임기에 보내는 것이 아니라 '버튼이 눌렸다는 사실'을 게임기가 이해할 수 있는 전기 신호로 변환해 보낸다. 게임기 컨트롤러의 역할은 플레이어의 입력을 게임기가 이해할 수 있는 형태로 변환하는 것이다.

MVC 패턴의 컨트롤러도 마찬가지다. 컨트롤러의 역할은 사용자의 입력을 모델이 요구하는 메시지로 변환해 모델에 전달하는 것이다. 만약 그 이상의 일을 맡은 컨트롤러가 있다면 도메인의 중요한 지식 혹은 로직이 컨트롤러로 유출됐을 가능성을 의심해야 한다.

8.4 단위 테스트 작성하기

수프트웨어를 안성하려면 소프드웨어가 의도대로 동작하는지 검증할 필요가 있다. 프로그램이 바르게 동작하는지 증명할 수 있는 가장 좋은 도구는 단위 테스트다. 백 번 듣는 것보다 한 번 보는 것이 낫다는 옛말대로, 제대로 동작하는 이유를 말로 설명하는 것보다 직접 동작하는 모습을 보여주기가 훨씬 쉽다.

우리가 만든 최소한의 애플리케이션을 위한 단위 테스트를 작성하고 소프트웨어가 완성됐음을 증명해 보자.

8.4.1 사용자 등록 처리를 위한 단위 테스트

단위 테스트를 실행할 때마다 테스트 데이터를 준비하는 방법은 그리 현실적이지 못하다. 단위 테스트에서는 일반적으로 실제 데이터스토어에 접속하지 않는다. 이를 대신하는 것이 테스트용 리포지토리다.

지금까지 이 책에서 인메모리 데이터스토어를 이용해 애플리케이션을 실행하는 경우의 장점과 이를 위한 준비 과정을 몇 번이고 강조해 설명했다. 지금이 바로 그 진가가 발휘될 때다.

우선 사용자 등록 처리가 정상적으로 완료되는지 확인하는 단위 테스트부터 작성하자(리스트 8-13). C#에서는 단위 테스트 클래스에 [TestClass]나 [TestMethod] 같은 특성(attribute)을 부여한다.

리스트 8-13 사용자 등록 처리의 정상 완료 여부를 검증하는 단위 테스트

```
[TestClass]
public class UserRegisterTest
{
    [TestMethod]
    public void TestSuccessMinUserName()
    {
        var userRepository = new InMemoryUserRepository();
        var userService = new UserService(userRepository);
        var userApplicationService = new UserApplicationService(userRepository,
userService);

        // 사용자명의 최소 길이(3글자)를 만족하는 사용자 등록이 정상적으로 완료되는지
확인
        var userName = "123";
        var minUserNameInputData = new UserRegisterCommand(userName);
        userApplicationService.Register(minUserNameInputData);

        // 사용자 정보가 잘 저장됐는지 확인
        var createdUserName = new UserName(userName);
        var createdUser = userRepository.Find(createdUserName);
        Assert.IsNotNull(createdUser);
    }

    [TestMethod]
    public void TestSuccessMaxUserName()
    {
        var userRepository = new InMemoryUserRepository();
        var userService = new UserService(userRepository);
        var userApplicationService = new UserApplicationService(userRepository,
userService);

        // 사용자명의 최장 길이(20글자)를 만족하는 사용자 등록이 정상적으로 완료되는지
확인
        var userName = "12345678901234567890";
        var maxUserNameInputData = new UserRegisterCommand(userName);
        userApplicationService.Register(maxUserNameInputData);
```

```
        // 사용자 정보가 잘 저장되는지 확인
        var createdUserName = new UserName(userName);
        var maxUserNameUser = userRepository.Find(createdUserName);
        Assert.IsNotNull(maxUserNameUser);
    }
}
```

사용자 등록 처리가 정상적으로 완료됐는지 검증하려면 '생성된 사용자가 잘 저장됐는지'를 확
인하면 된다. 그리고 사용자명의 길이 제한 조건이 있으므로 이 제한의 경곗값에 대한 검증도
함께 실시한다. 생성된 사용자의 저장 여부를 확인할 수 있게 인메모리 리포지토리를 대상으로
처리를 실행하며, 처리가 완료된 다음 리포지토리에 해당 사용자에 대한 정보를 요청한다.

테스트 대상에 따라서는 리포지토리에 저장된 정보를 요청할 메서드가 없는 경우도 있다. 이런
경우에는 리포지토리에 정보를 요청하는 대신 리포지토리가 데이터를 보관하는 인스턴스 변수
를 외부로 공개하면 된다(리스트 8-14).

리스트 8-14 테스트 결과 확인을 위해 테스트용 리포지토리의 내부 데이터를 외부에 공개하기

```
public class InMemoryUserRepository : IUserRepository
{
    // 데이터가 담긴 딕셔너리를 외부로 공개해 직접 확인을 허용
    public Dictionary<UserId, User> Store { get; } = new Dictionary<UserId, User>();

    (...생략...)
}
```

이 객체를 이용하는 테스트 코드는 리포지토리에 사용자 정보를 문의하는 대신 리포지토리의
속성에 직접 접근하게 한다(리스트 8-15).

리스트 8-15 리스트 8-14의 리포지토리를 이용해 사용자 정보를 직접 확인하기

```
[TestMethod]
public void TestSuccessMinUserName()
{
    var userRepository = new InMemoryUserRepository();
    var userService = new UserService(userRepository);
```

```
    var userApplicationService = new UserApplicationService(userRepository, userService);

    // 사용자명의 최소 길이(3글자)를 만족하는 사용자 등록이 정상적으로 완료되는지 확인
    var userName = "123";
    var minUserNameInputData = new UserRegisterCommand(userName);
    userApplicationService.Register(minUserNameInputData);

    // 사용자 정보가 잘 저장됐는지 확인
    var createdUser = userRepository.Store.Values
        .FirstOrDefault(user => user.Name.Value == userName);
    Assert.IsNotNull(createdUser);
}
```

테스트용 리포지토리의 실제 데이터가 저장된 속성을 외부에 공개하면 데이터 내용에 대한 세세한 검색이 가능해 테스트용 모듈의 편의성이 향상된다. 무턱대고 필드를 외부에 공개하는 것은 삼가야 할 일이지만, 평소에는 IUserRepository 타입으로 다뤄지므로 리스트 8−14에서처럼 게터 Store를 사용할 수 없다. 테스트 코드에서만 리포지토리 객체를 InMemoryUserRepository 타입으로 다룰 수 있기 때문에 데이터가 저장된 속성을 공개해도 문제가 생기지 않는다.

정상 케이스에 대한 테스트 뒤에는 이상 케이스에 대한 테스트를 작성한다. 사용자 생성 처리는 파라미터값에 따라 에러를 발생시켜야 할 경우가 있다. 에러가 발생하는 조건을 정리하면 다음과 같다.

- 사용자명의 길이가 3자 미만 20자 초과인 경우
- 사용자명이 이미 등록된 것일 경우

이상 케이스는 정상 케이스보다 검사할 항목이 많기 때문에 조금 더 복잡하다. 우선 사용자명 길이의 이상 케이스에 대한 동작을 검증하는 테스트부터 살펴보자.

리스트 8−16 사용자명 길이의 이상 케이스에 대한 에러 발생 테스트

```
[TestClass]
public class UserRegisterTest
{
    (...생략...)
```

```csharp
[TestMethod]
public void TestInvalidUserNameLengthMin()
{
    var userRepository = new InMemoryUserRepository();
    var userService = new UserService(userRepository);
    var userApplicationService = new UserApplicationService(userRepository,
userService);

    bool exceptionOccured = false;
    try
    {
        var command = new UserRegisterCommand("12");
        userApplicationService.Register(command);
    }
    catch
    {
        exceptionOccured = true;
    }

    Assert.IsTrue(exceptionOccured);
}

[TestMethod]
public void TestInvalidUserNameLengthMax()
{
    var userRepository = new InMemoryUserRepository();
    var userService = new UserService(userRepository);
    var userApplicationService = new UserApplicationService(userRepository,
userService);

    bool exceptionOccured = false;
    try
    {
        var command = new UserRegisterCommand("123456789012345678901");
        userApplicationService.Register(command);
    }
    catch
```

```
        {
            exceptionOccured = true;
        }

        Assert.IsTrue(exceptionOccured);
    }
}
```

사용자명의 길이가 최소 길이보다 짧은 경우와 최대 길이보다 긴 경우를 모두 검증한다. 정상 케이스와 함께 보면 경곗값 검사의 모든 경우가 커버됨을 알 수 있다.

마지막 테스트는 사용자명이 중복될 경우의 동작을 검증하는 테스트다(리스트 8-17).

리스트 8-17 사용자명이 중복된 이상 케이스에 대한 에러 발생 테스트

```
[TestClass]
public class UserRegisterTest
{
    (...생략...)

    [TestMethod]
    public void TestAlreadyExists()
    {
        var userRepository = new InMemoryUserRepository();
        var userService = new UserService(userRepository);
        var userApplicationService = new UserApplicationService(userRepository,
userService);

        var userName = "test-user";
        userRepository.Save(new User(
            new UserId("test-id"),
            new UserName(userName)
        ));

        bool exceptionOccured = false;
        try
        {
```

```
        var command = new UserRegisterCommand(userName);
        userApplicationService.Register(command);
    }
    catch
    {
        exceptionOccured = true;
    }

    Assert.IsTrue(exceptionOccured);
    }
}
```

단위 테스트는 어떤 입력이 들어와야 하는지, 그리고 그 입력에 대한 결과가 어떠해야 하는지를 기술하는 요령으로 작성한다. 절대 미주 하고 싶지 않은 상황이지만, 분서화가 전혀 안 되어 있는 프로젝트라면 단위 테스트가 로직의 설계를 보여주는 마지막 단서가 되기도 한다.

8.5 정리

이번 장에서는 지금까지 배운 패턴을 정리하고 애플리케이션에 실제 사용자 인터페이스를 추가해 독립적으로 기능하는 소프트웨어를 만드는 방법을 살펴봤다.

애플리케이션은 다양한 사용자 인터페이스를 교체할 수 있다. 사용자 인터페이스를 소프트웨어의 핵심과 분리하고 객체의 책임을 명료하게 나누면 그 소프트웨어의 미래가 좀 더 밝아질 것이다.

사용자 인터페이스를 실제로 교체하는 경우는 비교적 드무나, 사용자 인터페이스가 교환 가능한 상태라는 것은 애플리케이션이 독립적으로 기능할 수 있으며 단위 테스트를 수행할 수 있는 상태라는 의미다.

단위 테스트가 있다고 해서 무조건 소프트웨어의 품질이 향상되는 것은 아니지만, 코드가 단위 테스트를 수행할 수 있는 상태에 이르는 것은 품질 향상의 첫걸음이다.

소프트웨어가 자신에게 요구되는 변화에 부응하려면 개발자가 불가피하게 리팩토링해야 할 경우가 있다. 이때 단위 테스트가 갖춰져 있다면 리팩토링이 기존 기능을 망가뜨리지 않음을 확인하면서 작업을 진행할 수 있다.

도메인의 변화를 도메인 객체에 잘 반영하고 시스템이 도메인과 항상 동기화되기를 원한다면 단위 테스트를 잘 갖춰야 한다.

칼럼 정말로 있었던 무서운 이야기

독자 여러분 중에는 '사용자 인터페이스를 교체한다니 그런 일은 그냥 소문으로나 있는 일이야.'라고 생각한 사람도 있을 것이다. 안타깝게도 필자는 정말 사용자 인터페이스를 교체해야 할 상황에 처한 적이 있다.

해당 프로젝트의 주력 서비스였으며 ASP.net Web Forms로 개발된 소프트웨어였는데, Web Forms 엔지니어 수급이 어려워 좀 더 널리 쓰이는 MVC로 갈아탈 필요가 제기된 상황이었다. 그럴 운명이었다고 믿고 싶지는 않으나, 그 작업이 하필이면 필자에게 돌아왔다.

15년간의 손때가 묻은 코드를 바라보며 필자는 공포에 빠졌다. 모든 로직이 사용자 인터페이스에 작성되어 있었기 때문에 사방에 비슷한 코드가 가득했다. 또한 원래 동일한 로직이었을 코드가 각 화면의 사정에 따라 되는 대로 수정이 가해진 상황이었다.

당연하지만 단위 테스트는 물론이고, 제대로 된 문서마저도 없었다. 결국 모든 코드를 읽어보고 제로 베이스부터 코드를 다시 짤 수밖에 없었다.

09

복잡한 객체 생성을
맡길 수 있는
'팩토리 패턴'

팩토리는 객체를 만드는 지식에 특화된 객체다.

때로는 객체를 만들기 위해 복잡한 절차가 필요한 경우가 있다. 이렇게 복잡한 객체 생성 절차는 억지로 객체 안에 구현하는 것보다 객체 생성 과정 자체를 별도의 객체로 만들어 두면 코드의 의도를 더 명확히 할 수 있다.

도구를 만드는 것과 도구를 사용하는 것이 전혀 별개의 지식이듯이 객체를 생성하는 책임을 모델을 나타내기 위한 객체에 맡기는 것은 어울리지 않는다.

이번 장에서는 객체 생성을 전담하는 객체인 팩토리에 대해 알아보자.

9.1 팩토리의 목적

지금 주변을 둘러보면 시야에 다양한 도구가 보일 것이다. 책상, 의자, 종이, 펜… 사람은 이렇듯 온갖 도구에 둘러싸여 생활한다. 세상에는 수많은 도구가 있으나, 지금도 끊임없이 새로운 도구가 고안되고 있다.

사람이 상상하는 모든 것에 대해 도구가 고안되는 이유는 도구를 사용하는 방법만 알면 내부 구조를 몰라도 도구의 장점을 그대로 누릴 수 있기 때문이다. 도구의 이러한 편리함은 강력한 힘이다. 프로그램에서도 도구의 힘은 강력하다.

객체 지향 프로그래밍에 쓰이는 클래스는 도구 그 자체다. 메서드의 사용 방법만 알면 클래스의 내부 구조를 몰라도 누구든 사용할 수 있다. 클래스의 이런 점은 개발자에게도 큰 도움이 된다.

그러나 도구는 그 편리함만큼이나 복잡한 구조를 갖는다.

컴퓨터를 예로 들면, 컴퓨터는 편리한 도구지만 매우 복잡한 구조를 갖는다. 여기서 말하고자 하는 바는 '복잡한 도구는 그만큼 만드는 과정도 복잡하다'는 것이다.

독자 여러분은 컴퓨터가 어떻게 만들어지는지 얼마나 알고 있는가?

복잡한 도구는 만드는 과정도 복잡하다. 그렇다면 도구를 만드는 과정도 일종의 지식이라고 할 수 있다. 프로그램에서도 이 점은 마찬가지여서 복잡한 객체는 객체를 생성하는 처리도 그만큼 복잡하다. 복잡한 객체를 생성하기 위한 복잡한 처리는 도메인 모델을 나타낸다는 객체의 애초 취지를 불분명하게 만든다. 하지만 그렇다고 객체 생성을 무작정 클라이언트에만 맡기는 것도 좋은 방법이 아니다. 객체를 생성하는 과정 자체는 도메인에 큰 의미가 없을지 몰라도, 도메인을 나타내기 위한 계층의 책임임에는 변함이 없기 때문이다.

여기서 바로 객체 생성 과정을 객체로 정의할 필요가 생긴다. 이렇게 객체 생성을 책임지는 객체를 마치 도구를 만드는 공장과도 같다고 해서 '팩토리'라고 부른다. 팩토리는 객체의 생성 과정과 관련된 지식이 정리된 객체다.

9.2 번호 매기기를 구현한 팩토리의 구현 예

팩토리가 제 역할을 하는 간단한 예로 번호 매기기를 들 수 있다.

지금까지는 User 클래스의 인스턴스를 생성할 때 객체의 식별자로 GUID(globally unique identifier)를 사용했다(리스트 9-1).

리스트 9-1 사용자 객체의 식별자는 생성자 메서드에서 생성된다

```
public class User
{
    private readonly UserId id;
    private UserName name;

    // 사용자를 최초 생성할 때 실행되는 생성자 메서드
    public User(UserName name)
    {
        if (name == null) throw new ArgumentNullException(nameof(name));

        // 식별자로 GUID를 사용한다
        id = new UserId(Guid.NewGuid().ToString());
        this.name = name;
    }

    // 사용자 객체를 복원할 때 실행되는 생성자 메서드
    public User(UserId id, UserName name)
    {
        if (id == null) throw new ArgumentNullException(nameof(id));
        if (name == null) throw new ArgumentNullException(nameof(name));

        this.id = id;
        this.name = name;
    }

    (...생략...)
}
```

User 클래스는 생성자 메서드를 2개 갖추고 있다. UserId 객체를 인자로 받는 생성자 메서드는 사용자 객체를 복원하기 위한 용도이며, 나머지 다른 생성자 메서드는 사용자 객체를 최초 생성할 때 사용한다. 사용자 객체를 최초 생성할 때 함께 생성되는 GUID는 유일한 식별자로 사용할 수 있는 무작위 문자열이므로 생성자 메서드를 통해 객체를 만들어도 유일 식별자임이 보장된다.

그러나 시스템에 따라 식별자가 매겨지는 과정을 통제해야 하는 경우가 있다. 이렇게 번호를 매기는 처리는 어떻게 구현할까?

전통적인 방법으로는 시퀀스나 테이블을 이용하는 방법이 있다. 시퀀스를 이용해 번호를 매기게 User 클래스를 수정해 봤다(리스트 9-2).

리스트 9-2 번호 매기기 테이블을 이용해 식별자를 생성하는 예

```
public class User
{
    private readonly UserId id;
    private UserName name;

    public User(UserName name)
    {
        string seqId;
        // 데이터베이스 접속 설정에서 커넥션을 생성
        var connectionString =
ConfigurationManager.ConnectionStrings["DefaultConnection"].ConnectionString;
        using (var connection = new SqlConnection(connectionString))
        using (var command = connection.CreateCommand())
        {
            connection.Open();
            // 번호 매기기용 테이블을 이용해 번호를 매김
            command.CommandText = "SELECT seq = (NEXT VALUE FOR UserSeq)";

            using (var reader = command.ExecuteReader())
            {
                if (reader.Read())
                {
```

```
                var rawSeqId = reader["seq"];
                seqId = rawSeqId.ToString();
            }
            else
            {
                throw new Exception();
            }
        }
    }

    id = new UserId(seqId);
    this.name = name;
}

(...생략...)
}
```

리스트 9-2는 그리 바람직한 코드가 아니다. 추상화 수준이 높은 개념인 User에 데이터베이스를 다루는 낮은 추상화 수준의 처리가 작성돼 있기 때문이다. 이러한 코드로 인해 발생하는 폐해는 이루 말할 수 없다. 단지 User 클래스의 인스턴스를 만드는 작업만으로 데이터베이스와 번호 매기기용 테이블이 필요하다. 직관적이지도 못하고 번거로운 작업이다.

테스트 목적으로 대충 인스턴스를 생성하고 싶을 때는 적당히 식별자를 붙여주고, 그렇지 않은 경우에는 데이터베이스에서 제대로 된 식별자를 매겨주게 하고 싶다. 팩토리는 바로 이런 경우에 유용하다.

번호 매기기를 상황에 따라 다르게 하고 싶다면 먼저 리스트 9-3과 같이 팩토리 인터페이스를 정의한다.

리스트 9-3 팩토리 인터페이스

```
public interface IUserFactory
{
    User Create(UserName name);
}
```

팩토리에는 UserName을 인자로 받아 User의 인스턴스를 반환하는 메서드가 정의되어 있는데, 앞으로 User 객체를 새로 만들 때는 생성자 메서드 대신 이 메서드를 사용한다.

User를 생성하는 처리는 리스트 9-3의 코드를 구현한 클래스가 맡아 줄 것이다. 리스트 9-4는 시퀀스를 이용해 번호를 매기는 팩토리의 구현이다.

리스트 9-4 시퀀스를 이용하는 팩토리

```
public class UserFactory : IUserFactory
{
    public User Create(UserName name)
    {
        string seqId;
        var connectionString =
ConfigurationManager.ConnectionStrings["DefaultConnection"].ConnectionString;
        using (var connection = new SqlConnection(connectionString))
        using (var command = connection.CreateCommand())
        {
            connection.Open();
            command.CommandText = "SELECT seq = (NEXT VALUE FOR UserSeq)";
            using (var reader = command.ExecuteReader())
            {
                if (reader.Read())
                {
                    var rawSeqId = reader["seq"];
                    seqId = rawSeqId.ToString();
                }
                else
                {
                    throw new Exception();
                }
            }
        }
        var id = new UserId(seqId);
        return new User(id, name);
    }
}
```

인스턴스를 생성하는 처리를 팩토리로 옮겼으니 User 클래스를 만들려면 반드시 외부에서 UserId를 전달받아야 한다. 이로 인해 UserId를 생성하던 User의 생성자 메서드가 불필요하게 됐다(리스트 9-5).

리스트 9-5 User의 생성자 메서드가 하나로 줄어들었다

```
public class User
{
    private readonly UserId id;
    private UserName name;

    public User(UserId id, UserName name)
    {
        if (id == null) throw new ArgumentNullException(nameof(id));
        if (name == null) throw new ArgumentNullException(nameof(name));

        this.id = id;
        this.name = name;
    }
    (...생략...)
}
```

이제 User 클래스의 생성자 메서드에서 데이터베이스에 접속하는 코드가 사라졌다.

그리고 팩토리를 사용하면 UserApplicationService의 사용자 등록 처리 역시 인스턴스 생성을 팩토리에 위임하게 된다(리스트 9-6).

리스트 9-6 팩토리를 통한 인스턴스 생성

```
public class UserApplicationService
{
    private readonly IUserFactory userFactory;
    private readonly IUserRepository userRepository;
    private readonly UserService userService;

    (...생략...)
```

```
public void Register(UserRegisterCommand command)
{
    var userName = new UserName(command.Name);
    // 팩토리를 이용해 인스턴스를 생성
    var user = userFactory.Create(userName);

    if (userService.Exists(user))
    {
        throw new CanNotRegisterUserException(user);
    }

    userRepository.Save(user);
}
}
```

Register 메서드를 테스트할 때는 데이터베이스 없이 인메모리로 동작하게 하면 좋을 것 같다. 그렇다면 리스트 9-7과 같이 팩토리를 구현한다.

리스트 9-7 인메모리로 동작하는 팩토리

```
class InMemoryUserFactory : IUserFactory
{
    // 마지막으로 발행된 식별자
    private int currentId;

    public User Create(UserName name)
    {
        // 사용자를 생성할 때마다 1씩 증가
        currentId++;

        return new User(
            new UserId(currentId.ToString()),
            name
        );
    }
}
```

이 팩토리를 의존 관계 해소 설정에 포함시키면 테스트를 수행할 수 있다.

팩토리의 존재감 인식시키기

팩토리를 만들었으니 앞으로는 객체를 생성할 때 팩토리를 이용할 거라고 생각할 것이다. 그러나 User 클래스의 코드만 봐서는 팩토리의 존재감을 느끼기 어렵다(리스트 9-8).

리스트 9-8 User 클래스의 정의만으로는 팩토리의 존재감을 느끼기 어렵다

```
public class User
{
    // 생성자 메서드가 있다는 것만 알 수 있다
    public User(UserId id, UserName name);
    (...생략...)
}
```

팩토리의 존재감을 좀 더 확실하게 느끼게 할 수 있는 방법이 있다. 먼저 패키지를 다음과 같이 구성한다.

- SnsDomain.Models.Users.User
- SnsDomain.Models.Users.IUserFactory

나중에 참여한 개발자가 SnsDomain.Models.Users 패키지를 열어보면 User와 IUserFactory 클래스가 함께 있는 것을 보게 될 것이다.

9.2.1 자동 번호 매기기 기능 활용하기

번호 매기기 기능을 구현할 때 데이터베이스에서 제공하는 자동 번호 매기기 기능을 무시하기가 어렵다.

SQL Server를 예로 들면, IDENTITY 속성을 적용한 칼럼은 레코드가 추가될 때마다 자동으로 번호가 매겨진다(그림 9-1).

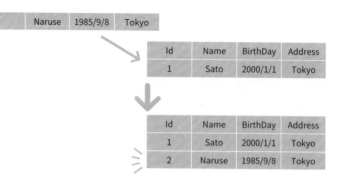

그림 9-1 자동 번호 매기기 기능

이 강력한 기능을 활용하면 코드가 어떻게 변화할까?

자동 번호 매기기는 데이터베이스에 객체를 저장할 때 ID가 부여된다. 그러므로 객체가 최초 생성될 때는 ID가 없는 상태로 생성된다. 그리고 객체가 데이터베이스에 저장될 때 ID가 생성되므로 식별자에 대한 세터가 필요하다(리스트 9-9). 이러한 요소는 객체를 불안정하게 만든다.

리스트 9-9 세터를 가진 클래스

```
public class User
{
    private UserName name;

    public User(UserName name)
    {
        this.name = name;
    }

    public UserId Id { get; set; }
}
```

엔티티는 식별자를 통해 식별되는 객체다. 객체를 데이터베이스에 저장할 때까지 이 식별자가 부여되지 않는다는 것은 자연스럽지도 않고 범해서는 안 되는 금기사항이다. 식별자가 부여되지 않은 상태에서 객체를 잘못 다루면 의도하지 않은 동작을 보일 것이다. 객체가 데이터베이스에 저장될 때까지 식별자가 부여되지 않았다는 점을 항상 의식하며 개발자가 세심하게 주의를 기울이는 수밖에 없다.

주의할 점은 또 있다. 식별자에 대한 세터가 있다는 점이다. 리스트 9-9에 나온 User 클래스의 Id 속성에 대한 세터는 리포지토리에서만 식별자를 다룬다는 것을 전제로 만들어진 것이다. 그러나 코드만으로는 이런 규칙을 알 수 없으니 앞뒤 사정을 모르는 개발자가 식별자를 바꾸는 코드를 작성할 가능성은 언제나 존재한다.

이들 문제점에서 공통적인 것은 개발자의 암묵적인 이해를 필요로 한다는 점이다. 그러나 이 암묵적인 이해는 강한 자제심을 발휘해야 지켜질 수 있다. 한 마디로 '넘어서는 안 될 선을 항상 신경 써야' 하는 것이다.

자동 번호 매기기 기능을 사용하면 개발자가 지켜야 할 사항이 여럿 발생한다. 물론 이들 사항을 모두 감수하고 자동 번호 매기기 기능을 통해 식별자를 부여받는 선택지도 가능하다. 주의 사항을 모두가 숙지하고 팀 내 합의를 이룬다면 문제가 일어날 가능성은 그리 높지 않을 것이다.

9.2.2 번호 매기기 메서드를 리포지토리에 두기

주제를 조금 벗어나지만, 리포지토리에 번호 매기기 메서드를 두는 패턴도 가능하다(리스트 9-10).

리스트 9-10 리포지토리에 번호 매기기 메서드 정의하기

```
public interface IUserRepository
{
    User Find(UserId id);
    void Save(User user);
    UserId NextIdentity();
}
```

NextIdentity 메서드는 새로운 생성자 UserId를 생성한다. 이 메서드를 사용하면 코드가 9-11과 같이 변경된다.

리스트 9–11 리포지토리의 번호 매기기 메서드를 이용한 사용자 등록 처리 구현

```
public class UserApplicationService
{
    private readonly IUserRepository userRepository;

    (...생략...)

    public void Register(UserRegisterCommand command)
    {
        var userName = new UserName(command.Name);
        var user = new User(
            userRepository.NextIdentity(),
            userName
        );

        (...생략...)
    }
}
```

리포지토리에 번호 매기기 메서드를 두는 방법은 마음이 개운한 선택지다. 팩토리를 만들 정도로 수고롭지는 않으면서 식별자가 없는 불안정한 엔티티의 존재를 허용하지도 않는다.

그러나 리스트 9–12에서 보듯이 번호 매기기와 객체를 저장하기 위한 기술이 서로 어긋날 경우 조금 사정이 달라진다.

리스트 9–12 자동 번호 매기기와 객체 저장에 서로 다른 기술을 사용하는 경우

```
public class UserRepository : IUserRepository
{
    private readonly NumberingApi numberingApi;

    (...생략...)

    // 객체 저장에 관계형 데이터베이스를 사용하지만
    public User Find(UserId id)
    {
        var connectionString =
```

```
ConfigurationManager.ConnectionStrings["DefaultConnection"].ConnectionString;
        using (var connection = new SqlConnection(connectionString))
        using (var command = connection.CreateCommand())
        {
            connection.Open();
            command.CommandText = "SELECT * FROM users WHERE id = @id";
            command.Parameters.Add(new SqlParameter("@id", id.Value));
            using (var reader = command.ExecuteReader())
            {
                if(reader.Read())
                {
                    var name = reader["name"] as string;
                    return new User(
                        id,
                        new UserName(name)
                    );
                } else {
                    return null;
                }
            }
        }
    }

    // 자동 번호 매기기에는 다른 기술을 사용함
    public UserId NextIdentity()
    {
        var response = numberingApi.Request();
        return new UserId(response.NextId);
    }
}
```

한 클래스의 정의 안에 여러 가지 기술 기반이 섞여 사용되고 있다. 이를 자연스럽지 않다고 보는 독자도 있을 것이고, 크게 신경 쓸 수준까지는 아니라고 판단하는 독자도 있을 것이다.

간편하다는 점에서 이러한 패턴을 쉽게 받아들일 수 있다는 것도 사실이다. 개발팀 내 합의가 이뤄진다면 이런 패턴을 적용한다고 해도 문제가 되지 않는다.

필자의 개인적인 느낌으로는 리포지토리는 애초 객체를 저장하고 복원하기 위한 객체라는 점에서 번호 매기기까지 리포지토리의 책임으로 확장하는 것은 좀 지나치다는 생각이다.

9.3 팩토리 역할을 하는 메서드

클래스 자체가 아닌 메서드가 팩토리 역할을 하는 경우도 있다. 이런 방법은 객체 내부의 데이터를 이용해 인스턴스를 생성할 필요가 있을 때 흔히 쓰인다.

서클 기능을 예로 들어보자. 서클은 동아리나 팀처럼 사용자가 소속되어 취미 등에 대한 의견을 나누는 모임이다. 서클에는 서클장의 역할을 맡는 사용자가 있다. 어떤 서클의 서클장이 누구인지에 대한 정보를 그 사용자의 사용자 ID를 통해 나타낸다고 하자. 이때의 코드는 리스트 9–13과 같을 것이다.

리스트 9–13 그룹 생성하기

```
var circle = new Circle(
    user.Id, // 게터를 통해 사용자 ID를 받아옴
    new CircleName("my circle")
);
```

서클의 서클장을 맡은 사용자 ID를 Circle 객체에 전달하려면 게터를 이용해야 한다. 게터는 이미 잘 알려져 있듯이 마냥 편하게 사용할 만한 것이 못 된다(이 점에 대해서는 12장에서 더 자세히 다룬다).

내부 정보를 사용하지만 외부로 공개는 하지 않는다니 이 무슨 소리인가 싶지만, 의외로 아주 간단한 방법으로도 가능하다. 게터를 공개하는 대신 메서드로 인스턴스를 생성하고 반환 값으로 내놓으면 된다(리스트 9–14).

리스트 9–14 User 클래스의 메서드에서 Circle 클래스의 인스턴스 생성하기

```
public class User
{
    // 외부로 공개하지 않아도 된다
```

```
    private readonly UserId id;

    (...생략...)

    // 팩토리 역할을 하는 메서드
    public Circle CreateCircle(CircleName circleName)
    {
        return new Circle (
            id,
            circleName
        );
    }
}
```

이런 방법으로 인스턴스의 내부 정보를 전달할 수 있다.

이 방법이 옳은 것인지는 도메인을 어떤 관점에서 모델링했는지에 따라 달라진다. 사용자가 서클을 생성하는 것을 도메인 객체의 행위로 정의해야 한다면 이를 정당화할 수 있다.

9.4 복잡한 객체 생성 절차를 캡슐화하기

다형성의 장점을 누릴 수 있게 팩토리를 만들기도 하지만, 이와 달리 단순히 생성 절차가 복잡한 인스턴스를 만드는 코드를 모아둔 팩토리를 만드는 것도 좋은 습관이다.

원래대로라면 객체의 초기화는 생성자 메서드의 역할이다. 그러나 생성자 메서드는 단순함을 유지해야 한다. 생성자 메서드가 복잡해진다면 팩토리를 정의한다.

'생성자 메서드 안에서 다른 객체를 생성하는가'라는 질문은 팩토리의 필요성을 나타내는 좋은 지표라고 할 수 있다. 만약 생성자 메서드가 다른 객체를 생성하고 있다면 이 객체가 변경됐을 때 생성자 메서드도 함께 변경해야 할 우려가 있다. 그냥 다른 객체의 인스턴스를 생성하는 것 뿐이라도 복잡도를 상승시킨다.

물론 모든 인스턴스를 팩토리에서 만들어야 한다는 말은 아니다. 생성 절차가 간단하다면 그냥 생성자 메서드를 호출하는 쪽이 더 낫다. 여기서 말하는 바는 '그냥 하던 대로 객체를 생성하지 말고, 팩토리가 필요하지는 않은가 검토하는 습관을 들이자'는 것이다.

> **칼럼** 도메인 설계를 완성하기 위해 필요한 요소
>
> 팩토리는 도메인에서 유래한 객체가 아니다. 이 점은 리포지토리와 같다. 그렇다면 팩토리나 리포지토리는 도메인 과는 무관한 존재일까? 그렇지는 않다.
>
> 객체의 생성은 도메인에서 유래한 것은 아니지만, 도메인을 표현하기 위해 필요한 요소다. 도메인을 표현하는 데 도움을 주는 팩토리와 리포지토리 등의 요소는 도메인 설계를 구성하는 요소가 된다.
>
> 도메인을 모델에 녹여내고 코드로 다시 모델을 표현하는 과정인 도메인 설계를 완성하려면 도메인 모델을 표현하지 않는 요소도 필요하다는 점을 알아두자.

9.5 정리

이번 장에서는 번호 매기기를 소재로 팩토리의 유용함에 대해 알아봤다. 팩토리는 객체의 생애 주기의 시작 단계에서 자신의 역할을 수행한다.

팩토리를 통해 생성 절차가 복잡한 객체를 생성하면 코드의 의도를 더 분명히 드러낼 수 있다. 그리고 똑같은 객체 생성 코드가 이곳저곳 중복되는 것도 막을 수 있다.

팩토리를 이용해 객체 생성 절차를 캡슐화하는 것도 로직의 의도를 더 명확히 드러내면서 유연성을 확보할 수 있는 좋은 방법이다.

데이터의
무결성 유지하기

시스템은 데이터의 무결성을 유지해야 한다.

데이터의 무결성을 유지하는 방법은 소프트웨어 개발의 주요 테마 중 하나다.

무결성을 유지하기 위해 일반적으로 사용되는 방법으로 트랜잭션을 들 수 있다. 이번 장에서는
트랜잭션을 어떻게 다뤄야 하는지를 주축으로 설명한다.

도메인 주도 설계에만 한정된 이야기는 아니고, 트랜잭션은 소프트웨어 시스템을 구성하는 데
꼭 필요한 존재다. 트랜잭션을 잘 활용하는 방법으로 어떤 것들이 있는지 알아보자.

10.1 무결성이란 무엇인가

시스템이 수행하는 처리 중에는 데이터의 무결성을 필요로 하는 것이 있다. 여기서 말하는 무결성이란 '서로 모순이 없고 일관적'이라는 뜻이다.

상품을 주문할 때 발생하는 주문 내역을 예로 들어 보자. 주문 내역은 헤더 부분과 바디 부분으로 구성되는데, 헤더 부분에는 주문자명, 주소 등의 정보가 기재되고 바디 부분에는 주문한 상품의 종류 및 수량이 기재된다(그림 10-1).

회원 번호	0000001	이름	Foo	
주소	Seoul			
제품번호	제품명	수량	단가	합계
A-001-1	A Components	10	100KRW	10,000KRW
B-001-1	B Components	20	150KRW	30,000KRW

(헤더 부분: 회원 번호 ~ 주소 행, 바디 부분: 제품번호 ~ B-001-1 행)

그림 10-1 주문 내역의 전체 내용

이때 헤더 부분과 바디 부분 중 어느 한쪽이라도 누락된다면 정상적인 주문서가 되지 못한다. 헤더 부분이 없다면 상품을 주문한 사람이 누구인지 알 수 없고, 바디 부분이 없으면 주문자에게 어떤 상품을 전달해야 하는지 알 수 없기 때문이다(그림 10-2). 주문 내역의 헤더와 바디는 항상 함께 존재해야 한다는 일관성이 필요하며 이것이 바로 무결성이다.

제품번호	제품명	수량	단가	합계
A-001-1	A Components	10	100KRW	10,000KRW
B-001-1	B Components	20	150KRW	30,000KRW

그림 10-2 바디 부분만 남은 주문 내역

물론 프로그램이 정상적으로 동작하는 한 주문 내역에서 헤더나 바디가 누락되는 일은 없을 것이다. 문제가 발생하는 것은 프로그램이 비정상 종료됐을 때다. 예를 들어 주문서를 작성하는 도중 헤더 부분을 저장하다가 프로그램이 종료됐다면 바디 부분이 저장되지 않았으니 데이터 스토어에는 바디 부분이 빠져 손상된 데이터만 남는다.

이번 장에서는 이런 문제를 방지하기 위해 데이터의 무결성을 유지하는 방법을 배운다. 데이터의 무결성은 도메인 주도 설계와 직접 관련된 주제는 아니지만, 소프트웨어를 만들 때는 반드시 데이터의 무결성을 유지해야 하는 만큼 배워둘 만한 가치가 있는 주제다.

10.2 치명적인 버그

지금까지 우리가 만든 소프트웨어에 사실 치명적인 버그가 있었다. UserApplicationService는 데이터 무결성을 망가뜨릴 수 있는 심각한 문제를 안고 있다.

이 버그는 사용자 등록 처리에 숨어 있다. 사용자 등록 처리의 구현 코드를 다시 한번 살펴보자 (리스트 10-1).

리스트 10-1 사용자 등록 처리 코드

```
public class UserApplicationService
{
    private readonly IUserFactory userFactory;
    private readonly IUserRepository userRepository;
    private readonly UserService userService;

    (...생략...)

    public void Register(UserRegisterCommand command)
    {
        var userName = new UserName(command.Name);
        var user = userFactory.Create(userName);

        if (userService.Exists(user))
        {
```

```
            throw new CanNotRegisterUserException(user, "이미 등록된 사용자임");
      }

      userRepository.Save(user);
   }
}
```

사용자 등록 처리에는 '사용자명 중복을 허용하지 않음'이라는 중요한 규칙이 있다. 언뜻 보면 지금의 코드도 이 규칙을 준수하는 것처럼 보인다. 그러나 이 코드는 본래 의도대로 동작하지 않는 특정한 조건이 있다.

어떤 사람이 새로 사용자 등록을 하려 한다고 하자. 이 사람이 등록하기를 원하는 사용자명은 'naruse'다. 첫 단계에서는 'naruse'라는 사용자명을 갖는 사용자가 없기 때문에 코드가 제대로 동작한다(그림 10-3).

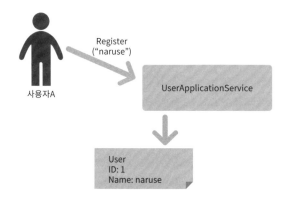

그림 10-3 사용자 등록 성공

이때, 동시에 또 다른 사용자가 사용자 등록을 시도한다. 정말 우연히도 이 사람이 등록하려는 사용자명도 'naruse'다(그림 10-4).

첫 번째 사용자가 사용자 등록 처리를 실행하면 먼저 사용자명 중복 체크를 한 다음 리포지토리에 인스턴스 저장을 요청한다. 리포지토리에 인스턴스를 저장하는 도중 두 번째 사용자가 사용자명 중복 체크를 시도하면 아직 인스턴스 저장이 끝나지 않았으므로 중복 체크에서 걸리지 않는다. 결과적으로 'naruse'라는 사용자명을 갖는 사용자가 여러 명 등록되는 일이 벌어진다.

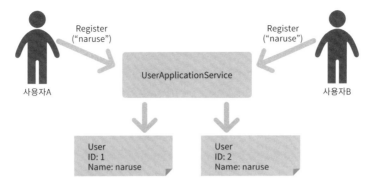

그림 10-4 사용자명이 중복되는 사용자가 생긴다

지금 일어난 일을 다시 정리해 보자. 그림 10-5는 이 문제가 발생하는 과정을 시간 순서대로 나타낸 것이다.

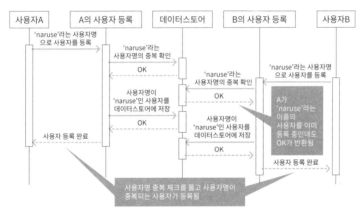

그림 10-5 문제가 발생한 과정

치명적 버그의 내용을 살펴봤다.

사용자가 순서대로 한 명씩 사용자 등록을 시도한다면 문제가 발생하지 않겠지만, 웹 애플리케이션에서 한 번에 한 명씩만 시스템을 사용한다는 것은 불가능하다. 데이터의 무결성을 유지할 별도의 방법을 강구해야 한다.

10.3 방법 1 – 유일 키 제약

사용자명이 중복되지 않게 데이터 무결성을 유지할 수 있는 방법으로 유일 키를 이용한 방법을 들 수 있다.

유일 키(unique key) 제약은 데이터베이스의 특정 칼럼값이 각각 유일한 값이 되게 보장하는 기능이다. 유일 키 제약을 위반하는 레코드를 추가하려고 하면 에러가 발생한다.

유일 키 제약은 데이터의 무결성을 유지하기 위한 매우 편리한 기능이다.

10.3.1 유일 키 제약에 중복 확인을 맡겼을 경우의 문제점

유일 키 제약은 소프트웨어가 파국을 맞을 수 있는 위험을 제거해주는 강력한 수단이다. 그러나 잘못 사용하면 코드의 표현력이 저하된다. 다음 사례를 한번 살펴보자.

유일 키 제약을 적용하면 프로그램이 유효하지 않은 사용자명을 탐지하고 강제 종료되므로 중복 확인할 필요가 없어진다. 따라서 사용자 등록 처리에 대한 코드를 리스트 10-2와 같이 간단하게 할 수 있지 않을까 하는 생각이 들 것이다.

리스트 10-2 유일 키 제약을 통해 사용자명의 중복이 사라져 중복 확인이 불필요해진 상황

```
public class UserApplicationService
{
    private readonly IUserFactory userFactory;
    private readonly IUserRepository userRepository;

    (...생략...)

    public void Register(UserRegisterCommand command)
    {
        var userName = new UserName(command.Name);
        var user = userFactory.Create(userName);

        userRepository.Save(user);
    }
}
```

유일 키 제약을 적용했기 때문에 이 코드에서는 사용자명 중복이 없다는 것이 보장된다. 결과만 보자면 리스트 10-2의 코드는 데이터 무결성을 잘 지키는 코드라고 할 수 있다. 리스트 10-1의 코드와 비교하면 분량 면에서도 더 짧다. 이것이 이해하기 쉽다는 생각이 들었다면 위험 신호다.

사용자명 중복을 확인하는 과정은 중요도가 높다. 리스트 10-2의 코드를 보고 사용자명 중복이 허용되지 않는다는 정보를 얻을 수 있겠는가? 아무리 숙련된 개발자라도 코드에 드러나지 않는 메커니즘을 알아챌 수는 없다.

문제는 이것뿐만이 아니다. 유일 키 제약 기능은 특정 데이터베이스의 기술이므로 특정 기술 기반에 의존하는 부분이 생기는 것도 문제다.

7장에서 비즈니스 로직이 특정한 기술에 의존해서는 안 된다고 설명했다. 사용자명의 중복이 없음을 보장받기 위한 수단으로 관계형 데이터베이스의 유일 키 제약을 이용하는 것이 바로 특정한 기술에 의존하는 것이다. 리스트 10-2는 도메인에 있어 매우 중요한 규칙과 관련된 처리가 원래 있어야 할 장소에서 이탈한 상태다.

이로 인해 일어날 수 있는 문제는 어떤 것이 있을까? 중복의 기준이 사용자명에서 이메일 주소로 바뀐 경우를 다시 떠올려 보자. 리스트 10-2의 코드만 봐서는 관계형 데이터베이스의 테이블 제약을 변경해야 한다는 것을 알 수 없다.

10.3.2 유일 키 제약의 올바른 활용

도메인 규칙 준수를 위해 유일 키 제약을 이용하는 것은 좋은 방법이 아니다. 그렇다면 유일 키 제약은 전혀 쓸모가 없는 것일까? 그렇게 생각하는 것도 옳지 않다.

버그는 대부분 개발자의 착각에서 비롯된다. 예를 들어 사용자 중복의 기준을 사용자명이 아니라 이메일 주소라고 잘못 알고 있었다고 생각해 보자(리스트 10-3).

리스트 10-3 사용자 중복 기준을 이메일 주소로 잘못 알고 구현한 코드

```
public class UserService
{
    private readonly IUserRepository userRepository;
```

```
    (...생략...)

    public bool Exists(User user)
    {
        var duplicatedUser = userRepository.Find(user.Mail);
        return duplicatedUser != null;
    }
}
```

이때 사용자명 칼럼에 유일 키 제약을 걸었다면 사용자명이 중복된 경우 프로그램이 예외를 발생시키며 종료된다. 이는 시스템을 강력하게 보호하는 힘이 될 수 있다.

유일 키 제약은 규칙을 준수하는 주 수단이 아니라 안전망 역할로 활용해야 한다. 유일 키 제약만 믿고 리스트 10-2와 같이 중복 확인을 게을리해서는 안 된다.

소프트웨어의 안전성을 더 향상시킬 수 있게 리스트 10-1과 같은 코드와 유일 키 제약을 함께 사용하자.

10.4 방법 2 – 트랜잭션

데이터의 무결성을 유지하기 위한 수단으로는 데이터베이스의 트랜잭션 기능이 더 일반적이다. 트랜잭션은 서로 의존적인 조작을 한꺼번에 완료하거나 취소하는 방법으로 데이터의 무결성을 지킨다.

전자상거래 사이트에서 사용자가 포인트를 소모해 상품을 구입하는 처리를 예로 생각해 보자. 시스템은 먼저 사용자의 포인트를 소모량만큼 감소시킨다. 이때 주문하려는 상품의 재고가 부족하다면 이 시점에서 처리에 실패한다. 결과적으로 사용자의 포인트만 감소하고 주문은 실패한다. 곧 고객센터에 클레임이 들어올 것이다.

트랜잭션은 바로 이런 문제를 해결해준다. 트랜잭션 기능 적용 중에는 데이터베이스에 대한 조작이 데이터에 바로 반영되지 않는다. 실제로 데이터에 반영하려면 커밋해야 한다.

전자상거래 사이트에서 사용자가 포인트를 소모해 상품을 구입하는 예를 트랜잭션에 적용해 다시 설명하면, 구입을 해도 사용자의 포인트가 즉시 소모되지 않는다. 그러므로 처리 도중에 프로그램이 비정상 종료해도 사용자가 보유한 포인트가 소모되지 않는다. 실제로 포인트가 소모되는 시점은 커밋 후 처리 결과가 데이터에 반영될 때다(그림 10-6).

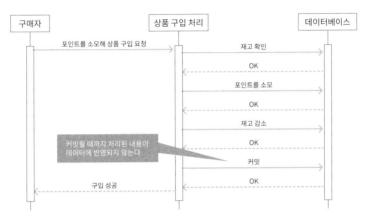

그림 10-6 커밋해야 실제 데이터에 반영된다

10.4.1 트랜잭션을 사용하는 패턴

트랜잭션을 이용하면 사용자 등록 처리 코드의 문제를 해결할 수 있을 듯하다. 바로 코드를 수정해 보자. 트랜잭션은 데이터베이스 커넥션을 통해 사용해야 한다. 리포지토리가 데이터베이스 커넥션 객체를 전달받고 사용하는 역할을 맡는다(리스트 10-4).

리스트 10-4 트랜잭션이 시작된 커넥션 사용하기

```
public class UserRepository : IUserRepository
{
    // 인자로 전달받은 데이터베이스 커넥션
    private readonly SqlConnection connection;

    public UserRepository(SqlConnection connection)
    {
        this.connection = connection;
```

```
    }

    public void Save(User user, SqlTransaction transaction = null)
    {
        using (var command = connection.CreateCommand())
        {
            if (transaction != null)
            {
                command.Transaction = transaction;
            }
            command.CommandText = @"
MERGE INTO users
    USING (
        SELECT @id AS id, @name AS name
    ) AS data
    ON users.id = data.id
    WHEN MATCHED THEN
        UPDATE SET name = data.name
    WHEN NOT MATCHED THEN
        INSERT (id, name)
        VALUES (data.id, data.name);
";
            command.Parameters.Add(new SqlParameter("@id", user.Id.Value));
            command.Parameters.Add(new SqlParameter("@name", user.Name.Value));
            command.ExecuteNonQuery();
        }
    }

    (...생략...)
}
```

트랜잭션 시작 및 커밋을 제어하기 위해 UserApplicationService 역시 SqlConnection을 전달받
게 한다(리스트 10-5).

```
public class UserApplicationService
{
    // 리포지토리가 가진 것과 같은 커넥션 객체
    private readonly SqlConnection connection;
    private readonly UserService userService;
    private readonly IUserFactory userFactory;
    private readonly IUse  rRepository userRepository;

    public UserApplicationService(SqlConnection connection,
                                   UserService userService,
                                   IUserFactory userFactory,
                                   IUserRepository userRepository)
    {
        this.connection = connection;
        this.userService = userService;
        this.userFactory = userFactory;
        this.userRepository = userRepository;
    }

    (...생략...)
}
```

이제 준비가 끝났다. 사용자 등록 처리에 트랜잭션을 적용해 데이터의 무결성을 확보하자(리스트 10-6).

리스트 10-6 트랜잭션을 적용하게 수정된 사용자 등록 처리

```
public class UserApplicationService
{
    private readonly SqlConnection connection;
    private readonly UserService userService;
    private readonly IUserFactory userFactory;
    private readonly IUserRepository userRepository;

    (...생략...)
```

```
public void Register(UserRegisterCommand command)
{
    // 커넥션을 통해 트랜잭션을 시작
    using(var transaction = connection.BeginTransaction())
    {
        var userName = new UserName(command.Name);
        var user = userFactory.Create(userName);

        if (userService.Exists(user))
        {
            throw new CanNotRegisterUserException(user, "이미 등록된 사용자임");
        }

        userRepository.Save(user, transaction);
        // 처리가 완료되면 커밋
        transaction.Commit();
    }

    (...생략...)
}
```

리스트 10-6의 코드는 트랜잭션을 통해 데이터의 무결성을 확보한다. 동시에 같은 사용자명으로 사용자 등록을 시도하는 일이 벌어져도 한쪽만 등록되고 다른 한쪽은 등록에 실패할 것이다.

그러나 새로운 문제도 생긴다. UserApplicationService가 인프라의 객체 SqlConnection에 대해 의존하게 됐다는 점이다.

SqlConnection은 관계형 데이터베이스에 기초한 객체다. UserApplicationService가 관계형 데이터베이스를 사용하는 동안에는 어색함이 없지만, IUserRepository의 구현체로 InMemoryUserRepository를 사용한다면 관계형 데이터베이스의 사용을 전제로 하는 SqlConnection은 활용할 수 없게 된다.

특정 기술에 의존하는 코드의 위험성은 지금까지 여러 번 강조했다. 이제 와서 이런 위험성을 순순히 받아들일 수는 없다. 이번에는 데이터 무결성을 유지하면서도 특정 기술에 의존하지 않는 패턴을 소개하겠다.

10.4.2 트랜잭션 범위를 사용하는 패턴

트랜잭션을 통해 데이터 무결성을 확보하는 방법이 데이터베이스에만 한정되는 것은 아니다.

데이터 무결성을 확보하는 것 자체는 분명히 추상화 수준이 낮은 특정 기술 기반의 역할이다. 그러나 비즈니스 로직의 입장에서 생각하면 무결성을 지키는 수단이 무엇이냐는 그리 중요하지 않다. 데이터 무결성 자체가 특정 기술에 뿌리를 둘 만큼 추상화 수준이 낮은 개념이 아니다. 따라서 비즈니스 로직에는 데이터 무결성을 확보하기 위한 구체적인 구현 코드보다는 '이 부분에서 데이터 무결성을 확보해야 한다'는 것을 명시적으로 보여주는 코드가 담겨야 한다.

C#은 해당 코드가 데이터 무결성을 필요로 하는 내용이라는 것을 나타내기 위해 트랜잭션 범위라는 기능을 제공한다(리스트 10-7).

리스트 10-7 트랜잭션 범위를 적용한 애플리케이션 서비스

```
public class UserApplicationService
{
    private readonly UserService userService;
    private readonly IUserFactory userFactory;
    private readonly IUserRepository userRepository;

    public UserApplicationService(UserService userService,
                    IUserFactory userFactory,
                    IUserRepository userRepository)
    {
        this.userService = userService;
        this.userFactory = userFactory;
        this.userRepository = userRepository;
    }

    public void Register(UserRegisterCommand command)
```

```
{
    // 트랜잭션 범위를 생성함
    // using 문의 범위 안에서 커넥션을 열면 자동으로 트랜잭션이 시작된다
    using(var transaction = new TransactionScope())
    {
        var userName = new UserName(command.Name);
        var user = userFactory.Create(userName);

        if (userService.Exists(user))
        {
            throw new CanNotRegisterUserException(user, "이미 등록된 사용자임");
        }

        userRepository.Save(user);
        // 실제 네이터에 반영하기 위해 커밋
        transaction.Complete();
    }
}

(...생략...)
}
```

트랜잭션 범위는 트랜잭션의 수행 범위를 정의하기 위한 것이다. 그러므로 실제 트랜잭션을 시작하지는 않는다. 다만, 트랜잭션 범위 안에서 데이터베이스 커넥션을 새로 열면 트랜잭션이 함께 시작된다. 결과적으로 using 문의 범위 안에서는 트랜잭션을 적용한 것과 같은 효과를 얻을 수 있다.

이것으로 UserApplicationService는 관계형 데이터베이스라는 특정 기술에 대한 의존에서 풀려났다. 앞으로 데이터 무결성을 유지하기 위해 데이터베이스 트랜잭션 이외의 기술을 사용하더라도 트랜잭션 범위가 적용되는 구조를 만들면 된다. 인프라의 변경으로 인해 UserApplicationService를 수정할 필요가 없어졌다.

10.4.3 AOP를 사용하는 패턴

"C# 외의 프로그래밍 언어에서는 어떻게 해야 하지?"라는 의문을 품은 사람도 당연히 있을 것이다. 이런 걱정은 할 필요가 없다. 객체 지향 프로그래밍 언어의 주류라고 할 수 있는 자바에서도 관점 지향 프로그래밍(aspect oriented programming, AOP)을 적용해 똑같은 방법을 사용할 수 있다.

AOP에서는 소스 코드를 수정하지 않고도 새로운 처리를 추가할 수 있다. 구체적인 예를 한번 살펴보자. 리스트 10-8은 UserApplicationService를 자바로 구현한 코드다.

리스트 10-8 Transactional 애노테이션을 사용해 자바로 구현한 UserApplicationService

```java
public class UserApplicationService {
    private final UserRepository userRepository;
    private final UserFactory userFactory;
    private final UserService userService;

    (...생략...)

    @Transactional
    public void Register(UserRegisterCommand command) {
        UserName userName = new UserName(command.getName());
        User user = userFactory.create(userName);

        if (userService.exists(user)) {
            throw new CanNotRegisterUserException(user, "이미 등록된 사용자임");
        }

        userRepository.save(user);
    }
}
```

@Transactional 애노테이션은 트랜잭션 범위와 같은 기능을 제공한다. 메서드가 정상으로 종료되면 커밋을 실행하며 실행 도중 예외가 발생하면 롤백이 실행된다.

필자는 개인적으로 트랜잭션 범위보다 AOP를 이용한 이 코드가 더 낫다고 생각한다. 왜냐면 트랜잭션 범위는 해당 부분에서 데이터 무결성이 필요하다는 것을 메서드의 처리 내용을 확인해야만 알 수 있다. 반면 애노테이션을 이용한 방법은 애노테이션만 봐도 그 메서드가 데이터 무결성을 필요로 한다는 것을 알 수 있다.

10.4.4 유닛오브워크를 사용하는 패턴

유닛오브워크(UnitOfWork) 패턴도 트랜잭션을 다루기 위한 목적으로 사용할 수 있다.

유닛오브워크는 어떤 객체의 변경 사항을 기록하는 객체다. 객체를 읽어 들일 때 유닛오브워크가 객체의 상태를 기록한다. 대상 객체가 변경되거나 삭제돼도 유닛오브워크가 이를 모르는 상태에서는 데이터스토어에 객체의 변화가 반영되지 않는다. 커밋을 호출해야 그때까지 있었던 변경 사항이 데이터스토어에 반영된다. 이러한 패턴을 적용하면 퍼시스턴시 대상이 되는 객체의 생성, 변경, 삭제 등의 동작이 모두 유닛오브워크를 통하게 된다.

유닛오브워크는 리스트 10-9와 같이 정의된다.

리스트 10-9 유닛오브워크의 정의 예

```
public class UnitOfWork
{
    public void RegisterNew(object value);
    public void RegisterDirty(object value);
    public void RegisterClean(object value);
    public void RegisterDeleted(object value);
    public void Commit();
}
```

리스트 10-9에서 이름이 Register로 시작하는 메서드는 인스턴스의 상태가 변경될 때마다 그 내용을 기록한다. 그다음 Commit 메서드가 호출되면 그때까지 기록했던 변경 사항을 정리해 데이터스토어에 반영한다.

유닛오브워크를 사용하려면 리스트 10-10과 같이 엔티티의 기반 클래스를 만들어 마킹할 수 있게 한다.

```
public abstract class Entity
{
    protected void MarkNew()
    {
        UnitOfWork.Current.RegisterNew(this);
    }

    protected void MarkClean()
    {
        UnitOfWork.Current.RegisterClean(this);
    }

    protected void MarkDirty()
    {
        UnitOfWork.Current.RegisterDirty(this);
    }

    protected void MarkDeleted()
    {
        UnitOfWork.Current.RegisterDeleted(this);
    }
}
```

엔티티는 리스트 10-10의 기반 클래스를 상속하며 데이터가 변경될 때 그 변경에 해당하는
마킹을 한다(리스트 10-11).

리스트 10-11 데이터가 변경될 때 그 변경에 해당하는 마킹을 한다

```
// 엔티티는 리스트 10-10의 클래스를 상속한다
public class User : Entity
{
    public User(UserName name)
    {
        if (name == null) throw new ArgumentNullException(nameof(name));

        Name = name;
```

```
        MarkNew();
    }


    public UserName Name { get; private set; }

    public void ChangeName(UserName name)
    {
        if (name == null) throw new ArgumentNullException(nameof(name));

        Name = name;
        MarkDirty();
    }
}
```

이렇게 객체의 변경 이력을 수집하고 커밋을 호출할 때 이 내용을 정리해 실행한다. 이런 과정
이 적용된 사용자 등록 처리 코드는 리스트 10-12와 같다.

리스트 10-12 유닛오브워크 패턴이 적용된 사용자 등록 처리

```
public class UserApplicationService
{
    // 유닛오브워크 객체
    private readonly UnitOfWork uow;
    private readonly UserService userService;
    private readonly IUserFactory userFactory;
    private readonly IUserRepository userRepository;

    public UserApplicationService(UnitOfWork uow,
                    UserService userService,
                    IUserFactory userFactory,
                    IUserRepository userRepository)
    {
        this.uow = uow;
        this.userService = userService;
        this.userFactory = userFactory;
        this.userRepository = userRepository;
    }
```

```
    public void Register(UserRegisterCommand command)
    {
        var userName = new UserName(command.Name);
        var user = userFactory.Create(userName);

        if (userService.Exists(user))
        {
            throw new CanNotRegisterUserException(user);
        }

        userRepository.Save(user);

        // 변경 결과가 반영되었음을 유닛오브워크에 알림
        uow.Commit();
    }

    (...생략...)
}
```

유닛오브워크의 커밋은 예제 코드에서 보듯이 개발자가 명시적으로 호출하는 경우도 있지만, 처리가 실행된 후 묵시적으로 실행할 수도 있다. 커밋 처리가 여러 곳에서 사용될 것임을 생각하면 묵시적으로 실행되는 쪽이 더 나을 수 있다. 이런 경우에는 AOP를 적용해 메서드를 실행한 후 자동으로 커밋하게 한다.

유닛오브워크의 또 다른 구현 예

유닛오브워크 객체에 리포지토리를 포함시켜서 리포지토리 자체가 변경 이력을 추적하게 하는 패턴도 있다(리스트 10-13). 이 경우 앞에서 만들었던 엔티티의 기반 클래스가 필요 없다.

리스트 10-13 변경 이력 추적 책임을 리포지토리에 맡기는 유닛오브워크

```
public class UnitOfWork : IUnitOfWork
{
    private readonly SqlConnection connection;
    private readonly SqlTransaction transaction;
    private UserRepository userRepository;
```

```
    public UnitOfWork(SqlConnection connection, SqlTransaction transaction)
    {
        this.connection = connection;
        this.transaction = transaction;
    }

    public IUserRepository UserRepository
    {
        get => userRepository ?? (userRepository = new UserRepository(connection,
transaction));
    }

    public void Commit()
    {
        transaction.Commit();
    }
}
```

유닛오브워크는 자신의 속성으로 있는 리포지토리를 외부에 공개하고, 클라이언트는 공개된 리포지토리에 객체의 저장 및 복원을 요청한다. 실제 변경 이력 추적은 리포지토리 안에서 이루어진다(리스트 10-14).

리스트 10-14 복원한 인스턴스인지 여부에 따라 처리가 분기하는 경우

```
public class UserRepository : IUserRepository
{
    // Find 메서드 등을 통해 복원된 인스턴스는 따로 모아 저장함
    private readonly Dictionary<UserId, User> cloned = new Dictionary<UserId, User>();

    (...생략...)

    public User Find(UserId id)
    {
        // ID가 일치하는 사용자 객체를 복원
        (...생략...)

        // 받아온 사용자를 저장
```

```
        var cloneInstance = Clone(user);
        cloned.Add(id, cloneInstance);
        return user;
    }

    private User Clone(User user)
    {
        return new User(user.Id, user.Name);
    }

    public void Save(User user)
    {
        if (cloned.TryGetValue(user.Id, out var recent))
        {
            SaveUpdate(recent, user);
        }
        else
        {
            SaveNew(user);
        }
    }

    private void SaveNew(User user)
    {
        // UPSERT 쿼리를 실행
        (...생략...)
    }

    private void SaveUpdate(User recent, User latest)
    {
        // 변경된 항목에 따라 UPDATE 쿼리를 만들어 실행
        (...생략...)
    }
}
```

인스턴스를 생성할 때의 인스턴스 상태를 기억해 두고, 인스턴스를 저장할 때 처음과 비교해
변경된 부분만 데이터스토어에 반영한다.

이 유닛오브워크를 사용하는 사용자 등록 처리 코드는 리스트 10-15와 같다.

리스트 10-15 리스트 10-14의 유닛오브워크가 적용된 사용자 등록 처리 코드

```
public class UserApplicationService
{
    private readonly IUnitOfWork uow;
    private readonly UserService userService;
    private readonly IUserFactory userFactory;

    public UserApplicationService(IUnitOfWork uow,
                          UserService userService,
                          IUserFactory userFactory)
    {
        this.uow = uow;
        this.userService = userService;
        this.userFactory = userFactory;
    }

    public void Register(UserRegisterCommand command)
    {
        var userName = new UserName(command.Name);
        var user = userFactory.Create(userName);

        if (userService.Exists(user))
        {
            throw new CanNotRegisterUserException(user);
        }

        // 유닛오브워크가 가진 리포지토리에 객체 저장을 요청함
        uow.UserRepository.Save(user);
        uow.Commit();
    }
}
```

운영용 유닛오브워크는 데이터베이스에 의존하므로 트랜잭션을 이용해 롤백과 커밋이 가능하다. 반면 테스트용 유닛오브워크에서 데이터 무결성을 유지하려면 약간 더 수고가 필요하다(리스트 10-16).

```
public class InMemoryUnitOfWork : IUnitOfWork
{
    // 인메모리 리포지토리를 사용함
    private InMemoryUserRepository userRepository;

    public IUserRepository UserRepository
    {
        get => userRepository ?? (userRepository = new InMemoryUserRepository());
    }

    public void Commit()
    {
        userRepository?.Commit();
    }
}
```

유닛오브워크의 Commit 메서드는 리포지토리의 Commit 메서드를 호출한다. InMemoryUser Repository는 리스트 10-17과 같이 바뀐다.

리스트 10-17 커밋이 가능한 인메모리 리포지토리

```
public class InMemoryUserRepository : IUserRepository
{
    private readonly Dictionary<string, User> creates = new Dictionary<string, User>();
    private readonly Dictionary<string, User> updates = new Dictionary<string, User>();
    private readonly Dictionary<string, User> deletes = new Dictionary<string, User>();
    private Dictionary<string, User> db = new Dictionary<string, User>();

    private Dictionary<string, User> data => db
        .Except(deletes)
        .Concat(creates)
        .Concat(updates)
        .ToDictionary(x => x.Key, x => x.Value);

    public void Save(User user)
    {
```

```
        var rawUserId = user.Id.Value;
        var targetMap = data.ContainsKey(rawUserId) ? updates : creates;
        targetMap[rawUserId] = Clone(user);
    }

    public void Remove(User user)
    {
        deletes[user.Name.Value] = Clone(user);
    }

    public void Commit()
    {
        db = data;
        creates.Clear();
        updates.Clear();
        deletes.Clear();
    }

    (...생략...)
}
```

리스트 10-17은 모든 테스트용 리포지토리에 필요한 코드이므로 상위 클래스를 제너릭으로
구현해 모든 리포지토리에 공통으로 포함해도 좋다(리스트 10-18).

리스트 10-18 제너릭을 이용해 모든 리포지토리에 리스트 10-17의 코드를 포함하기

```
public abstract class InMemoryRepository<TKey, TEntity>
    where TKey : IEquatable<TKey>
{
    protected readonly Dictionary<TKey, TEntity> creates = new Dictionary<TKey,
TEntity>();
    protected readonly Dictionary<TKey, TEntity> updates = new Dictionary<TKey,
TEntity>();
    protected readonly Dictionary<TKey, TEntity> deletes = new Dictionary<TKey,
TEntity>();
    protected Dictionary<TKey, TEntity> db = new Dictionary<TKey, TEntity>();
```

```csharp
    protected Dictionary<TKey, TEntity> data => db
        .Except(deletes)
        .Concat(creates)
        .Concat(updates)
        .ToDictionary(x => x.Key, x => x.Value);

    public void Save(TEntity entity)
    {
        var id = GetId(entity);
        var targetMap = data.ContainsKey(id) ? updates : creates;
        targetMap[id] = Clone(entity);
    }

    public void Remove(TEntity entity)
    {
        var id = GetId(entity);
        deletes[id] = Clone(entity);
    }

    public void Commit()
    {
        db = data;
        creates.Clear();
        updates.Clear();
        deletes.Clear();
    }

    protected abstract TKey GetId(TEntity entity);
    protected abstract TEntity Clone(TEntity entity);
}
```

그런데 이 유닛오브워크의 코드에서 익숙한 느낌이 들지 않는가?

맞다. C#의 Entity Framework가 바로 이 유닛오브워크를 구현한 것이다.

그렇다면 이 중에 뭘 쓰지?

이번 장에서 트랜잭션을 활용하는 여러 가지 패턴을 살펴봤다. 선택지가 너무 많아 무엇을 선택할지 망설여지는 독자도 있을 것이다. 참고삼아 필자가 선택하는 기준을 밝혀 둔다.

필자라면 선언적으로 사용 가능한 트랜잭션 범위를 고르겠다. 트랜잭션 범위는 엔티티 프레임워크와 함께 사용할 수도 있다.

C# 외의 프로그래밍 언어를 사용한다면 AOP를 선택할 것이다. 자바의 Transactional 애노테이션에 해당하는 기능이 없다면 그에 준하는 수단을 준비한다.

10.4.5 트랜잭션으로 인한 로크

데이터베이스가 제공하는 트랜잭션은 일관성 유지를 위해 데이터에 로크(Lock)를 건다. 트랜잭션을 사용할 때는 이때 일어나는 로크의 범위를 항상 염두에 둬야 한다.

트랜잭션으로 인한 로크는 범위를 최소한으로 해야 한다. 로크의 범위가 너무 넓어지면 그에 비례해 처리의 실패 가능성이 높아진다.

1개의 트랜잭션으로 저장하는 객체의 수를 1개로 제한하고 객체의 크기를 가능한 한 줄이는 방법으로 로크의 범위를 최소화할 수 있다.

10.5 정리

이번 장은 데이터 무결성을 유지할 수 있는 트랜잭션을 다루는 방법을 배웠다.

본문에서 다양한 선택지를 제시했는데, 어느 것을 사용하더라도 원하는 목적을 달성할 수 있다. 만약 작업하는 환경에서 본문에서 소개한 방법이 제공되지 않는다고 해도 방법 자체를 이해한다면 직접 구현할 수 있다. 현재 프로젝트에 어떤 방법이 더 적합한지 고려해 좋은 선택을 하기 바란다.

다음 장에서는 지금까지 배운 내용을 복습하며 새로운 기능을 구현해 볼 것이다.

애플리케이션
밑바닥부터 만들기

지금까지 배운 내용을 복습하기 위해 애플리케이션을 처음부터 만들어보는 과정을 살펴보겠다.

지난 장까지 도메인 주도 설계에 등장하는 다양한 패턴과 독립된 소프트웨어로 기능하기 위해 필요한 요소를 설명했다. 처음에는 수많은 패턴에 압도됐지만, 하나하나 꼼꼼히 살펴보니 패턴의 의미와 의도를 이해할 수 있었다.

어떤 대상을 이해하려면 먼저 전체적인 내용을 파악하고 그 내용을 반복해서 익히는 것이 중요하다. 더 깊은 이해를 위해 지금까지 배운 패턴을 사용해 구현 연습을 해보자.

11.1 애플리케이션을 만드는 과정

이번 장에서는 지금까지 배운 패턴을 사용해 새로운 기능을 애플리케이션에 추가해 볼 것이다. 그 전에 애플리케이션을 만들면서 따를 과정을 가볍게 훑어보자.

가장 먼저 확인할 것은 어떤 기능이 필요한가 하는 것이다. 어떤 기능이 필요한지를 알아야 개발을 시작할 수 있다. 요구 사항에 따라 어떤 기능이 추가로 필요한지 고민해 본다.

추가할 기능을 결정했다면 그 다음에는 그 기능의 기반이 될 유스케이스를 수립한다. 때에 따라서는 기능을 구현하기 위해 여러 개의 유스케이스가 필요할 수도 있다.

필요한 유스케이스를 모두 수립한 다음, 도메인 개념과 규칙으로부터 다시 애플리케이션에 필요한 지식을 추출해 도메인 객체를 정의한다.

그리고 도메인 객체로 유스케이스를 실제 기능으로 제공할 애플리케이션 서비스를 구현한다.

다른 과정으로도 애플리케이션을 만들 수 있지만, 여기서는 이 과정을 따를 것이다.

11.2 어떤 기능을 구현할까

지금까지는 SNS의 사용자 기능을 소재 삼아 내용을 설명했다. 이 기능에서는 사용자 등록을 마치고 나면 더이상 할 일이 없다. 그래서 이번에는 사용자끼리의 교류를 활성화하게 서클 기능을 만들어보려고 한다.

서클은 같은 취미를 갖는 사용자끼리 교류하기 위해 결성하는 그룹이다. 스포츠를 같이 하기 위한 서클부터 보드게임을 함께 하기 위한 서클까지 다양한 목적으로 서클을 만들 수 있다. 서클을 다른 말로 하면 클럽, 길드, 팀이라고도 부를 수 있다.

11.2.1 서클 기능 분석하기

서클 기능을 구현하기 위해 필요한 유스케이스는 '서클 만들기'와 '서클 가입하기'다(그림 11-1).

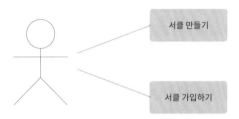

그림 11-1 서클 기능과 관련된 유스케이스

'서클 탈퇴하기'와 '서클 해체하기' 같은 유스케이스도 가능하겠지만, 여기서는 그림 11-1의 유스케이스만 구현한다.

그다음으로 서클의 전제조건을 살펴보자. 서클에는 다음과 같은 규칙이 적용된다.

- 서클명의 길이는 3글자 이상 20글자 이하여야 한다.
- 서클명은 중복되지 않아야 한다.
- 서클에 소속된 사용자의 수는 서클장과 사용자를 포함해 최대 30명이다.

이 규칙에 어긋나지 않게 두 가지 유스케이스를 구현할 것이다.

11.3 서클에 대한 지식을 담은 객체 만들기

서클과 관련된 지식과 규칙이 정해졌으니 이들을 코드로 나타낼 차례다.

우선 서클을 구성하는 요소부터 정의한다. 서클은 생애주기를 갖는 객체이므로 엔티티가 된다. 생애주기를 표현하려면 식별자가 있어야 한다. 식별자는 값이므로 값 객체로 구현한다(리스트 11-1).

```
public class CircleId
{
    public CircleId(string value)
    {
        if (value == null) throw new ArgumentNullException(nameof(value));

        Value = value;
    }

    public string Value { get; }
}
```

그리고 서클에는 이름을 붙일 수 있다. 서클명을 나타낼 값 객체도 정의하자. 서클명에 대한 규칙을 위반하는 이상값을 발견하면 예외를 발생시킨다(리스트 11-2).

리스트 11-2 서클명을 나타내는 값 객체의 정의

```
public class CircleName : IEquatable<CircleName>
{
    public CircleName(string value)
    {
        if (value == null) throw new ArgumentNullException(nameof(value));
        if (value.Length < 3) throw new ArgumentException("서클명은 3글자 이상이어야
함", nameof(value));
        if (value.Length > 20) throw new ArgumentException("서클명은 20글자 이하이어야
함", nameof(value));

        Value = value;
    }

    public string Value { get; }

    public bool Equals(CircleName other)
    {
        if (ReferenceEquals(null, other)) return false;
        if (ReferenceEquals(this, other)) return true;
```

```
            return string.Equals(Value, other.Value);
        }

        public override bool Equals(object obj)
        {
            if (ReferenceEquals(null, obj)) return false;
            if (ReferenceEquals(this, obj)) return true;
            if (obj.GetType() != this.GetType()) return false;
            return Equals((CircleName) obj);
        }

        public override int GetHashCode()
        {
            return (Value != null ? Value.GetHashCode() : 0);
        }
}
```

서클명 클래스는 '서클명의 길이는 3글자 이상 20글자 이하여야 한다'는 규칙을 포함하고 있다. 또 '서클명은 중복되지 않아야 한다'는 규칙을 준수하도록 미리 다른 서클명과 비교하게 되어 있다.

이들 값 객체를 이용해 다시 생애주기를 갖는 서클 엔티티를 정의한다(리스트 11-3).

리스트 11-3 서클을 나타내는 엔티티

```
public class Circle
{
    public Circle(CircleId id, CircleName name, User owner, List<User> members)
    {
        if (id == null) throw new ArgumentNullException(nameof(id));
        if (name == null) throw new ArgumentNullException(nameof(name));
        if (owner == null) throw new ArgumentNullException(nameof(owner));
        if (members == null) throw new ArgumentNullException(nameof(members));

        Id = id;
        Name = name;
        Owner = owner;
```

```
        Members = members;
    }

    public CircleId Id { get; }
    public CircleName Name { get; private set; }
    public User Owner { get; private set; }
    public List<User> Members { get; private set; }
}
```

서클은 서클장에 해당하는 사용자를 나타내는 Owner 속성과 서클에 소속한 사용자의 목록을 나타내는 Members 속성을 갖는다.

그 다음으로 서클 객체에 퍼시스턴시를 제공할 리포지토리를 정의한다(리스트 11-4).

리스트 11-4 서클 리포지토리

```
public interface ICircleRepository
{
    void Save(Circle circle);
    Circle Find(CircleId id);
    Circle Find(CircleName name);
}
```

유스케이스를 로직으로 구현하는 단계에서 리포지토리를 벌써 구현할 필요는 없다. 리포지토리 구현은 뒤로 미루고 먼저 로직을 구현하는 데 집중한다.

서클 객체의 생성을 맡을 팩토리도 같은 방법으로 정의한다(리스트 11-5).

리스트 11-5 서클 팩토리

```
public interface ICircleFactory
{
    Circle Create(CircleName name, User owner);
}
```

또 서클은 서클명이 중복되지 않아야 한다. 중복에 대한 기준 및 처리를 리스트 11-3에서 본 Circle 클래스에 맡기는 것은 자연스럽지 못하다. 지금껏 예제로 삼았던 사용자 기능에서처럼 중복 기준 및 처리는 도메인 서비스로 정의한다(리스트 11-6).

리스트 11-6 서클 중복 확인 및 처리를 맡는 도메인 서비스

```
public class CircleService
{
    private readonly ICircleRepository circleRepository;

    public CircleService(ICircleRepository circleRepository)
    {
        this.circleRepository = circleRepository;
    }

    public bool Exists(Circle circle)
    {
        var duplicated = circleRepository.Find(circle.Name);
        return duplicated != null;
    }
}
```

이것으로 값 객체, 엔티티, 도메인 서비스까지 객체 정의가 끝났다. 이들 객체를 사용해 유스케이스를 구현하자.

11.4 유스케이스 구현하기

이제 본격적으로 유스케이스를 구현할 차례다. 서클을 생성하는 처리부터 구현하겠다.

커맨드 객체를 먼저 정의한다(리스트 11-7).

리스트 11-7 서클 생성을 위한 커맨드 객체

```
public class CircleCreateCommand
{
```

```
    public CircleCreateCommand(string userId, string name)
    {
        UserId = userId;
        Name = name;
    }


    public string UserId { get; }
    public string Name { get; }
}
```

클라이언트는 이 커맨드 객체를 이용해 서클을 생성하는 사용자(서클장)의 식별자와 서클명을 지정한다.

커맨드 객체를 받아 실제로 서클 생성 처리를 수행하는 코드는 리스트 11-8과 같다.

리스트 11-8 애플리케이션 서비스에 서클 생성 처리 구현하기

```
public class CircleApplicationService
{
    private readonly ICircleFactory circleFactory;
    private readonly ICircleRepository circleRepository;
    private readonly CircleService circleService;
    private readonly IUserRepository userRepository;

    public CircleApplicationService(
        ICircleFactory circleFactory,
        ICircleRepository circleRepository,
        CircleService circleService,
        IUserRepository userRepository)
    {
        this.circleFactory = circleFactory;
        this.circleRepository = circleRepository;
        this.circleService = circleService;
        this.userRepository = userRepository;
    }
```

```
public void Create(CircleCreateCommand command)
{
    using (var transaction = new TransactionScope())
    {
        var ownerId = new UserId(command.UserId);
        var owner = userRepository.Find(ownerId);
        if (owner == null)
        {
            throw new UserNotFoundException(ownerId, "서클장이 될 사용자가 없음");
        }

        var name = new CircleName(command.Name);
        var circle = circleFactory.Create(name, owner);

        if (circleService.Exists(circle))
        {
            throw new CanNotRegisterCircleException(circle, "이미 등록된 서클임");
        }

        circleRepository.Save(circle);

        transaction.Complete();
    }
}
```

서클 생성의 첫 단계는 서클장 역할을 맡을 사용자를 찾는 것이다. 서클장의 존재가 확인되면 서클을 생성하고 중복 확인에 들어간다. 서클명이 중복되지 않음이 확인되면 리포지토리에 서클 객체의 저장을 요청하고 서클 생성이 끝난다. 서클 생성 처리는 트랜잭션 범위를 적용해 데이터 무결성을 유지한다.

그 다음으로 CircleApplicationService에 사용자의 서클 가입 처리를 추가한다. 이번에도 먼저 커맨드 객체를 정의한다(리스트 11-9).

리스트 11-9 서클 가입 처리를 위한 커맨드 객체

```
public class CircleJoinCommand
{
    public CircleJoinCommand(string userId, string circleId)
    {
        UserId = userId;
        CircleId = circleId;
    }

    public string UserId { get; }
    public string CircleId { get; }
}
```

서클에 가입하려는 사용자의 식별자와 가입 대상 서클의 식별자로 서클 가입에 필요한 정보를 지정한다.

이 객체를 사용해 구현한 서클 가입 코드를 리스트 11-10에 실었다.

리스트 11-10 애플리케이션 서비스에 구현한 서클 가입 처리

```
public class CircleApplicationService
{
    (...생략...)

    public void Join(CircleJoinCommand command)
    {
        using (var transaction = new TransactionScope())
        {
            var memberId = new UserId(command.UserId);
            var member = userRepository.Find(memberId);
            if (member == null)
            {
                throw new UserNotFoundException(memberId, "서클에 가입할 사용자를 찾지
못했음");
            }

            var id = new CircleId(command.CircleId);
            var circle = circleRepository.Find(id);
```

```
        if (circle == null)
        {
            throw new CircleNotFoundException(id, "가입할 서클을 찾지 못했음");
        }

        // 서클에 소속된 사용자가 서클장을 포함 30명 이하인지 확인
        if (circle.Members.Count >= 29)
        {
            throw new CircleFullException(id);
        }

        // 가입 처리
        circle.Members.Add(member);
        circleRepository.Save(circle);
        transaction.Complete();
    }
  }
}
```

먼저 서클에 가입할 사용자를 찾은 다음, 가입 대상 서클을 찾는다. 그리고 '서클의 최대 인원은 서클장을 포함 30명 이하여야 한다'는 규칙을 위반하지 않는지 확인한 다음 해당 사용자를 서클의 구성원에 추가한다. 서클 생성 처리와 마찬가지로 트랜잭션 범위를 적용해 데이터 무결성을 유지한다.

리스트 11-10은 사용자의 서클 가입이라는 유스케이스를 구현하기는 했지만, 자연스럽지 못한 부분이 있다. if (circle.Members.Count) >= 29 부분이 이에 해당한다. 이 코드의 어떤 점이 사연스럽지 못한지 설명히겠다.

11.4.1 말과 어긋나는 코드가 일으킬 수 있는 일

서클에 대한 규칙 중 '서클에 소속된 사용자의 수는 서클장과 사용자를 포함해 최대 30명이다'라는 규칙이 있었다. 이 규칙은 리스트 11-10의 코드에서 if (circle.Members.Count) >= 29와 같이 구현됐는데, 이 코드는 말로 표현된 규칙과 조금 어긋나는 부분이 있다. 규칙에는 소속 가능한 최대 사용자 수가 30이라고 돼 있는데, 코드에는 29라는 숫자가 사용됐다.

코드에 사용된 29라는 숫자는 Circle 클래스 내부에서 서클장에 해당하는 사용자가 별도로 관리되고 있어서 사용된 것이다(리스트 11-11).

리스트 11-11 서클장과 소속 사용자가 별도로 관리된다

```
public class Circle
{
    (...생략...)
    public User Owner { get; private set; }
    public List<User> Members { get; private set; }
}
```

규칙에 나오는 30이라는 숫자를 코드에도 그대로 사용하는 것이 바람직하다.

리스트 11-10의 코드는 Circle 클래스의 구현 세부사항을 모르는 개발자가 if (circle.Members.Count) >= 29라는 코드를 보고 규칙을 제대로 반영하지 못했다고 생각해 if (circle.Members.Count) >= 30으로 수정할 우려가 있다. 클래스의 구현 세부사항을 외부로 노출하는 것은 가능한 한 피해야 한다.

11.4.2 규칙이 도메인 객체를 이탈했을 때 생기는 일

'서클에 소속된 사용자의 수는 서클장과 사용자를 포함해 최대 30명이다'라는 규칙은 도메인에서 중요도가 높은 규칙이다. 원래 이런 규칙은 도메인 객체에 구현돼야 한다. 이를 위반하고 애플리케이션 서비스에 이러한 규칙이 구현되면 같은 규칙을 나타내는 코드가 중복 작성된다. 이런 코드의 중복은 그 코드를 변경할 일이 생겼을 때 문제가 된다.

예를 들어 다른 사용자를 서클에 초대하는 유스케이스를 추가했다고 하자(그림 11-2, 리스트 11-12).

그림 11-2 다른 사용자를 서클에 초대하는 유스케이스

리스트 11-12 서클에 초대하기 처리를 구현한 코드

```
public class CircleApplicationService
{
    (...생략...)

    public void Invite(CircleInviteCommand command)
    {
        using (var transaction = new TransactionScope())
        {
            var fromUserId = new UserId(command.FromUserId);
            var fromUser = userRepository.Find(fromUserId);
            if (fromUser == null)
            {
                throw new UserNotFoundException(fromUserId, "초대한 사용자를 찾지
못했음");
            }

            var invitedUserId = new UserId(command.InvitedUserId);
            var invitedUser = userRepository.Find(invitedUserId);
            if (invitedUser == null)
            {
                throw new UserNotFoundException(invitedUserId, "초대받은 사용자를 찾지
못했음");
            }

            var circleId = new CircleId(command.CircleId);
            var circle = circleRepository.Find(circleId);
```

```
            if (circle == null)
            {
                throw new CircleNotFoundException(circleId, "초대받은 서클을 찾지
못했음");
            }

            // 서클에 소속된 사용자가 서클장을 포함 30명 미만인지 확인
            if (circle.Members.Count >= 29)
            {
                throw new CircleFullException(circleId);
            }

            var circleInvitation = new CircleInvitation(circle, fromUser, invitedUser);
            circleInvitationRepository.Save(circleInvitation);
            transaction.Complete();
        }
    }
}
```

여기서 문제가 되는 것은 리스트 11-10에도 나왔던 서클 최대 인원에 대한 조건문 if
(circle.Members.Count >= 29)이 Invite 메서드에서도 나온다는 점이다.

만약 서클 최대 인원에 대한 규칙이 변경된다면 어떤 일이 일어날까? 아마도 Circle 객체의
Members 속성에 접근하는 코드를 모두 검색해서 해당 부분이 최대 인원과 관련된 코드일 경우
수정하는 작업이 이루어질 것이다. 또한 수정을 빠뜨리는 부분이 있어서도 안 된다. 최대 인원
에 해당하는 숫자를 검색해 찾는 방법도 유용할 것이다. 다만 숫자는 다른 의미로 사용된 곳이
있을 수 있다. 검색을 통해 찾아낸 29라는 숫자가 서클 최대 인원으로 쓰인 것인지 아니면 다
른 개념을 나타내는 값인지 구별해가며 수정해야 한다면 매우 신경 쓰이는 작업이 될 것이다.

규칙을 나타내는 코드가 프로그램 여기저기에 중복돼 있다면 규칙이 변경됐을 때 수정할 코드
도 여기저기 중복돼 있을 것이다. 그만큼 수정 작업의 난도가 올라가고 버그가 발생하기 쉽다.
이러한 상황은 실제 경험담으로도 자주 들을 수 있다. CircleApplicationService가 바로 이런
위기에 처해 있다.

이 문제의 원인은 원래 한곳에 모아 관리해야 할 규칙이 여러 곳에 중복된 코드로 남아있다는 점이다. 이렇게 된 이유는 매우 단순하다. 규칙과 관련된 코드가 서비스에 작성됐기 때문이다. 이 문제를 해결하기 위해 필요한 것이 애그리게이트(aggregate)라는 개념이다.

11.5 정리

이번 장에서는 독립적으로 동작할 수 있는 하나의 기능을 개발하는 과정을 통해 지금까지 배웠던 패턴을 복습하며 실제로 활용해 봤다. 실제 소프트웨어를 개발할 때도 하향식(Top-down)으로 필요한 기능을 발굴한 다음 구현은 상향식(Bottom-up)으로 도메인 지식을 나타낼 도메인 객체를 정의하고 유스케이스를 구현해 나가는 과정을 거친다.

배운 것을 실제로 활용해봐야 이론이 실천으로 이어질 수 있다. 주제로 삼을 기능을 정하고, 이 기능에 어떤 유스케이스가 필요한지, 어떤 지식이 필요한지 고려해 코드로 구현한다. 이런 연습을 반복해야 개념을 더 깊게 이해할 수 있다.

다음 장에서는 이번 장 말미에서 다뤘던 로직 구현 코드가 프로그램 여기저기에 흩어져 중복되는 문제를 해결할 수 있는 애그리게이트라는 개념을 다룬다. 애그리게이트란 도메인 주도 설계의 요소 중에서도 비교적 어려운 개념에 속한다. 그러나 미리 움츠러들 필요는 없다. 객체 지향 프로그래밍에서 당연히 할 일을 하는 것만으로도 애그리게이트의 개념에 다가갈 수 있다.

도메인의 규칙을 지키는 '애그리게이트'

애그리게이트는 말하자면 변경의 단위다.

데이터를 변경하는 단위로 다뤄지는 객체의 모임을 애그리게이트라고 한다.

애그리게이트에는 루트 객체가 있고, 모든 조작은 이 루트 객체를 통해 이뤄진다. 그러므로 애그리게이트 내부의 객체에 대한 조작에는 제약이 따르며 이로 인해 애그리게이트 내부의 불변조건이 유지된다.

애그리게이트는 데이터 변경의 단위가 되므로 트랜잭션이나 로크와도 밀접한 관계를 갖는다.

12.1 애그리게이트란?

객체 지향 프로그래밍에서는 여러 개의 객체가 모여 한 가지 의미를 갖는 하나의 객체가 된다. 이렇게 객체가 모여 이룬 객체는 어떤 불변 조건[1]을 유지해야 한다.

이 불변 조건은 언제나 유지돼야 하지만, 객체가 가진 데이터를 변경하는 조작을 무제한 허용하면 이를 유지하기 어렵다. 따라서 객체를 다루는 데도 질서가 필요하다.

애그리게이트는 불변 조건을 유지하는 단위로 꾸려지며 객체 조작의 질서를 유지한다.

애그리게이트는 경계와 루트를 갖는다. 애그리게이트의 경계는 말 그대로 애그리게이트에 포함되는 대상을 결정하는 경계다. 그리고 루트는 애그리게이트에 포함되는 특정한 객체다.

외부에서 애그리게이트를 다루는 조작은 모두 루트를 거쳐야 한다. 애그리게이트에 포함되는 객체를 외부에 노출하지 않음으로써 불변 조건을 유지할 수 있다.

애그리게이트를 말로만 설명하자니 어려운 개념처럼 느껴지지만, 사실 우리는 애그리게이트를 이미 접한 적이 있다. User와 Circle 같은 객체가 이미 애그리게이트의 정의를 만족한다.

12.1.1 애그리게이트의 기본 구조

애그리게이트는 서로 연관된 객체를 감싸는 경계를 통해 정의된다. 예를 들어 사용자를 나타내는 User 클래스를 애그리게이트로 보면 그림 12-1과 같이 나타낼 수 있다.

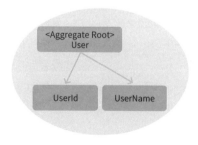

그림 12-1 **사용자 애그리게이트**

---

1 어떤 처리를 수행하는 동안 참을 유지해야 하는 명제를 의미한다.

외부에서는 애그리게이트 내부에 있는 객체를 조작할 수 없다. 애그리게이트를 조작하는 직접적인 인터페이스가 되는 객체는 애그리게이트 루트(aggregate root)뿐이다. 따라서 사용자명 변경도 User 객체에 요청하는 형태를 취해야 한다(리스트 12-1).

리스트 12-1 사용자명 변경은 User 객체에 요청하는 형태가 된다

```
var userName = new UserName("NewName");

// NG
user.Name = userName;

// OK
user.ChangeName(userName);
```

어떤 방식을 취하든지 그 결과는 같지만, ChangeName 메서드를 만들면 메서드를 통해 전달받은 값을 확인(null 체크 등)할 수 있다. 즉, 사용자명이 아닌 유효하지 않은 데이터의 존재를 방지할 수 있다.

이번에는 서클 애그리게이트를 살펴보자. 사용자 애그리게이트와 같이 그림으로 나타낼 수 있다(그림 12-2).

서클 애그리게이트에 포함되는 서클명 등을 다루게 허용된 것은 애그리게이트의 루트에 해당하는 Circle 객체뿐이다. 서클에 새로운 사용자를 추가하는 것도 마찬가지로 애그리게이트 루트를 통해야 한다.

그림 12-2에는 사용자 애그리게이트가 함께 나온다. 서클의 구성원은 사용자이므로 애그리게이트끼리의 관계가 나타나 있다. 사용자 애그리게이트는 서클 애그리게이트에 포함되지 않으므로 사용자 애그리게이트의 정보를 수정하는 조작은 서클 애그리게이트를 통하지 않는다. 그러나 서클에 사용자를 구성원으로 추가하는 처리는 서클 애그리게이트가 담당한다. 앞서 11장에서 서클에 사용자를 추가하는 처리를 리스트 12-2와 같은 코드로 처리했다.

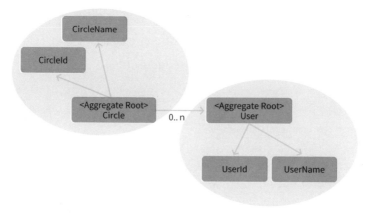

그림 12-2 서클 애그리게이트

리스트 12-2 서클에 사용자를 추가하는 코드

```
circle.Members.Add(member);
```

이 코드는 애그리게이트의 규칙을 위반하는 코드다. 서클 애그리게이트에 포함되는 Members에 대한 조작은 애그리게이트의 루트인 Circle 객체를 통해야 한다. 그러므로 원래대로라면 리스트 12-3과 같이 Circle 객체의 메서드를 추가하는 것이 옳다.

리스트 12-3 서클에 새로운 사용자를 추가하는 메서드를 엔티티에 추가하기

```
public class Circle
{
    private readonly CircleId id;
    private User owner;
    // 소속된 사용자 목록을 비공개로 돌린다
    private List<User> members;

    (...생략...)

    public void Join(User member)
    {
        if (member == null) throw new ArgumentNullException(nameof(member));
```

```
        if (members.Count >= 29)
        {
            throw new CircleFullException(id);
        }
        members.Add(member);
    }
}
```

Join 메서드는 새로운 사용자를 서클에 추가할 때 최대 인원 초과 여부를 먼저 확인한다. members 속성이 외부에 공개되지 않으므로 서클에 새로운 사용자를 추가하려면 Join 메서드를 호출하는 방법뿐이다. 결과적으로 서클에 사용자를 추가할 때 항상 최대 인원 초과 여부 확인이 이루어지며 '서클의 최대 인원은 서클장을 포함 최대 30명'이라는 불변 조건이 항상 유지될 수 있다.

리스트 12-4 서클에 사용자 추가를 위해 Circle 객체의 메서드를 호출하기

```
circle.Join(user);
```

속성에 직접 접근해 사용자를 추가하는 방식과 비교해 코드의 어감이 바뀐 것을 알 수 있다. 리스트 12-2는 '서클의 멤버에 새로운 사용자를 추가한다'는 구체적인 처리 내용이 읽히는 데 비해, 리스트 12-4는 '서클에 새로운 사용자를 참여시키는' 직관적인 내용으로 바뀌었다.

이렇듯 객체 지향 프로그래밍에서는 외부에서 내부 객체를 직접 다루는 대신, 내부 객체를 감싸는 객체에 요청하는 형태를 취한다. 이런 방법으로 불변 조건을 유지하면서도 직관과 좀 더 일치하는 코드를 만들 수 있다. 이른바 '데메테르의 법칙'으로 알려진 규칙이다.

서클 애그리게이트를 더 정확히 나타내려고 그림 12-3에서 보듯이 User 객체를 담은 컬렉션 객체를 다이어그램에 표시하는 경우가 있다.

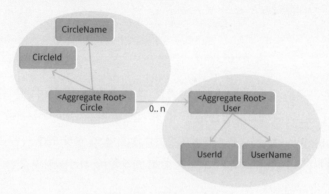

그림 12-3 User 객체가 담긴 컬렉션 객체가 표현된 서클 애그리게이트

그러나 이런 표현이 항상 옳은 것은 아니다. 예를 들어 실제로는 컬렉션 객체가 없이 데이터스토어에서 직접 컬렉션을 생성하는 경우도 있을 수 있다.

리스트 12-5는 바람직한 코드는 아니지만, 이를 구현한 예다.

리스트 12-5 데이터스토어를 통해 직접 컬렉션을 생성한 경우

```
public class Circle
{
    private readonly CircleId id;

    (...생략...)

    public List<User> Members
    {
        get {
            using(var context = new MyDbContext())
            {
                circle.CircleMembers.Select(x => x.CircleId);
                var circle = context.Circles
                    .Include(x => x.CircleMembers)
                    .ThenInclude(x => x.Circle)
```

```
            .Single(x => x.Id == id.Value);
        var memberIds = circle.CircleMembers.Select(x => x.UserId);
        var members = context.Users.Where(x => memberIds.Contains(x.Id));
        return members.Select(x => new User(
            new UserId(x.Id), new UserName(x.Name))
        ).ToList();
        }
    }
  }
}
```

애그리게이트를 다이어그램으로 나타내는 것은 애그리게이트의 경계와 경계 안에 포함되는 모델이 무엇인지 나타
내는 것이 목적으로, 코드를 정확히 나타내기 위한 것이 아니다.

12.1.2 객체를 다루는 조작의 기본 원칙

객체 간의 어떤 질서 없이 메서드를 호출하면 불변 조건을 유지하기 어렵다. '데메테르의 법칙'
은 객체 간의 메서드 호출에 질서를 부여하기 위한 가이드라인이다.

데메테르의 법칙은 어떤 컨텍스트에서 다음 객체의 메서드만을 호출할 수 있게 제한한다.

- 객체 자신

- 인자로 전달받은 객체

- 인스턴스 변수

- 해당 컨텍스트에서 직접 생성한 객체

예를 들어 자동차를 운전할 때 타이어에 직접 명령을 내리지 않듯이, 객체의 속성에도 직접 명
령을 내리는 대신 그 속성을 갖는 객체에 명령을 내려 해당 객체가 자신의 속성을 관리하게 하
는 것이다.

앞서 살펴본 리스트 12-2의 코드 circle.Members.Add(member);도 Circle 객체의 인스턴스 변수인 Members를 직접 조작하기 때문에 데메테르의 법칙에 어긋난다. 이와 달리 리스트 12-4의 코드 circle.Join(user)는 데메테르의 법칙을 잘 지킨 코드다

법칙을 이해하지 못한 채 무조건 지킨다고 좋은 것은 아니다. 모든 규칙에는 반드시 그 규칙이 만들어진 이유가 있다. 그 이유까지 이해할 수 있어야 정말로 법칙을 이해했다고 할 수 있다. 데메테르의 법칙이 해결하려던 문제가 무엇인지 살펴보자.

리스트 12-6은 11장에서 본 코드로 서클에 새로운 사용자를 멤버로 추가하기 위해 최대 인원 초과 여부를 확인하는 코드다.

리스트 12-6 서클의 멤버 추가를 위해 최대 인원 초과 여부를 확인하는 코드

```
if (circle.Members.Count >= 29)
{
    throw new CircleFullException(id);
}
```

이 코드는 서클에 소속된 사용자의 수가 규칙에 정해진 최대 인원을 초과하는지 확인하는 코드로, Circle 객체의 속성인 Members에 직접 접근해 Count 메서드를 호출한다. 이는 데메테르의 법칙에서 명시한 '메서드를 사용할 수 있는 객체의 범위'를 벗어나기 때문에 데메테르의 법칙을 위반한 코드다.

이 코드의 문제는 서클의 최대 인원에 대한 로직이 여기저기 흩어지게 만든다는 점이다. 뒤에 작업할 개발자가 서클의 최대 인원에 대한 코드를 작성할 때 리스트 12-6의 코드를 참고로 한다면 최대 인원을 확인하는 로직의 코드가 중복될 것이다. 이렇게 애플리케이션이 만들어진 후, 서클 최대 인원수를 변경해야 할 경우가 생기면 코드를 몇 군데나 수정해야 할까? 상상만으로도 등골이 오싹한 얘기다.

규칙에 대한 코드가 원래 있을 곳을 벗어나 여러 곳에 흩어지는 것을 못 본 체하는 것은 결국 자신의 목을 조르는 것과 같다. 그 자리는 일단 모면하더라도 나중에 누군가의 고생 거리가 되며, 심지어 그 누군가가 내가 될 수도 있다.

리스트 12-7의 코드는 데메테르의 법칙을 잘 준수한 코드다.

```csharp
public class Circle
{
    private readonly CircleId id;
    // 멤버 목록을 비공개로 함
    private List<User> members;

    (...생략...)

    public bool IsFull()
    {
        return members.Count >= 29;
    }

    public void Join(User user)
    {
        if (user == null) throw new ArgumentNullException(nameof(user));

        if (IsFull())
        {
            throw new CircleFullException(id);
        }

        members.Add(user);
    }
}
```

최대 인원에 도달했는지 여부는 IsFull 메서드를 통해 확인한다. 최대 인원 초과를 확인하는 코드는 모두 IsFull을 사용하게 수정한다(리스트 12-8).

리스트 12-8 isFull 메서드를 이용한 최대 인원 초과 확인

```csharp
if (circle.IsFull())
{
    throw new CircleFullException(circleId);
}
```

서클의 최대 인원수와 관련된 지식은 모두 IsFull 메서드에 집중돼 있다. 추후 최대 인원이 변경돼도 리스트 12-9와 같이 IsFull 메서드만 수정하면 된다.

리스트 12-9 서클의 최대 인원을 변경

```
public class Circle
{
    (...생략...)

    public bool IsFull()
    {
        // return members.Count >= 29;
        return members.Count >= 49;
    }
}
```

이런 방식이라면 서클의 최대 인원 규칙이 아무리 자주 바뀌어도 안심이다. 게터를 만들지 말아야 할 이유가 바로 여기에 있다. 게터를 통해 필드를 공개하면 객체에 구현돼야 할 규칙이 다른 곳에서 중복 구현되는 일을 완전히 막을 수 없다.

데메테르의 법칙은 소프트웨어의 유지 보수성을 향상시키고 코드를 더욱더 유연하게 한다. 애그리게이트의 목표와도 부합한다.

12.1.3 내부 데이터를 숨기기 위해

객체 내부의 데이터는 함부로 외부에 공개돼서는 안 된다. 그러나 데이터를 외부에 전혀 공개하지 않으면 리포지토리가 객체를 데이터스토어에 저장할 수가 없다(리스트 12-10).

리스트 12-10 리포지토리의 객체 저장

```
public class EFUserRepository : IUserRepository
{
    public void Save(User user)
    {
        // 게터를 이용해 데이터를 옮겨담는다
```

```
        var userDataModel = new UserDataModel
        {
            Id = user.Id.Value,
            Name = user.Name.Value
        };
        context.Users.Add(userDataModel);
        context.SaveChanges();
    }

    (...생략...)
}
```

EFUserRepository는 User 클래스의 객체를 저장할 때 프레임워크에서 사용되는 데이터 모델인 UserDataModel로 데이터를 옮겨 담는다. UserDataModel 객체를 생성하려면 User 클래스의 Id와 Name에 접근해야 하므로 User 클래스가 Id와 Name을 완전히 비공개로 하면 이 코드는 컴파일 에러를 일으킨다. 그렇다면 이 문제를 어떻게 접근해야 할까?

가장 단순하고 일반적인 해결책으로는 규칙을 이용한 보호를 들 수 있다. 즉, 리포지토리 객체 외에는 애그리게이트의 내부 데이터에 접근하는 코드를 함부로 작성하지 않는(다시 말해 게터를 사용하지 않는) 것이다. 이 방법은 팀 내 공감대를 잘 형성한다면 가장 적은 비용으로도 효과를 거둘 수 있다. 반면 이런 류의 합의는 강제력이 없기 때문에 개발자가 실수 혹은 고의로 규칙을 깨는 상황이 벌어질 수 있다.

또 다른 방법은 노티피케이션 객체를 이용하는 것이다. 노티피케이션 객체를 이용하려면 먼저 인터페이스를 정의해야 한다(리스트 12-11).

리스트 12-11 노티피케이션을 위한 인터페이스

```
public interface IUserNotification
{
    void Id(UserId id);
    void Name(UserName name);
}
```

그다음에는 인터페이스를 구현하는 노티피케이션 객체를 구현한다(리스트 12-12).

```
public class UserDataModelBuilder : IUserNotification
{
    // 전달된 데이터는 인스턴스 변수로 저장된다
    private UserId id;
    private UserName name;

    public void Id(UserId id)
    {
        this.id = id;
    }

    public void Name(UserName name)
    {
        this.name = name;
    }

    // 전달받은 데이터로 데이터 모델을 생성하는 메서드
    public UserDataModel Build()
    {
        return new UserDataModel
        {
            Id = id.Value,
            Name = name.Value
        };
    }
}
```

User 클래스는 노티피케이션 객체의 인터페이스를 통해 내부 정보를 전달한다(리스트 12-13).

리스트 12-13 노티피케이션 객체에 내부 정보를 전달하는 메서드 추가하기

```
public class User
{
    // 인스턴스 변수는 모두 비공개
    private readonly UserId id;
```

```
    private UserName name;

    (...생략...)

    public void Notify(IUserNotification note)
    {
        // 내부 데이터를 전달
        note.Id(id);
        note.Name(name);
    }
}
```

이런 방법으로 객체의 내부 데이터는 비공개로 그대로 두면서 외부에 데이터를 전달할 수 있다
(리스트 12-14).

리스트 12-14 노티피케이션 객체를 이용해 데이터 모델을 받아옴

```
public class EFUserRepository : IUserRepository
{
    public void Save(User user)
    {
        // 노티피케이션 객체를 전달했다가 다시 회수해 내부 데이터를 입수한다
        var userDataModelBuilder = new UserDataModelBuilder();
        user.Notify(userDataModelBuilder);

        // 전달받은 내부 데이터로 데이터 모델을 생성
        var userDataModel = userDataModelBuilder.Build();

        // 데이터 모델을 ORM에 전달한다
        context.Users.Add(userDataModel);
        context.SaveChanges();
    }

    (...생략...)
}
```

하지만 이 경우 작성할 코드 양이 크게 늘어난다는 것이 단점이다. 그리고 리스트 12-11과 12-12와 같이 노티피케이션 객체 및 관련 코드를 한꺼번에 생성해주는 도구를 만들어 사용하면 이러한 문제를 피할 수 있다.

> **칼럼** 더욱 섬세한 접근 제어가 가능한 접근제어자 (스칼라)
>
> 내부 데이터에 접근할 수 있는 대상을 코드에서 지정할 수 있다면 개발자가 부주의하게 내부 데이터에 접근하지 못하게 할 수 있을 것이다. 스칼라는 리스트 12-15와 같은 문법을 통해 내부 데이터에 대한 접근 조건을 세세하게 지정할 수 있다.
>
> 리스트 12-15 스칼라의 더 섬세한 접근제어 문법
>
> ```
> public class User (
>     private [IUserRepository] val id: UserId,
>     private [IUserRepository] val name: UserName
> ) {
> }
> ```
>
> 이 문법은 접근제어자라고 한다. private 수정자에서 알 수 있듯이 id와 name은 기본적으로 외부에 공개되지 않는다. 그러나 [ ] 안에 지정한 객체에 한해 접근을 허용한다. 리스트 12-15의 코드와 같이 지정하면 이 내부 데이터는 IUserRepository의 구현 클래스에만 공개된다.
>
> 스칼라의 접근제어자는 세세한 접근 제어가 가능한 기능은 물론이고 문법 자체가 선언적이라는 점이 더 훌륭하다. 코드를 보면 자연스럽게 리포지토리 외의 객체에서는 데이터에 접근하면 안 된다는 의도를 알아챌 수 있다. 또한 개발자가 부주의하게 내부 데이터를 건드리지 않게 하는 효과도 기대할 수 있다.

12.2 애그리게이트의 경계를 어떻게 정할 것인가

애그리게이트의 경계를 어떻게 정할 것인가는 상당히 어려운 주제다. 애그리게이트의 경계를 정하는 원칙 중 가장 흔히 쓰이는 것은 '변경의 단위'다. 변경의 단위가 애그리게이트의 경계로 이어지는 이유는 그 원칙을 어겨보면 이해하기 쉽다.

그럼 이 원칙을 실제로 위반해 보겠다. 현재 서클 애그리게이트는 그림 12-4와 같이 경계가 정해져 있다.

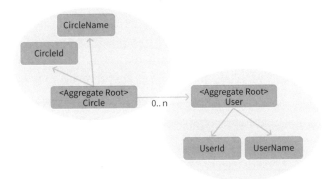

그림 12-4 서클 애그리게이트(그림 12-2와 같음)

서클과 사용자는 별개의 애그리게이트다. 그리고 애그리게이트는 변경의 단위다. 그러므로 서클을 변경할 때는 서클 애그리게이트 내부로 변경이 제한돼야 하고, 사용자를 변경할 때도 사용자 애그리게이션 내부의 정보만 변경돼야 한다. 만약 이러한 규칙을 위반하고 서클 애그리게이트에서 자신의 경계를 넘어 사용자 애그리게이트까지 변경하려고 하면 프로그램에 어떤 일이 일어날까?

리스트 12-16은 서클 애그리게이트에서 억지로 사용자 애그리게이트까지 변경하려고 하는 코드다.

리스트 12-16 서클 애그리게이트에서 사용자 애그리게이트의 행위 호출하기

```
public class Circle
{
    private List<User> members;

    (...생략...)

    public void ChangeMemberName(UserId id, UserName name)
    {
        var target = members.FirstOrDefault(x => x.Id.Equals(id));
        if (target != null)
        {
            target.ChangeName(name);
        }
    }
}
```

```
        }
    }
```

코드의 좋고 나쁨은 나중에 따지기로 하고, 이 코드는 서클에 소속된 사용자의 사용자명을 변경하는 코드다. 여기서 문제가 되는 것은 변경의 범위가 서클을 벗어난다는 점이다. 서클 애그리게이트의 경계를 넘어 사용자 애그리게이트를 조작하면 그 영향이 리포지토리에 나타난다.

먼저 이전의 코드부터 살펴보자. 리스트 12-17은 서클 애그리게이트의 퍼시스턴시 처리를 담당하는 코드다.

리스트 12-17 서클 애그리게이트의 퍼시스턴시 처리 코드

```
public class CircleRepository : ICircleRepository
{
    (...생략...)

    public void Save(Circle circle)
    {
        using (var command = connection.CreateCommand())
        {
            command.CommandText = @"
MERGE INTO circles
    USING (
    SELECT @id AS id, @name AS name, @ownerId AS ownerId
    ) AS data
    ON circles.id = data.id
    WHEN MATCHED THEN
    UPDATE SET name = data.name, ownerId = data.ownerId
    WHEN NOT MATCHED THEN
    INSERT (id, name, ownerId)
    VALUES (data.id, data.name, data.ownerId);
";
            command.Parameters.Add(new SqlParameter("@id", circle.Id.Value));
            command.Parameters.Add(new SqlParameter("@name", circle.Name.Value));
            command.Parameters.Add(new SqlParameter("@ownerId",
(object)circle.Owner?.Id.Value ?? DBNull.Value));
```

```
                command.ExecuteNonQuery();
        }


        using (var command = connection.CreateCommand())
        {
                command.CommandText = @"
MERGE INTO userCircles
    USING (
    SELECT @userId AS userId, @circleId AS circleId
    ) AS data
    ON userCircles.userId = data.userId AND userCircles.circleId = data.circleId
    WHEN NOT MATCHED THEN
    INSERT (userId, circleId)
    VALUES (data.userId, data.circleId);
";
                command.Parameters.Add(new SqlParameter("@circleId", circle.Id.Value));
                command.Parameters.Add(new SqlParameter("@userId", null));

                foreach (var member in circle.Members)
                {
                    command.Parameters["@userId"].Value = member.Id.Value;
                    command.ExecuteNonQuery();
                }
        }
    }
    }
}
```

서클 애그리게이트가 자신의 내부 데이터만을 변경한다는 규칙을 준수한다면 이 코드는 문제
가 없다. 그러나 여기서는 애그리게이트의 경계를 넘어 사용자 애그리게이트의 데이터를 변경
한다. 이 상태로는 경계 너머 사용자 애그리게이트를 변경한 내용이 저장되지 않는다. 애그리
게이트 경계를 넘어선 변경을 허용하려면 리포지토리에도 수정이 필요하다(리스트 12-18).

리스트 12-18 서클 애그리게이트의 경계를 넘어 사용자 애그리게이트에 대한 변경까지 지원하는 리포지토리

```
public class CircleRepository : ICircleRepository
{
    (...생략...)
```

```
public void Save(Circle circle)
{
    // 사용자 애그리게이션에 대한 업데이트 처리
    using (var command = connection.CreateCommand())
    {
        command.CommandText = "UPDATE users SET username = @username WHERE id =
@id";
        command.Parameters.Add(new SqlParameter("@id", null));
        command.Parameters.Add(new SqlParameter("@username", null));

        foreach (var user in circle.Members)
        {
            command.Parameters["@id"].Value = user.Id.Value;
            command.Parameters["@username"].Value = user.Name.Value;
            command.ExecuteNonQuery();
        }
    }

    // 서클 애그리게이션에 대한 업데이트는 그 다음
    (...생략...)
```

서클 애그리게이트의 경계를 넘어 사용자 애그리게이트까지 변경할 수 있게 리포지토리를 수정한 결과, 서클 리포지토리의 로직 대부분이 사용자의 정보를 수정하는 코드로 오염됐다. 더불어 서클 리포지토리에 새로 추가된 코드의 대부분이 사용자 리포지토리의 코드와 중복된다. 정말 어쩔 수 없는 경우가 아니면 코드의 중복은 피하는 편이 좋다.

이것은 변경의 단위를 넘어서는 변경을 시도했다가 발생한 문제다. 애그리게이트에 대한 변경은 해당 애그리게이트 자신에게만 맡기고, 퍼시스턴시 요청도 애그리게이트 단위로 해야 한다. 지금까지 리포지토리를 만드는 단위가 무엇인지 언급하지 않았는데, 지금 본 것과 같은 이유로 리포지토리는 애그리게이트마다 하나씩 만든다.

12.2.1 식별자를 이용한 컴포지션

전에도 몇 번 설명했듯이, 발생할 수밖에 없는 일을 문제로 생각하는 사고방식이 있다. Circle 객체는 User 클래스의 인스턴스를 컬렉션 객체에 저장하고 프로퍼티를 통해 객체에 접근해 메서드를 호출할 수 있는데, 그것 자체를 문제로 보는 시각이 그렇다.

애그리게이트의 경계를 넘지 않는다는 불문율을 만드는 것보다 더 나은 방법은 없을까?

물론 있다. 그것도 아주 단순한 방법이다. 그 방법은 바로 인스턴스를 갖지 않는 것이다. 인스턴스를 실제로 갖지는 않지만 그런 것처럼 보이게끔 하는 것, 엔티티에 그런 것이 있다. 바로 식별자다.

서클 애그리게이트가 사용자 애그리게이트를 직접 포함하는 대신, 사용자 애그리게이트의 식별자를 포함하게 코드를 수정해 보자(리스트 12-19).

리스트 12-19 인스턴스 대신 식별자를 갖고 있기

```
public class Circle
{
    public CircleId Id { get; }
    public CircleName Name { get; private set; }
    // public List<User> Members { get; private set; }
    public List<UserId> Members { get; private set; }

    (...생략...)
}
```

이런 방법을 사용하면 설사 Member 프로퍼티를 공개하더라도 User 객체의 메서드를 호출하는 일은 없을 것이다. 굳이 User 객체의 메서드를 호출해야겠다면 UserRepository에서 UserId를 키로 해서 해당하는 User 객체를 복원 받은 뒤 이 객체의 메서드를 호출하는 방법뿐이다. 이런 절차가 강제된다면 적어도 부주의하게 메서드를 호출해 애그리게이트 너머의 영역을 변경하는 일은 일어나지 않는다.

또 이 방법은 메모리를 절약하는 부수적인 효과도 있다. 서클명을 변경하는 처리를 예로 들어 보겠다(리스트 12-20).

리스트 12-20 서클명을 변경하는 코드

```
public class CircleApplicationService
{
    private readonly ICircleRepository circleRepository;

    (...생략...)

    public void Update(CircleUpdateCommand command)
    {
        using (var transaction = new TransactionScope())
        {
            var id = new CircleId(command.Id);
            // 이 지점에서 User 객체가 복원되지만,
            var circle = circleRepository.Find(id);
            if (circle == null)
            {
                throw new CircleNotFoundException(id);
            }

            if (command.Name != null)
            {
                var name = new CircleName(command.Name);
                circle.ChangeName(name);

                if (circleService.Exists(circle))
                {
                    throw new CanNotRegisterCircleException(circle, "이미 등록된
서클임");
                }
            }

            circleRepository.Save(circle);

            transaction.Complete();

            // User 객체를 사용하지 않고 처리가 끝남
        }
```

```
        }
    }
```

서클명을 변경하는 처리이니 당연히 사용자 객체를 다룰 일은 없다. Circle 객체가 소속 사용자를 User 객체 형태로 포함하는 경우에는 리포지토리가 사용자 객체를 복원해도 전혀 사용되지 않고 버려진다. 이는 명백한 리소스 낭비다. User 객체를 직접 포함하는 대신 UserId를 포함하면 소속 사용자의 모든 User 객체를 복원할 만큼의 처리 능력을 절약할 수 있을 것이고 인스턴스를 저장하기 위한 메모리도 절약될 것이다.

칼럼 식별자의 게터에 대한 시시비비

지금까지 게터는 가능한 한 두지 말아야 하는 것으로 주로 설명했다. 그러나 게터의 대상이 식별자라면 조금 이야기가 달라진다(리스트 12-21).

리스트 12-21 게터를 통해 식별자 공개하기

```
public class Circle
{
    private CircleName name;
    private UserId owner;
    private List<UserId> members;

    public Circle(CircleId id, CircleName name, UserId owner, List<UserId> members)
    {
        if (id == null)
            throw new ArgumentNullException(nameof(id));
        if (name == null)
            throw new ArgumentNullException(nameof(name));
        if (owner == null)
            throw new ArgumentNullException(nameof(owner));
        if (members == null)
            throw new ArgumentNullException(nameof(members));

        Id = id;
        this.name = name;
        this.owner = owner;
        this.members = members;
```

```
    public CircleId Id { get; }

    public void Notify(ICircleNotification note)
    {
        note.Id(Id);
        note.Name(name);
        note.Owner(owner);
        note.Members(members);
    }

    (...생략...)
}
```

이 Circle 클래스는 식별자를 게터를 통해 공개한다. 이상적으로 보면 이 게터도 만들지 않는 쪽이 좋지만, 식별자
는 엔티티를 나타내기 위한 필연적 속성으로, 그 자체로 애그리게이트를 대체할 수 있는 편리한 수단이다. 유일 식
별자 자체에 관심을 두는 경우도 있지만(택배 송장 번호 등), 식별자를 직접 대상으로 하는 비즈니스 규칙은 그리
많지 않다. 이런 경우 식별자를 공개하는 이점이 단점보다 크다.

12.3 애그리게이트의 크기와 조작의 단위

트랜잭션은 데이터에 로크를 건다. 애그리게이트의 크기가 크면 클수록 이 로크의 적용 범위도
비례해 커진다.

애그리게이트의 크기가 지나치게 커지면 그만큼 애그리게이트를 대상으로 하는 처리가 실패할
가능성도 높다.

따라서 애그리게이트의 크기는 가능한 한 작게 유지하는 것이 좋다. 만약 지나치게 비대해진
애그리게이트를 발견했다면 한번쯤 애그리게이트의 범위를 재검토해야 한다.

또, 한 트랜잭션에서 여러 애그리게이트를 다루는 것도 가능한 한 피해야 한다. 여러 애그리게
이션에 걸친 트랜잭션은 범위가 큰 애그리게이트와 마찬가지로 광범위한 데이터에 로크를 걸
가능성이 높다.

수정을 애그리게이트 단위로 하는 것이 최선이라고 설명했지만, 때로는 여러 애그리게이트에 걸친 수정이 꼭 필요하다. 이런 경우에 유용한 것이 결과 무결성이다.

트랜잭션 무결성이 모든 순간에 유지되는 무결성인 데 비해, 결과 무결성은 처리 도중에 한해 특정 시점의 모순 발생이 허용된다.

극단적인 예를 들자면, 하루 1번 동작하는 cron 작업(작업을 자동으로 실행하는 데몬)으로 사용자를 모두 검사해 사용자명이 중복되는 사용자가 있으면 해당 사용자의 사용자명을 중복되지 않는 무작위 문자열로 변경하는 것과 같다. 그림 12-5는 조금 거친 방법이기는 해도 결과적으로 전체 시스템의 무결성을 유지할 수 있다.

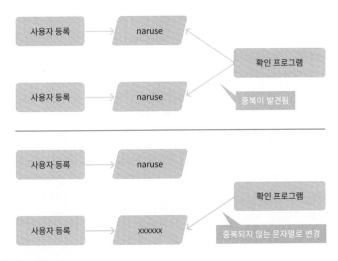

그림 12-5 결과 무결성의 예

시스템이 어떤 무결성을 필요로 하는지 잘 따져보면 모든 순간에 유지되는 무결성이 필요한 경우는 생각보다 적다. 만약 트랜잭션 무결성을 적용하는 데 문제가 있다면 결과 무결성을 한 번 고려해 보기 바란다.

12.4 언어 표현과의 모순 제거하기

서클에 대한 규칙 중에 '서클에 소속되는 인원은 서클장을 포함해 최대 30명까지 허용된다'라는 것이 있었다. 30이라는 구체적인 수치가 규칙에 실려 있지만, 정작 코드에 나오는 수치는 29다(리스트 12-22).

리스트 12-22 같은 규칙이지만 코드와 언어 표현의 수치가 다른 경우

```csharp
public class Circle
{
    private User owner;
    private List<User> members;

    (...생략...)

    public bool IsFull()
    {
        return members.Count >= 29;
    }
}
```

표면적인 수치에 차이가 있어도 코드에 오류가 있는 것은 아니다. Circle 객체는 소속된 사용자와 서클장을 각각 다른 필드를 통해 관리하므로 리스트 12-22에 나온 isFull 메서드도 30에서 1을 뺀 29라는 숫자를 비교 대상으로 한다.

그러나 코드에 문제가 없다고 해서 언어 표현과의 모순을 그대로 두면 오해를 일으키기 쉽다. 오해를 막기 위해 Circle 클래스에 서클장을 포함한 소속 사용자 수를 구하는 메서드를 추가하자(리스트 12-23).

리스트 12-23 서클의 서클장과 소속 사용자의 정의

```csharp
public class Circle
{
    private User owner;
    private List<User> members;

    (...생략...)

    public bool IsFull()
    {
        return CountMembers() >= 30;
    }
```

```
    public int CountMembers()
    {
        return members.Count + 1;
    }
}
```

12.5 정리

이번 장에서는 객체의 불변 조건을 유지하기 위한 경계 역할을 하는 애그리게이트에 대해 배웠다.

애그리게이트는 정해진 규칙대로 정의되는 것이 아니다. 도메인의 개념은 애초부터 서로 밀접하게 얽혀 있는 개념이며 이들을 구분하는 경계선을 정의하는 것도 간단하지는 않다.

애그리게이트의 경계선을 정하는 일은 도메인 개념을 잘 파악하고 여기에 따르는 불변 조건을 제대로 유도한 다음, 도메인과 시스템이 균형을 이루는 최적의 지점을 찾는 과정이다. 어느 한 쪽으로 지나치게 기울지 않는 균형 잡힌 지점을 찾는다.

복잡한 조건을 나타내기
위한 '명세'

명세는 객체를 평가하기 위한 객체다.

객체를 평가하기 위해 복잡한 절차가 필요한 경우가 있다. 이러한 절차를 해당 객체의 메서드로
정의하면 객체를 만든 취지가 잘 드러나지 않는다.

평가 절차를 객체로 정의하는 방법 외에 평가 자체를 별도의 객체로 분리할 수도 있다. 이렇게
별도의 객체로 분리하기 위한 조건을 가늠하는 역할을 맡는 객체가 바로 명세다.

13.1 명세란?

객체를 평가하는 절차가 단순하다면 해당 객체의 메서드로 정의하면 되겠지만, 복잡한 평가 절차가 필요할 수도 있다. 그런가 하면 평가 절차를 평가 대상 객체의 메서드로 두는 것이 자연스럽지 못한 경우도 있다.

결국 이러한 객체 평가 절차는 애플리케이션 서비스에 구현되기 마련인데, 객체에 대한 평가는 도메인 규칙 중에서도 중요도가 높은 것으로 서비스에 구현하기에 걸맞은 내용이 아니다.

이를 위한 대책으로 많이 쓰이는 것이 명세다. 명세는 어떤 객체가 그 객체의 평가 기준을 만족하는지 판정하기 위한 객체다.

우선 실제로 복잡한 평가 질차를 갖는 객체를 예로 들어 명세가 어떤 역할을 하는지 살펴보자.

13.1.1 객체의 복잡한 평가 절차

어떤 객체가 특정한 조건을 만족하는지 평가하는 코드는 해당 객체의 메서드 형태로 정의된다. 앞서 봤던 Circle 객체 역시 이러한 메서드를 갖고 있었다(리스트 13-1).

리스트 13-1 특정한 조건 충족 여부를 평가하는 메서드

```
public class Circle
{
    (...생략...)

    public bool IsFull()
    {
        return CountMembers() >= 30;
    }
}
```

이 정도의 단순한 조건이라면 큰 문제가 되지 않는다. 그러나 조건이 좀 더 복잡해진다면 어떻게 될까?

예를 들어 서클의 최대 인원이 소속된 사용자의 유형에 따라 다음과 같이 바뀌는 규칙이 있다고 하자.

- 사용자 중에는 프리미엄 사용자라는 유형이 존재한다.

- 서클의 최대 인원은 서클장과 소속 사용자를 포함해 30명이다.

- 프리미엄 사용자가 10명 이상 소속된 서클은 최대 인원이 50명으로 늘어난다.

서클 객체는 자신에게 소속된 사용자의 목록을 저장하고 있지만, 단순히 UserId의 컬렉션을 포함하는 것을 넘어 프리미엄 사용자가 몇 명 소속되어 있는지까지 리포지토리를 통해 확인해야한다. 그러나 Circle 객체는 사용자 리포지토리를 갖고 있지 않다. 그러므로 이 리포지토리를 가진 애플리케이션 서비스에서 조건 만족 여부를 확인한다(리스트 13-2).

리스트 13-2 서클의 최대 인원이 조건에 따라 변화하는 경우

```
public class CircleApplicationService
{
    private readonly ICircleRepository circleRepository;
    private readonly IUserRepository userRepository;

    (...생략...)

    public void Join(CircleJoinCommand command)
    {
        var circleId = new CircleId(command.CircleId);
        var circle = circleRepository.Find(circleId);

        var users = userRepository.Find(circle.Members);
        // 서클에 소속된 프리미엄 사용자의 수에 따라 최대 인원이 결정됨
        var premiumUserNumber = users.Count(user => user.IsPremium);
        var circleUpperLimit = premiumUserNumber < 10 ? 30 : 50;
        if (circle.CountMembers() >= circleUpperLimit)
        {
            throw new CircleFullException(circleId);
        }
```

```
    (...생략...)
    }
}
```

서클의 최대 인원을 확인하는 것은 도메인의 규칙을 준수하기 위한 것이다. 지금까지 설명했듯이, 서비스는 도메인 규칙에 근거한 로직을 포함해서는 안 된다. 이를 그대로 허용하면 도메인 객체가 제 역할을 빼앗기고 서비스 코드 이곳저곳에 도메인의 주요 규칙이 중복해서 작성된다.

도메인 규칙은 도메인 객체에 정의돼야 한다. 최대 인원 확인을 Circle 클래스의 IsFull 메서드에 정의할 방법을 찾아보자. 이렇게 하려고 보니 이번에는 Circle 클래스가 사용자 정보를 식별자만 가지고 있다는 점이 문제가 된다. 식별자만으로 사용자 정보를 얻으려면 IsFull 메서드가 어떻게든 사용자 리포지토리를 전달받아야 한다(리스트 13-3).

리스트 13-3 리포지토리를 갖게 된 엔티티

```
public class Circle
{
    // 소속된 사용자 중 프리미엄 사용자의 수를 확인해야 하는데
    // 가진 정보는 사용자의 식별자뿐이다
    public List<UserId> Members { get; private set; }

    (...생략...)

    // 엔티티가 사용자 리포지토리를 갖는다?
    public bool IsFull(IUserRepository userRepository)
    {
        var users = userRepository.Find(Members);
        var premiumUserNumber = users.Count(user => user.IsPremium);
        var circleUpperLimit = premiumUserNumber < 10 ? 30 : 50;
        return CountMembers() >= circleUpperLimit;
    }
}
```

이런 방법은 좋지 않다. 리포지토리는 도메인 설계에 포함된다는 점에서는 도메인 객체라고 할 수 있지만, 도메인 개념에서 유래한 객체는 아니다. Circle 클래스 사용자 리포지토리를 갖게 되면 도메인 모델을 나타내는 데 전념하지 못하게 된다.

도메인 주도 설계 철저 입문

엔티티나 값 객체가 도메인 모델을 나타내는 데 전념할 수 있으려면 리포지토리를 다루는 것은 가능한 한 피해야 한다.

13.1.2 이 문제의 해결책 – 명세

명세라는 객체를 이용하면 엔티티나 값 객체가 리포지토리를 다루지 않으면서도 이 문제를 해결할 수 있다. 서클의 최대 인원에 여유가 있는지 확인하는 코드를 다음과 같이 명세로 분리할 수 있다(리스트 13-4).

리스트 13-4 서클의 최대 인원에 여유가 있는지 확인하는 명세

```
public class CircleFullSpecification
{
    private readonly IUserRepository userRepository;

    public CircleFullSpecification(IUserRepository userRepository)
    {
        this.userRepository = userRepository;
    }

    public bool IsSatisfiedBy(Circle circle)
    {
        var users = userRepository.Find(circle.Members);
        var premiumUserNumber = users.Count(user => user.IsPremium);
        var circleUpperLimit = premiumUserNumber < 10 ? 30 : 50;
        return circle.CountMembers() >= circleUpperLimit;
    }
}
```

명세는 객체가 조건을 만족하는지 확인하는 역할만을 수행한다. 평가 대상 객체가 복잡한 평가 절차 코드에 파묻히는 일 없이 원래의 의도를 그대로 잘 드러낼 수 있다.

리스트 13-5는 서클의 최대 인원에 여유가 있는지 확인하는 데 명세를 이용하게 수정한 코드다.

리스트 13-5 명세를 이용한 예

```
public class CircleApplicationService
{
    private readonly ICircleRepository circleRepository;
    private readonly IUserRepository userRepository;

    (...생략...)

    public void Join(CircleJoinCommand command)
    {
        var circleId = new CircleId(command.CircleId);
        var circle = circleRepository.Find(circleId);

        var circleFullSpecification = new CircleFullSpecification(userRepository);
        if (circleFullSpecification.IsSatisfiedBy(circle))
        {
            throw new CircleFullException(circleId);
        }

        (...생략...)
    }
}
```

복잡한 객체 평가 코드를 캡슐화해 원래 객체의 의도를 잘 드러낼 수 있게 됐다.

의도가 잘 드러나지 않는 객체

객체를 평가하는 코드를 곧이곧대로 해당 객체에 구현하면 객체의 원래 의도가 잘 드러나지 않는다. 다시 말해 이 객체가 무엇을 위한 것이며 어떤 역할을 하는지 잘 알 수 없다(리스트 13-6).

리스트 13-6 객체 평가 메서드로 가득한 클래스 정의

```
public class Circle
{
    public bool IsFull();
```

```
        public bool IsPopular();
        public bool IsAnniversary(DateTime today);
        public bool IsRecruiting();
        public bool IsLocked();
        public bool IsPrivate();
        public void Join(User user);
    }
```

객체 평가 메서드를 이렇게 객체에 그대로 남겨두면 객체에 대한 의존이 무방비하게 증가해 변경이 닥쳤을 때 어려움을 겪는다.

어떤 객체를 평가하는 수단이 해당 객체에만 있어야 한다는 법은 없다. 이런 코드를 명세 같은 외부 객체로 분리하는 선택지도 있다는 것을 알아두기 바란다.

13.1.3 리포지토리를 되도록 사용하지 않기

명세도 엄연한 도메인 객체이므로 내부에서 일어나는 입출력(리포지토리 사용)을 최대한 억제해야 한다는 의견도 있다. 이런 경우 일급 컬렉션을 이용하는 방법을 생각해 볼 수 있다. 일급 컬렉션(first-class collection)은 List 등의 제네릭 컬렉션 객체 대신 특화된 컬렉션 객체를 이용하는 패턴이다.

예를 들어 리스트 13-7은 서클의 소속 사용자를 나타내는 일급 컬렉션이다.

리스트 13-7 서클의 소속 사용자를 나타내는 일급 컬렉션

```
public class CircleMembers
{
    private readonly User owner;
    private readonly List<User> members;
    public CircleMembers(CircleId id, User owner, List<User> members)
    {
        Id = id;
        this.owner = owner;
        this.members = members;
    }
```

```
    public CircleId Id { get; }

    public int CountMembers()
    {
        return members.Count() + 1;
    }

    public int CountPremiumMembers(bool containsOwner = true)
    {
        var premiumUserNumber = members.Count(member => member.IsPremium);
        if (containsOwner)
        {
            return premiumUserNumber + (owner.IsPremium ? 1 : 0);
        }
        else
        {
            return premiumUserNumber;
        }
    }
}
```

CircleMembers는 일반적으로 사용되는 List 등과 달리 서클의 식별자와 이에 소속된 사용자의 정보를 모두 저장한다. 그리고 독자적인 계산 처리를 메서드로 정의할 수 있다.

CircleMembers 클래스가 사용된 명세는 리스트 13-8과 같다.

리스트 13-8 CircleMember 클래스를 사용한 명세

```
public class CircleMembersFullSpecification
{
    public bool IsSatisfiedBy(CircleMembers members)
    {
        var premiumUserNumber = members.CountPremiumMembers(false);
        var circleUpperLimit = premiumUserNumber < 10 ? 30 : 50;
        return members.CountMembers() >= circleUpperLimit;
    }
}
```

일급 컬렉션을 적용하기로 했다면 애플리케이션 서비스에서 일급 컬렉션 객체에 정보를 주입하는 절차를 추가해야 한다(리스트 13-9).

리스트 13-9 일급 컬렉션 객체에 정보 주입하기

```
var owner = userRepository.Find(circle.Owner);
var members = userRepository.Find(circle.Members);
var circleMembers = new CircleMembers(circle.Id, owner, members);
var circleFullSpec = new CircleMembersFullSpecification();
if (circleFullSpec.IsSatisfiedBy(circleMembers)) {
    (...생략...)
}
```

도메인 객체에서 입출력을 가능한 한 배제해야 한다. 일급 컬렉션을 통해 이를 관철하는 데 도움을 받을 수 있을 것이다.

13.2 명세와 리포지토리의 조합

명세는 단독으로 사용되기도 하지만 리포지토리와 조합해 사용할 수도 있다. 구체적으로 밝히면, 리포지토리가 명세를 전달받아 명세에 정의된 조건과 합치하는 객체를 검색하는 방법이다.

리포지토리에는 검색을 수행하는 메서드가 정의돼 있지만, 검색에도 중요한 규칙이 포함되는 경우가 있다. 이런 검색 기능을 리포지토리의 메서드로 정의하면 중요한 도메인 규칙이 리포지토리 구현체로 빠져나가는 일이 생긴다.

이럴 때는 이 중요 규칙을 명세로 정의한 다음 리포지토리에 이 명세를 전달해 중요 규칙을 구현한 코드가 리포지토리의 일개 구현체로 빠져나가는 일을 방지할 수 있다.

13.2.1 추천 서클 검색 기능으로 본 복잡한 검색

사용자가 서클에 가입하고 싶을 때 자신에게 맞는 서클을 검색할 수 있다면 편리할 것이다. 추천 서클 검색 기능을 개발하는 과정을 살펴보자.

추천 서클 검색 기능을 만들려면 우선 추천 서클이 무엇인지에 대한 정의를 분명히 내려야 한다. 이를테면 '활동이 활발한 서클'이나 '최근에 결성된 서클'처럼 여러 가지 조건을 생각할 수 있다. 여기서는 우선 다음 두 가지 조건을 만족하는 서클을 추천 서클로 삼는다.

- 최근 1개월 이내에 결성된 서클

- 소속된 사용자 수가 10명 이상

추천 서클의 정의가 결정됐으니 그다음으로 추천 서클 검색 기능을 어디에 구현할 것인가를 결정해야 한다.

지금까지 사용자 및 서클 검색은 실질적으로 리포지토리가 담당해왔다. 추천 서클 검색 역시 리포지토리에 맡기기로 한다(리스트 13-10).

리스트 13-10 리포지토리에 추천 서클 검색 메서드 추가하기

```
public interface ICircleRepository
{
    (...생략...)
    public List<Circle> FindRecommended(DateTime now);
}
```

FindRecommended 메서드는 인자로 받은 날짜로부터 조건과 가장 부합하는 서클을 골라주는 메서드다. 애플리케이션 서비스에서 FindRecommended 메서드를 이용해 사용자에게 노출할 추천 서클을 제안한다(리스트 13-11).

리스트 13-11 애플리케이션 서비스에서 추천 서클을 검색하는 코드

```
public class CircleApplicationService
{
    private readonly DateTime now;

    (...생략...)

    public CircleGetRecommendResult GetRecommend(CircleGetRecommendRequest request)
    {
        // 리포지토리에 모두 맡기면 된다
```

```
        var recommendCircles = circleRepository.FindRecommended(now);
        return new CircleGetRecommendResult(recommendCircles);
    }
}
```

코드 자체는 잘 동작하지만, 한 가지 문제가 있다. 추천 서클을 추려내는 조건이 리포지토리의 구현체에 의존한다는 점이다.

추천 서클 조건은 중요도가 높은 도메인 규칙이다. 이러한 규칙이 인프라스트럭처 객체에 불과한 리포지토리의 구현체에 좌지우지되는 것은 바람직하지 않다.

리포지토리가 강력한 패턴이기는 해도 도리어 그 강력함 때문에 도메인의 중요 규칙이 인프라스트럭처 영역으로 유출될 수 있다는 것에 주의하기 바란다.

13.2.2 명세를 이용한 해결책

도메인의 중요 지식은 가능한 한 도메인 객체로 표현해야 한다. 추천 서클 여부를 판단하는 처리는 말 그대로 객체에 대한 평가이므로 명세로 정의할 수 있다(리스트 13-12).

리스트 13-12 추천 서클 조건 만족 여부를 판단하는 명세 객체

```
public class CircleRecommendSpecification
{
    private readonly DateTime executeDateTime;

    public CircleRecommendSpecification(DateTime executeDateTime)
    {
        this.executeDateTime = executeDateTime;
    }

    public bool IsSatisfiedBy(Circle circle)
    {
        if (circle.CountMembers() < 10)
        {
            return false;
```

```
        }
        return circle.Created > executeDateTime.AddMonths(-1);
    }
}
```

CircleRecommendedSpecification은 추천 서클 조건 만족 여부를 판정하는 객체다. 추천 서클 검색의 구현 코드는 리스트 13-13과 같다.

리스트 13-13 명세를 통해 추천 서클 검색하기

```
public class CircleApplicationService
{
    private readonly ICircleRepository circleRepository;
    private readonly DateTime now;

    (...생략...)

    public CircleGetRecommendResult GetRecommend(CircleGetRecommendRequest request)
    {
        var recommendCircleSpec = new CircleRecommendSpecification(now);

        var circles = circleRepository.FindAll();
        var recommendCircles = circles
            .Where(recommendCircleSpec.IsSatisfiedBy)
            .Take(10)
            .ToList();

        return new CircleGetRecommendResult(recommendCircles);
    }
}
```

이것으로 추천 서클의 선정 조건을 리포지토리에 구현할 필요가 없게 됐다.

그리고 명세의 메서드를 직접 호출하지 않고 리포지토리에 명세를 전달해 메서드를 호출할 수도 있다(더블 디스패치). 이런 방법을 사용하려면 미리 명세의 인터페이스를 정의한다(리스트 13-14).

```
public interface ISpecification<T>
{
    public bool IsSatisfiedBy(T value);
}


public class CircleRecommendSpecification : ISpecification<Circle>
{
    (...생략...)
}
```

리포지토리는 이 인터페이스를 사용해 추천 서클을 추려낸 서클의 리스트를 반환한다(리스트 13-15).

리스트 13-15 명세 인터페이스를 사용해 추천 서클을 추려내는 리포지토리

```
public interface ICircleRepository
{
    (...생략...)

    public List<Circle> Find(ISpecification<Circle> specification);
}
```

명세를 인터페이스로 정의하면 리포지토리가 모든 명세 타입을 메서드에 추가로 정의할 필요가 없다. ISpecificaton<Circle> 인터페이스를 구현해 새로운 명세를 정의하고 그대로 인자로 전달하기만 하면 해당 명세에 따른 검색이 가능하다.

리스트 13-16은 리스트 13-14의 명세를 이용해 구현한 추천 서클 검색이다.

리스트 13-16 리스트 13-14의 명세를 이용해 구현한 추천 서클 검색

```
public class CircleApplicationService
{
    private readonly ICircleRepository circleRepository;
    private readonly DateTime now;
```

```
(...생략...)

public CircleGetRecommendResult GetRecommend(CircleGetRecommendRequest request)
{
    var circleRecommendSpecification = new CircleRecommendSpecification(now);
    // 리포지토리에 명세를 전달해 추천 서클을 추려냄(필터링)
    var recommendCircles = circleRepository.Find(circleRecommendSpecification)
        .Take(10)
        .ToList();

    return new CircleGetRecommendResult(recommendCircles);
}
}
```

명세를 이용한 방법으로 추천 서클을 선정하는 조건을 서비스 대신 도메인 객체에 구현할 수 있었다.

13.2.3 명세와 리포지토리를 함께 사용할 때 생기는 성능 문제

리포지토리에 명세를 전달하는 기법은 도메인 규칙을 도메인 객체에서 유출되지 않게 하고 확장성을 높일 수 있는 효과적인 방법이지만, 그만큼 단점도 있다.

리스트 13-16에 실린 ICircleRepository의 구현 클래스를 살펴보자(리스트 13-17).

리스트 13-17 명세 객체를 이용하는 리포지토리 구현체

```
public class CircleRepository : ICircleRepository
{
    private readonly SqlConnection connection;

    (...생략...)

    public List<Circle> Find(ISpecification<Circle> specification)
    {
        using(var command = connection.CreateCommand())
        {
```

```
            // 모든 서클 정보를 가져오는 쿼리
            command.CommandText = "SELECT * FROM circles";
            using (var reader = command.ExecuteReader())
            {
                var circles = new List<Circle>();
                while (reader.Read())
                {
                    // 인스턴스를 생성해 조건에 부합하는지 확인(조건을 만족하지 않으면
버림)

                    var circle = CreateInstance(reader);
                    if (specification.IsSatisfiedBy(circle))
                    {
                        circles.Add(circle);
                    }
                }
                return circles;
            }
        }
    }
}
```

명세에 정의된 조건과 부합 여부는 객체를 생성한 다음 명세의 메서드를 통해 확인해야 알 수 있다. 결과적으로 이 코드는 모든 서클의 정보를 받아온 다음 하나하나 조건에 부합하는지 확인하는 코드가 된다. 데이터 건수가 많지 않다면 괜찮겠지만, 수만 건을 넘어간다면 매우 느린 작업이 될 수도 있다.

리포지토리에서 명세를 필터로 이용할 때는 항상 성능을 염두에 두기 바란다.

13.2.4 복잡한 쿼리는 리드모델로

추천 서클 검색처럼 특수한 조건을 만족하는 객체를 검색하는 기능은 편리한 소프트웨어라면 거의 반드시 포함되는 기능이다. 이러한 기능은 대부분 사용자의 편의성을 위한 것으로, 성능 면에서도 요구사항이 높은 경우가 많다.

이런 상황이라면 명세와 리포지토리를 결합해 사용하는 패턴을 사용하지 않는 것도 고려해야 한다. 이번 장의 주제인 명세와는 조금 거리가 있지만, 한번 훑어볼 가치는 있다.

리스트 13-18은 서클의 목록을 받아온 다음 각 서클의 서클장이 되는 사용자의 정보도 함께 받아오는 코드다.

리스트 13-18 서클 목록을 받아오는 코드

```
public class CircleApplicationService
{
    public CircleGetSummariesResult GetSummaries(CircleGetSummariesCommand command)
    {
        // 모든 서클의 목록을 받아옴
        var all = circleRepository.FindAll();
        // 페이징 처리
        var circles = all
            .Skip((command.Page - 1) * command.Size)
            .Take(command.Size);

        var summaries = new List<CircleSummaryData>();
        foreach(var circle in circles)
        {
            // 각 서클의 서클장에 해당하는 사용자 정보 검색
            var owner = userRepository.Find(circle.Owner);
            summaries.Add(new CircleSummaryData(circle.Id.Value, owner.Name.Value));
        }

        return new CircleGetSummariesResult(summaries);
    }

    (...생략...)
}
```

이 코드에는 두 가지 문제가 있다.

첫 번째 문제는 코드 초반에 모든 서클의 목록을 가져온다는 점이다. 페이징 처리가 포함돼 있으므로 모든 서클의 목록이 필요하지는 않다. 오히려 목록 중 대부분이 불필요하다. 시스템 자원을 들여 복원해 온 인스턴스 중 대부분이 참조 한 번 되지 않은 채 버려진다.

두 번째 문제는 서클에 소속된 사용자의 목록을 받아오는 검색이 반복문을 통해 여러 번 실행된다는 점이다. 리포지토리의 구체적인 구현이 어떤지는 알 수 없으나 일반적인 SQL을 상정하면 대량의 쿼리가 쓰이는 셈이다. 원래대로라면 JOIN 문 등을 활용해 하나의 쿼리로 만들 수도 있다.

리스트 13-18의 코드는 정상적으로 동작은 하지만 최적화와는 거리가 멀다. 도메인 지식을 도메인 레이어 안에 모아둔다는 목적을 생각하면 이 코드도 일리가 있겠지만, 이것만을 이유로 사용자의 편의성을 위한 최적화 요청을 외면할 수 있을까?

시스템의 애초 존재 의의는 사용자의 문제를 해결하는 것이다. 다른 어떤 것이 변해도 이것만은 변할 수 없다. 시스템은 사용자를 우호적으로 대해야 한다. 사용자에게 우호적이지 못한 시스템은 곧 사용자에게 외면받을 것이고 그 뒤는 조용한 죽음이 기다릴 뿐이다.

도메인의 보호를 이유로 사용자에게 불편을 강요하는 것은 결코 옳은 길이 아니다. 도메인의 영역을 보호하는 것도 물론 중요하지만 애플리케이션 영역은 프레젠테이션(즉 시스템 사용자)을 의식하지 않을 수 없다.

이런 문제는 특히 리포지토리를 통해 데이터를 읽을 때 발생한다. 프레젠테이션 계층은 일반적인 리포지토리 읽기 작업보다 훨씬 복잡한 작업을 요구하는 경우가 많다. 현재 상황에 대한 요약이나 페이징 처리가 가장 흔한 예다.

복잡한 읽기 작업에서 성능 문제가 우려된다면 이러한 부분에 한해 도메인 객체의 제약에서 벗어나는 방법도 가능하다. 리스트 13-19는 페이징을 위한 쿼리를 직접 실행하는 예다.

리스트 13-19 최적화를 위해 직접 쿼리를 실행하는 코드

```
public class CircleQueryService
{
    (...생략...)

    public CircleGetSummariesResult GetSummaries(CircleGetSummariesCommand command)
    {
        var connection = provider.Connection;
        using (var sqlCommand = connection.CreateCommand())
        {
```

```
            sqlCommand.CommandText = @"
SELECT
circles.id as circleId,
users.name as ownerName
FROM circles
LEFT OUTER JOIN users
ON circles.ownerId = users.id
ORDER BY circles.id
OFFSET @skip ROWS
FETCH NEXT @size ROWS ONLY
";

            var page = command.Page;
            var size = command.Size;
            sqlCommand.Parameters.Add(new SqlParameter("@skip", (page - 1) * size));
            sqlCommand.Parameters.Add(new SqlParameter("@size", size));

            using (var reader = sqlCommand.ExecuteReader())
            {
                var summaries = new List<CircleSummaryData>();
                while (reader.Read())
                {
                    var circleId = (string) reader["circleId"];
                    var ownerName = (string) reader["ownerName"];
                    var summary = new CircleSummaryData(circleId, ownerName);
                    summaries.Add(summary);
                }

                return new CircleGetSummariesResult(summaries);
            }
        }
    }
}
```

리스트 13-19는 SQL을 사용하는 모듈이지만, ORM이 적용된 모듈이라도 무방하다(리스트 13-20).

```
public class EFCircleQueryService
{
    private readonly MyDbContext context;

    public EFCircleQueryService(MyDbContext context)
    {
        this.context = context;
    }

    public CircleGetSummariesResult GetSummaries(CircleGetSummariesCommand command)
    {
        var all =
            from circle in context.Circles
            join owner in context.Users
            on circle.OwnerId equals owner.Id
            select new { circle, owner };

        var page = command.Page;
        var size = command.Size;

        var chunk = all
            .Skip((page - 1) * size)
            .Take(size);

        var summaries = chunk
            .Select(x => new CircleSummaryData(x.circle.Id, x.owner.Name))
            .ToList();

        return new CircleGetSummariesResult(summaries);
    }
}
```

프레젠테이션 계층의 요구에 특화된 유스케이스는 편의성에 신경 쓴 시스템이라면 거의 필수라고 해도 좋을 만큼 필요하다.

읽기 대상 내용(쿼리)은 복잡하지만, 동작 내용 자체는 도메인 로직이라 할 만한 것이 거의 없다. 반대로 쓰기 작업(명령)에는 도메인에 의한 제약이 있는 경우가 많다.

이 때문에 쓰기 작업에서는 도메인과 결합을 느슨하게 하기 위해 도메인 객체 등을 적극적으로 활용하지만, 읽기 작업에서는 그렇지 않은 경우가 있다. 여기서는 자세히 다루지 않지만, 이러한 아이디어는 CQS(command-query separation) 혹은 CQRS(command-query responsibility segregation)라는 개념에서 온 것이다. 이들 개념은 객체의 메서드를 성격에 따라 커맨드와 쿼리로 크게 나눠 다르게 다루는 것이 요점인데, 프레젠테이션 계층의 성능적인 요구를 만족하면서도 시스템의 통제를 늦추지 않는 효과를 거둘 수 있다.

> **칼럼** 지연실행을 이용한 최적화
>
> 지연실행을 이용해 리포지토리를 그대로 쓰면서도 성능 문제를 해결할 수 있는 방법이 있다. 지연실행을 적용하려면 리포지토리 인터페이스의 검색 메서드의 반환 타입을 List에서 IEnumerable로 바꿔야 한다(리스트 13-21).
>
> 리스트 13-21 지연실행을 고려한 리포지토리 인터페이스
>
> ```
> public interface ICircleRepository
> {
>     IEnumerable<Circle> FindAll();
> }
> ```
>
> IEnumerable 컬렉션 타입이지만, 실제 요소에 접근하기 전까지 컬렉션이 확정되지 않는다(엄밀히 따지면 구현 클래스에 따라 다를 수 있다). 리스트 13-18의 전반부에 이 리포지토리를 적용한 예를 살펴보자(리스트 13-22).
>
> 리스트 13-22 리스트 13-18의 전반부에 지연실행 리포지토리를 적용한 예
>
> ```
> public class CircleApplicationService
> {
>     // 리스트 13-21에서 정의한 리포지토리
>     private readonly ICircleRepository circleRepository;
>
>     public CircleGetSummariesResult GetSummaries(CircleGetSummariesCommand command)
>     {
>         // 아직은 데이터를 받아오지 않았다
>         var all = circleRepository.FindAll();
>         // 여기서는 페이징 처리 조건만 부여한 것으로 데이터를 받지는 않았다
> ```

```
        var chunk = all
            .Skip((command.Page - 1) * command.Size)
            .Take(command.Size);
        // 이 시점에서 처음으로 컬렉션의 요소에 접근했으므로 조건에 따라 데이터를
받아온다
        var summaries = chunk
            .Select(x =>
            {
                var owner = userRepository.Find(x.Owner);
                return new CircleSummaryData(x.Id.Value, owner.Name.Value);
            })
            .ToList();

        return new CircleGetSummariesResult(summaries);
    }
}
```

리스트 13-22를 보면 먼저 FindAll 메서드를 호출해 모든 서클 객체의 컬렉션을 만든다. 그러나 이 시점에는 컬렉션의 요소에 접근하지 않으므로 실제 데이터를 받아오지 않는다. 그 뒤로 페이징 처리가 이어지지만 이 역시 컬렉션의 내용에 접근하지 않기 때문에 실질적으로는 데이터를 받아올 조건만 부여된다. 실제로 데이터를 받아오는 시점은 ToList 메서드를 실행하면서 컬렉션의 내용이 확정되는 순간이다. 이 시점에서야 앞서 부여된 페이징 조건에 따라 불필요한 데이터를 제외하고 데이터를 받아온다.

이런 식으로 실제로 데이터가 필요한 시점까지 처리를 미루는 방식을 지연실행(lazy processing)이라고 한다. 지연실행을 적용하면 데이터가 실제로 필요한 시점까지 쿼리 실행을 미룰 수 있다. 덕분에 먼저 모든 데이터를 받아오고 나서 나중에 조건을 붙여 필터링하는 방식의 로직을 효율적으로 실행할 수 있다.

C#에서 쓰이는 객체-관계 매핑 라이브러리인 EntityFramework도 이 기능을 지원한다. 다만 이를 적용한다는 것은 코드가 특정 기술에 종속된다는 것이기도 하다. 리포지토리의 구현 클래스가 앞으로도 계속 EntityFramework를 이용한다면 문제가 없겠지만, 그렇지 못할 경우에 대한 고려가 필요하다.

13.3 정리

객체의 평가는 그 내용 자체만으로도 지식이다. 명세는 객체를 평가하는 조건과 절차를 모델링한 객체다.

객체의 평가를 해당 객체 자신에게 맡기는 방법도 있지만, 이 방법이 항상 바람직하지는 않다. 명세와 같은 외부 객체에 평가를 맡긴 코드가 오히려 이해하기 쉬운 경우도 많다.

이번 장에서는 리포지토리에 명세 객체를 전달해 필터링을 수행하는 기법을 소개했다. 하지만 이러한 기법도 만능은 아니며 성능 면에서 문제가 생길 수 있다.

읽기 작업은 단순하지만 최적화를 필요로 하는 경우가 많다. 도메인의 제약은 잠시 잊고 클라이언트의 편의성을 우선적으로 고려할 수 있어야 한다.

아키텍처

도메인 주도 설계와 함께 거론되는 주요 아키텍처를 설명한다.

도메인 주도 설계는 도메인에 주목하고 도메인 모델을 코드에 녹여내 도메인과 코드를 연결 짓는 개발 기법이다. 따라서 도메인 주도 설계가 특정한 아키텍처를 전제로 하지는 않는다. 그렇지만 도메인 주도 설계와 함께 아키텍처에 대한 주제가 자주 나온다. 왜 여기서 아키텍처 얘기가 나오는 것일까?

지금까지 빈혈 도메인 모델 등의 예를 통해 중요한 규칙이 코드에서 자신의 자리를 이탈했을 때 일어날 수 있는 여러 나쁜 결과를 살펴봤다. 소프트웨어가 이용자에게 지속해서 유용하려면 끊임없는 개선을 버틸 수 있는 구조를 가져야 한다. 한 가지 모델만 변경해도 여러 객체에 영향을 미친다면 소프트웨어를 개선하는 작업이 달가울 리 없다.

좋은 아키텍처는 이러한 문제를 방지할 수 있다. 아키텍처는 지식을 표현한 코드를 적재적소에 배치하는 원칙이다. 아키텍처를 통해 도메인 규칙이 제자리를 벗어나는 것을 방지함과 동시에 한 곳에 모이게 할 수 있다. 도메인 주도 설계와 아키텍처가 떼려야 뗄 수 없는 주제인 것은 이 때문이다.

14.1 아키텍처의 역할

아키텍처는 개발자의 가슴을 뛰게 하는 단어다. 개발자는 언제나 논리 정연한 이론과 이를 바르게 구현한 코드에 가슴 뛰는 존재다.

기대에 찬물을 끼얹는 것 같아 미안하지만, 바로 이런 이유 때문에라도 아키텍처에 대한 태도를 짚고 넘어가지 않을 수 없다. 여기서 하고자 하는 말은, '도메인 주도 설계에서 아키텍처는 결코 주역이 아니다'라는 점이다.

이 말의 숨은 뜻을 이해하려면 아키텍처를 배우기 전에 먼저 도메인 주도 설계에서 아키텍처가 어떤 자리에 있는가를 봐야 한다.

14.1.1 안티패턴 – 스마트 UI

시스템의 유연성을 치명적으로 저해하는 안티패턴 중 하나가 바로 '스마트 UI'다. 스마트 UI는 원래대로라면 도메인 객체에 위치해야 할 중요 규칙 구현 코드가 사용자 인터페이스까지 끌려 나오게 만드는 주범이다.

스마트 UI는 도메인을 분리하기에 적합지 않은 애플리케이션에서 자주 발견된다. 이런 시스템은 개선 비용이 매우 높으며 결과적으로 유연성을 크게 잃는다.

일반적인 전자상거래 시스템을 예로 들어 보겠다.

그림 14-1 일반적인 전자상거래 시스템

전자상거래 사이트 사용자는 웹 사이트에서 상품을 주문한다. 그림 14-1은 사용자가 상품을 주문할 때 이용하는 시스템의 주요 부분을 나타낸 것이다.

이 화면에는 공통된 비즈니스 로직이 있다. 시스템 사용자의 행적을 좇아가며 이 로직을 하나씩 살펴보자.

우선 사용자는 주문하려는 상품을 선택한 다음 주문을 위해 '주문 확인 화면'으로 이동한다. '주문확인 화면'에서는 앞으로 확정할 주문의 '합계 금액'을 보여준다. '주문 확인 화면'에서 확인한 내용에 문제가 없다면 사용자는 주문을 확정한다.

자신이 주문한 내용에 잘못된 점이 없는지 확인하기 위해 사용자는 '주문 이력 목록 화면'을 연다. 이 화면에는 이전에 주문했던 주문의 개요가 목록 형식으로 나타난다. 이때 주문마다 해당 주문의 '합계 금액'이 표시되면 편리하다. '주문 이력 목록 화면'에는 '합계 금액'이 표시된다.

'주문 이력 목록 화면'만으로는 각 주문의 상세한 내용을 알 수 없다. 사용자는 상세한 주문 내용을 확인하기 위해 '이전 주문 확인 화면'을 연다. 물론 이 화면에도 '합계 금액'이 표시된다.

지금 살펴본 화면에는 모두 '합계 금액'이 표시된다. 따라서 이들 화면은 '합계 금액 계산'이 필요하다. 그렇다면 '합계 금액을 계산하는' 코드는 어디에 작성해야 할까?

그림 14-2 UI에 작성된 비즈니스 로직

그림 14-2는 앞날을 생각하지 않은 근시안적인 구성이다. 3개의 화면이 제각기 '합계 금액'을 계산해 화면에 표시한다.

이런 구성은 문제가 많다. 예를 들어 '합계 금액'을 계산하는 방법에 변화가 생긴 상황을 생각해 보자.

가장 먼저 떠오르는 문제점은 '합계 금액을 계산'하는 방법은 한 가지인데, 이를 수정하려면 코드를 세 곳이나 수정해야 한다는 점이다. 로직이 정상적으로 한곳에 모여 있었다면 한곳의 수정으로 끝났을 일의 작업량이 3배로 증가했다.

또, 각 화면이 언뜻 보기에는 비슷해도 사정이 서로 다르다. 시스템은 성장하는 생물과 같다. 세월이 흐르면 처음에는 '합계 금액'의 계산 과정이 완전히 같았더라도 화면마다 서로 다른 사정에 따라 독자적으로 성장한다. 비슷해 보이는 코드지만, 미세한 차이가 있어 자세히 들여다보며 수정하지 않으면 안 된다.

물론 개발자 한 사람이 이 세 화면을 한꺼번에 작업한다면 같은 처리를 화면마다 따로따로 구현하지는 않을 것이다. 게다가 일반적인 개발자는 로직을 한곳에 모아 놓는 습성이 있다. 세 화면에서 쓰이는 '합계 금액 계산'이 똑같은 과정으로 계산된다는 것을 깨닫고 공통으로 사용하게 구현했을 것이다.

정말 문제가 되는 것은 처음에 화면이 하나뿐이었을 경우다. 앞서 본 예에 적용하면, 처음에는 '주문 확인 화면'만 있었다가 나중에 주문 이력을 확인하는 기능이 추가되면서 '주문 이력 목록 화면'과 '이전 주문 확인 화면'이 개발된 상황이다.

로직을 한곳에 모아두는 데만 관심이 있는 개발자는 '주문 확인 화면'만 있기 때문에 '합계 금액 계산'을 '주문 확인 화면'에 구현해도 문제가 없다고 생각하게 된다(그림 14-3). 같은 계산이 다른 곳에서도 사용될 수 있겠다는 생각이 들 수도 있지만, 그건 그때 가서 보자고 낙관적으로 생각하기 쉽다.

그림 14-3 **중복이 발생하기 쉬운 상태**

개발자는 '모든 일이 다 중요하다'는 말을 외면하고 언젠가 리팩토링을 할 날이 오려니 생각하기 쉽다. 또한 겉으로 보기에 크게 잘못된 것이 없으니 무슨 일이 있더라도 쉽게 수정할 수 있으리라 근거 없는 자신감을 갖는다. 물론 리팩토링을 할 날 따위는 오지 않는다. 근시안적인 해결책으로 가득한 코드는 복잡기괴한 형태로 진화해 개발자의 눈앞에 다시 나타날 것이다.

UI는 사용자의 입력을 받고 출력을 보여주는 것이 맡은 바 책임이다. 비즈니스 로직이 UI에 구현되어서는 안 된다. UI에는 최소한의 로직만 존재해야 한다. UI가 똑똑해질수록 수정 비용이 높아지며 수정 작업도 괴로워진다. 개발자가 이 괴로움 때문에 수정하기를 꺼리면 시스템의 유연성은 사라진다.

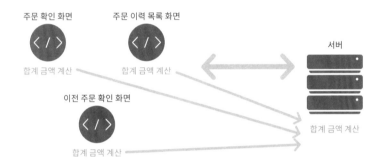

그림 14-4 비즈니스 로직을 한곳에 모으기

똑똑한 UI 대신 비즈니스 로직을 한곳에 모으면 그림 14-4와 같다. 이 구성대로라면 '합계 금액 계산'에 화면마다 제각기 다른 사정이 끼어들 여지가 사라진다. 또한 계산 방법이 변경되더라도 한 곳만 수정하면 된다. 수정 난이도도 그리 어렵지 않을 것이다.

먼저 해야 할 일은 지금 만들고 있는 소프트웨어가 매우 단순한 것이라는 선입견을 버리는 것이다. 사용자 인터페이스에 비즈니스 로직을 구현해도 되겠다고 생각한 순간, 도메인 모델을 풍성하게 키워가는 밝은 미래는 사라진다.

14.1.2 도메인 주도 설계가 아키텍처에게서 원하는 것

똑똑한 UI를 만들지 않겠다고 결심했더라도 이를 실제로 실천하기는 그리 간단치 않다. 비즈니스 로직을 있어야 할 자리에 배치하는 것은 비즈니스 로직의 중요성을 익히 알고 있는 개발자로서도 쉬운 일이 아니다. 그러므로 개발자는 자신의 자제심 외에 이를 관철할 방법을 강구해야 한다. 이 해결책이 바로 아키텍처다.

아키텍처는 간단히 말해 코드를 구성하는 원칙이다. 어떤 내용을 구현한 코드가 어디에 배치돼야 하는지에 대한 답을 명확히 제시하며 로직이 무질서하게 흩어지는 것을 막는다. 개발자는 아키텍처가 제시하는 원칙에 따르면서 '어떤 로직을 어디에 구현할 것인지'를 고민하지 않아도 된다. 이것은 개발자가 도메인 주도 설계의 본질인 '도메인을 파악하고 잘 표현하는' 것에 집중할 수 있게 해준다.

도메인 주도 설계가 아키텍처에게서 원하는 것은 도메인 객체가 서로 얽힌 레이어를 분리해 소프트웨어 구현에 필요한 사정으로부터 도메인 객체를 지켜내는 것이다. 이것이 가능하다면 어떤 아키텍처를 사용해도 무방하다.

14.2 아키텍처

다음은 도메인 주도 설계와 함께 자주 언급되는 아키텍처다.

- 계층형 아키텍처
- 헥사고날 아키텍처
- 클린 아키텍처

이 책에서는 지면 관계상 이 아키텍처만 다루지만, 도메인 주도 설계에서 중요한 것은 도메인을 분리하는 것이지, 이들 중 어떤 아키텍처를 반드시 써야 한다는 것은 아니다. 또한 이들 아키텍처를 잘 준수했다고 해서 반드시 도메인 주도 설계를 제대로 실천한 것은 아니라는 점도 기억해두기 바란다.

중요한 것은 도메인의 본질에 집중할 수 있는 환경을 만드는 것이다.

14.2.1 계층형 아키텍처

계층형 아키텍처는 도메인 주도 설계와 함께 언급되는 아키텍처 중에서 가장 전통적이면서도 유명한 아키텍처다.

계층형 아키텍처는 이름 그대로 여러 층이 쌓인 구조로 나타낼 수 있다.

에릭 에반스(Eric Evans)의 저서 『도메인 주도 설계』를 보면 계층형 아키텍처의 예로 그림 14-5가 제시돼 있다.

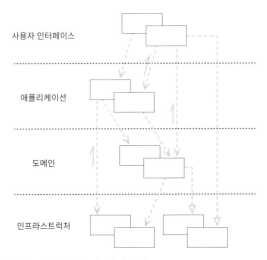

그림 14-5 에릭 에반스의 저서에 제시된 계층형 아키텍처의 예
출처: 에릭 에반스, 『도메인 주도 설계』(위키북스 2011), 70쪽 그림 인용.)

도메인 주도 설계에서 말하는 계층형 아키텍처는 그림 14-5에서 보듯 4개의 계층으로 구성되는 경우가 많다. 그림을 함께 보며 알아보자.

계층형 아키텍처를 구성하는 4개의 계층은 다음과 같다.

- 프레젠테이션 계층 (사용자 인터페이스 계층)
- 애플리케이션 계층
- 도메인 계층
- 인프라스트럭처 계층

이 중에서도 가장 중요한 것은 도메인 계층이다. 도메인 계층은 소프트웨어가 적용될 분야에서 문제 해결에 필요한 지식을 담는 계층이다. 이 계층에 도메인 객체를 분리해 두고, 다른 계층으로 벗어나지 않게 한다.

애플리케이션 계층은 도메인 계층의 요소를 지휘하는 요소가 모인 계층이다. 이 층에 속하는 요소로는 애플리케이션 서비스가 있다. 애플리케이션 서비스는 도메인 객체의 직접적인 클라이언트가 되며 유스케이스를 구현하는 진행자 역할을 한다. 도메인 계층에 속하는 요소는 도메인을 나타내는 데 전념하므로 애플리케이션으로서 독립적으로 기능하려면 애플리케이션 계층의 요소가 도메인 객체를 이끌어야 한다.

프레젠테이션 계층은 사용자 인터페이스와 애플리케이션이 연결되는 곳이다. 이 층의 주요 책임은 출력의 표시와 입력의 해석이다. 시스템 사용자가 이해할 수 있게 출력을 표시하고 사용자의 입력을 해석한다. 구체적인 접근법은 다양하며 그중 무엇이라도 사용할 수 있다. 사용자 인터페이스와 애플리케이션을 연결하기만 한다면 그것이 웹 프레임워크거나 CLI라도 무방하다.

인프라스트럭처 계층은 자신 외의 계층을 지탱하는 기술적 기반에 대한 접근을 제공한다. 애플리케이션을 위한 메시지 송신, 도메인을 위한 퍼시스턴시 제공 모듈 등이 이 계층에 포함된다.

여기서 원칙은 의존의 방향이 위에서 아래를 향한다는 점이다. 상위에 있는 계층은 자신보다 하위에 있는 계층에 의존할 수 있다. 이 방향을 거스르는 의존은 허용되지 않는다.

의존의 관점에서 보면, 도메인 계층에서 인프라스트럭처 계층으로 의존을 나타내는 화살표가 뻗어있는 것이 의아해 보일 것이다. 이 화살표는 도메인 계층의 객체가 인프라스트럭처 계층의 객체를 다루고 있다는 뜻이 아니다. 그림 14-5의 오른쪽 아래에 위치한 속이 빈 화살표를 보면 추상화가 포함돼 있음을 알 수 있다. 리포지토리의 인터페이스와 구현 클래스 간의 관계가 여기 해당할 것이다.

또, 에릭 에반스의 『도메인 주도 설계』를 보면 계층을 넘어서는 객체 간의 연결을 나타낸 그림이 나온다(그림 14-6).

'a234: 계좌'에서 addToUnitOfWork(a234)라는 메시지를 '유닛오브워크 매니저'에 보내는 것으로 봐서 고전적인 유닛오브워크의 구현(10.4.4항)을 상정하고 있는 것을 알 수 있다. 현재는 그리

많이 쓰이는 패턴은 아니지만, 도메인 객체가 인프라스트럭처 계층의 객체에 의존하는 예로 들수 있다.

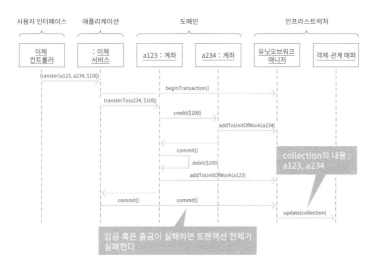

그림 14-6 객체 간의 연결을 나타낸 그림

출처: 에릭 에반스, 『도메인 주도 설계』 73쪽 그림 인용.

계층형 아키텍처의 구현 예제

이전 장에서 설명과 함께 구현했던 애플리케이션은 사실 이 계층형 아키텍처를 염두에 두고 구현한 것이었다. 이 코드를 다시 계층형 아키텍처의 관점에서 살펴보겠다.

먼저 살펴볼 부분은 프레젠테이션 계층에 속하는 UserController 클래스다(리스트 14-1).

리스트 14-1 프레젠테이션 계층에 속하는 컨트롤러

```
[Route("api/[controller]")]
public class UserController : Controller
{
    private readonly UserApplicationService userApplicationService;
    public UserController(UserApplicationService userApplicationService)
    {
        this.userApplicationService = userApplicationService;
```

```
    }

    [HttpGet]
    public UserIndexResponseModel Index()
    {
        var result = userApplicationService.GetAll();
        var users = result.Users.Select(x => new UserResponseModel(x.Id,
x.Name)).ToList();

        return new UserIndexResponseModel(users);
    }

    [HttpGet("{id}")]
    public UserGetResponseModel Get(string id)
    {
        var command = new UserGetCommand(id);
        var result = userApplicationService.Get(command);

        var userModel = new UserResponseModel(result.User);

        return new UserGetResponseModel(userModel);
    }

    [HttpPost]
    public UserPostResponseModel Post([FromBody] UserPostRequestModel request)
    {
        var command = new UserRegisterCommand(request.UserName);
        var result = userApplicationService.Register(command);

        return new UserPostResponseModel(result.CreatedUserId);
    }

    [HttpPut("{id}")]
    public void Put(string id, [FromBody] UserPutRequestModel request)
    {
        var command = new UserUpdateCommand(id, request.Name);
        userApplicationService.Update(command);
```

```
    }

    [HttpDelete("{id}")]
    public void Delete(string id)
    {
        var command = new UserDeleteCommand(id);
        userApplicationService.Delete(command);
    }
}
```

MVC 프레임워크의 컨트롤러는 사용자의 입력 데이터인 HTTP 요청을 애플리케이션에 전달할 수 있게 변환하는 역할을 하므로 프레젠테이션 계층에 걸맞은 요소다. 애플리케이션 계층의 요소인 애플리케이션 서비스의 클라이언트이기도 하므로 그림 14-5에 나온 의존의 방향성에도 어긋나지 않는다.

그다음으로 애플리케이션 계층에 속하는 애플리케이션 서비스의 코드를 살펴보자(리스트 14-2).

리스트 14-2 애플리케이션 계층에 속하는 애플리케이션 서비스

```
public class UserApplicationService
{
    private readonly IUserFactory userFactory;
    private readonly IUserRepository userRepository;
    private readonly UserService userService;

    public UserApplicationService(IUserFactory userFactory, IUserRepository
userRepository, UserService userService)
    {
        this.userFactory = userFactory;
        this.userRepository = userRepository;
        this.userService = userService;
    }

    public UserGetResult Get(UserGetCommand command)
    {
```

```
        var id = new UserId(command.Id);
        var user = userRepository.Find(id);
        if (user == null)
        {
            throw new UserNotFoundException(invitedUserId, "사용자를 찾지 못했음");
        }

        var data = new UserData(user);

        return new UserGetResult(data);
    }

    public UserGetAllResult GetAll()
    {
        var users = userRepository.FindAll();
        var userModels = users.Select(x => new UserData(x)).ToList();
        return new UserGetAllResult(userModels);
    }

    public UserRegisterResult Register(UserRegisterCommand command)
    {
        using (var transaction = new TransactionScope())
        {
            var name = new UserName(command.Name);
            var user = userFactory.Create(name);
            if (userService.Exists(user))
            {
                throw new CanNotRegisterUserException(user, "이미 등록된 사용자임");
            }

            userRepository.Save(user);

            transaction.Complete();

            return new UserRegisterResult(user.Id.Value);
        }
    }
```

```
public void Update(UserUpdateCommand command)
{
    using (var transaction = new TransactionScope())
    {
        var id = new UserId(command.Id);
        var user = userRepository.Find(id);
        if (user == null)
        {
            throw new UserNotFoundException(id);
        }

        if (command.Name != null)
        {
            var name = new UserName(command.Name);
            user.ChangeName(name);

            if (userService.Exists(user))
            {
                throw new CanNotRegisterUserException(user, "이미 등록된 사용자임");
            }
        }

        userRepository.Save(user);

        transaction.Complete();
    }
}

public void Delete(UserDeleteCommand command)
{
    using (var transaction = new TransactionScope())
    {
        var id = new UserId(command.Id);
        var user = userRepository.Find(id);
        if (user == null)
        {
            return;
```

```
        }

        userRepository.Delete(user);

        transaction.Complete();
    }
  }
}
```

애플리케이션 서비스라는 이름에 걸맞게 애플리케이션 계층에 속하는 요소다. 자신보다 하위에 있는 도메인 계층과 인프라스트럭처 계층에 의존한다.

애플리케이션 계층의 목적은 애플리케이션 서비스의 목적과 같다. 즉, 문제를 해결하기 위해 도메인 객체의 과업을 진행하고 관리하는 것이다. 상황에 따라 필요하다면 다른 서비스와 협조할 수도 있다.

이 계층에서 주의할 점은 도메인 규칙이나 동작을 직접 구현해서는 안 된다는 것이다. 이 구현은 도메인 계층에 있어야 한다.

이번에 살펴볼 도메인 계층은 가장 중요한 계층이다. 사용자를 코드로 나타낸 User 클래스와 도메인 서비스인 UserService 클래스가 이 계층에 속한다(리스트 14-3).

리스트 14-3 도메인 계층에 속하는 엔티티와 도메인 서비스

```
public class User
{
    public User(UserId id, UserName name, UserType type)
    {
        if (id == null) throw new ArgumentNullException(nameof(id));
        if (name == null) throw new ArgumentNullException(nameof(name));

        Id = id;
        Name = name;
        Type = type;
    }
```

```csharp
    public UserId Id { get; }
    public UserName Name { get; private set; }
    public UserType Type { get; private set; }

    public bool IsPremium => Type == UserType.Premium;

    public void ChangeName(UserName name)
    {
        if (name == null) throw new ArgumentNullException(nameof(name));
        Name = name;
    }

    public void Upgrade()
    {
        Type = UserType.Premium;
    }

    public void Downgrade()
    {
        Type = UserType.Normal;
    }

    public override string ToString()
    {
        var sb = new ObjectValueStringBuilder(nameof(Id), Id)
            .Append(nameof(Name), Name);

        return sb.ToString();
    }
}

public class UserService
{
    private readonly IUserRepository userRepository;

    public UserService(IUserRepository userRepository)
    {
```

```
        this.userRepository = userRepository;
    }

    public bool Exists(User user)
    {
        var duplicatedUser = userRepository.Find(user.Name);
        return duplicatedUser != null;
    }
}
```

도메인 모델을 표현하는 코드는 모두 이 계층에 존재한다. 또한 도메인 객체를 지원하는 팩토리나 리포지토리의 인터페이스도 이 계층에 포함된다.

마지막으로 살펴볼 것은 인프라스트럭처 계층에 속하며 객체의 퍼시스턴시를 담당하는 리포지토리다(리스트 14-4).

리스트 14-4 인프라스트럭처에 속하는 리포지토리

```
public class EFUserRepository : IUserRepository
{
    private readonly ItdddDbContext context;

    public EFUserRepository(ItdddDbContext context)
    {
        this.context = context;
    }

    public User Find(UserId id)
    {
        var target = context.Users.Find(id.Value);
        if (target == null)
        {
            return null;
        }

        return ToModel(target);
    }
```

```
public List<User> Find(IEnumerable<UserId> ids)
{
    var rawIds = ids.Select(x => x.Value);

    var targets = context.Users
        .Where(userData => rawIds.Contains(userData.Id));

    return targets.Select(ToModel).ToList();
}

public User Find(UserName name)
{
    var target = context.Users
        .FirstOrDefault(userData => userData.Name == name.Value);
    if (target == null)
    {
        return null;
    }

    return ToModel(target);
}

(...생략...)
}
```

인프라스트럭처 계층에는 리스트 14-4와 같이 도메인 객체를 지원하는 기술적 기능 외에도 애플리케이션 계층이나 프레젠테이션 계층에 기술적 기능을 제공하는 객체도 포함된다.

14.2.2 헥사고날 아키텍처

헥사고날 아키텍처(hexagonal architecture)는 육각형이 모티프인 아키텍처다(그림 14-7). 아키텍처의 콘셉트는 애플리케이션과 그 외 인터페이스나 저장 매체를 자유롭게 탈착 가능하게 하는 것이다. 헥사고날 아키텍처의 목적을 설명하기 좋은 예가 게임기다.

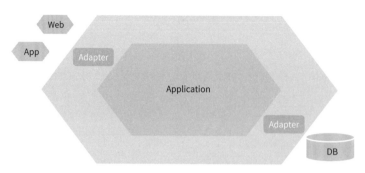

그림 14-7 헥사고날 아키텍처

게임기는 게임 컨트롤러와 모니터 등 사용자와 직접 접하는 인터페이스를 갖는다(그림 14-8).
게임 컨트롤러는 제조사에서 판매하는 순정품도 있지만, 사용자의 취향에 따라 서드파티 제품
을 연결해도 그대로 사용이 가능하다. 모니터 역시 제조사나 방식에 따라 LCD, CRT 등 다양
한 선택지가 있지만, 게임기의 입장에서는 화면을 보여준다는 의미에서 동등하다.

저장매체는 또 어떤가? 최근 게임기는 내장 하드디스크에 게임 데이터를 설치하기도 하지만,
클라우드에 저장할 수도 있다. 게임기의 입장에서 보면 데이터 저장만 가능하다면 실제 저장되
는 매체가 무엇인지는 상관이 없다.

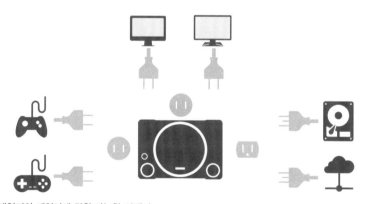

그림 14-8 게임기와 게임기에 탈착 가능한 어댑터

이러한 관계를 애플리케이션에 적용하면 어떻게 될까(그림 14-9)?

인터페이스에도 CLI, GUI 등이 있다. 최근에는 음성인식 기술이 발달해 음성 인터페이스도 가능하다. 인터페이스의 종류는 다양하지만, 애플리케이션에서 보면 사용자의 입력을 전달하고 처리 결과를 사용자에게 다시 알려줄 수만 있다면 그 종류가 무엇이든 상관이 없다.

저장매체도 마찬가지다. 이미 여러 번 설명했듯이, 애플리케이션의 저장매체는 자유로이 교체가 가능한 요소다. 애플리케이션이 필요로 하는 것은 객체를 저장했다가 복원하는 수단이다. 그것이 가능하다면 저장매체가 데이터베이스, 자기 테이프라도 그리 중요한 문제가 못 된다.

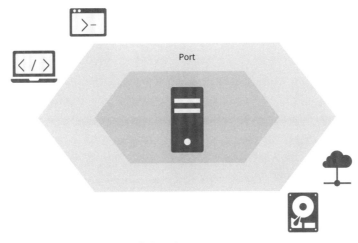

그림 14-9 게임기의 상황을 애플리케이션에 적용한 그림

헥사고날 아키텍처는 이러한 개념을 애플리케이션 구조에 도입한 것이다. 애플리케이션 외의 모듈은 마치 게임 컨트롤러처럼 다른 것으로 바꿔 끼울 수 있는 요소다. 이러한 준비가 되어 있다면 인터페이스나 저장매체가 바뀌는 상황이 생겨도 코어가 되는 애플리케이션에는 그 여파가 미치지 않는다.

헥사고날 아키텍처는 어댑터가 포트 모양만 맞으면 동작하는 것과 같다고 해서 포트앤어댑터(ports-and-adapters)[1]라고 부르기도 한다. 이때 애플리케이션에 대한 입력을 받는 포트 및 어댑터를 각각 프라이머리 포트, 프라이머리 어댑터라고 한다. 반대로 애플리케이션이 외부와 상호작용하는 포트를 세컨더리 포트라고 하며, 이를 구현한 객체를 세컨더리 어댑터라고 한다.

---

1 (옮긴이) 포트(port)는 애플리케이션에서 입출력이 들고나는 단말부를 의미하며, 어댑터(adaptor)는 어떤 인터페이스를 다른 인터페이스로 변환하는 클래스를 의미한다.

지금까지 살펴본 예제 코드는 이 헥사고날 아키텍처를 따르는 코드다. 계층형 아키텍처를 설명할 때 예로 들었던 애플리케이션 서비스, UserApplicationService의 코드를 통해 확인해 보자 (리스트 14-5).

리스트 14-5 사용자 애플리케이션 서비스 UserApplicationService의 코드

```
public class UserApplicationService
{
    private readonly IUserRepository userRepository;
    private readonly UserService userService;

    (...생략...)

    public void Update(UserUpdateCommand command)
    {
        using (var transaction = new TransactionScope())
        {
            var id = new UserId(command.Id);
            var user = userRepository.Find(id);
            if (user == null)
            {
                throw new UserNotFoundException(id);
            }

            if (command.Name != null)
            {
                var name = new UserName(command.Name);
                user.ChangeName(name);
                if (userService.Exists(user))
                {
                    throw new CanNotRegisterUserException(user, "이미 등록된 사용자임");
                }
            }

            // 세컨더리 포트인 IUserRepository의 메서드를 호출
            // 실제 처리는 세컨더리 어댑터가 수행
            userRepository.Save(user);

            transaction.Complete();
```

```
        }
    }
}
```

사용자 정보를 수정하는 Update 메서드를 호출하는 클라이언트는 프라이머리 어댑터가 되고, Update 메서드는 프라이머리 포트가 된다. 프라이머리 어댑터는 새로운 사용자 정보 값을 프라이머리 포트에서 요구하는 UserUpdateCommand 타입으로 변환해 애플리케이션을 호출한다.

애플리케이션은 IUserRepository라는 세컨더리 포트를 호출해 이를 구현한 구현체에(세컨더리 어댑터) 인스턴스 복원이나 저장을 요청한다.

앞서 설명했던 계층형 아키텍처와의 차이점은 인터페이스를 이용해 의존관계를 관리한다는 점이다. 계층형 아키텍처에서는 논리적 계층 분리만 되어 있을 뿐 인터페이스를 사용할지 여부는 강제되지 않는다. 그러나 실무에서는 계층형 아키텍처를 채택하더라도 대부분 인터페이스를 이용한 의존관계 역전을 적용한다. 따라서 양자 간의 실질적인 차이는 거의 없다.

14.2.3 클린 아키텍처

클린 아키텍처는 4개의 동심원이 있는 특징적인 그림으로 설명되는 아키텍처다(그림 14-10).

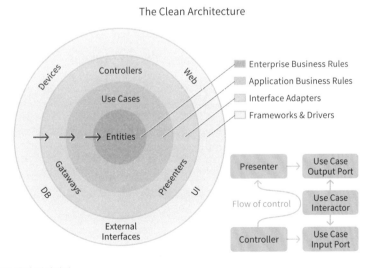

그림 14-10 클린 아키텍처

출처: 「The Clean Code Blog」에서 인용

URL: https://blog.cleancoder.com/uncle-bob/2012/08/13/the-clean-architecture.html

그림 14-10의 요점은 비즈니스 규칙을 캡슐화한 모듈을 중심에 두는 콘셉트다. 그림에 나오는 Entity는 우리가 배운 엔티티를 가리키는 것이 아니다. 클린 아키텍처에서 말하는 엔티티는 비즈니스 규칙을 '캡슐화한 객체' 혹은 '데이터 구조와 함수를 묶은 것'을 가리키는 것으로 굳이 따지면 우리가 배운 도메인 객체에 가까운 개념이다.

클린 아키텍처는 사용자 인터페이스나 데이터스토어 같은 세부사항은 가장자리로 밀어내고, 의존관계의 방향을 안쪽을 향하게 함으로써 세부사항이 추상에 의존하는 의존관계 역전 원칙을 달성한다.

감이 좋은 독자라면 여기까지만 설명해도 알 수 있을 것이다. 즉, 헥사고날 아키텍처와 목적하는 바가 같다. 콘셉트가 같다면 구체적인 차이점은 무엇인지가 궁금해진다.

헥사고날 아키텍처와 클린 아키텍처의 가상 큰 차이점은 구현 내용이 언급되는지 여부에 있다. 헥사고날 아키텍처에서는 포트와 어댑터를 이용해 탈착이 가능하게 하라는 원칙만 있었다. 이에 비해 클린 아키텍처에는 콘셉트를 실현하기 위한 구체적인 구현 방식이 명시된다.

그림 14-10의 오른쪽 아래를 주목하라. 이 그림이 바로 구현 방식을 구체적으로 지시하는 부분이다.

우선 화살표부터 살펴보자. 화살표를 잘 보면 2종류가 있다. 한 가지는 일반적인 화살표고 의존관계를 나타내며, 다른 하나는 속이 빈 화살표고 추상화를 의미한다. 설명을 듣고 그림을 다시 보면 그림 14-11에서 굵은 화살표가 가리키는 〈I〉라는 기호가 눈에 들어올 것이다. 추상화를 의미하는 화살표가 뻗어가는 방향에서 짐작했듯이 〈I〉는 해당 모듈이 인터페이스임을 의미한다. Flow of control은 프로그램이 실행될 때의 제어 흐름을 가리킨다.

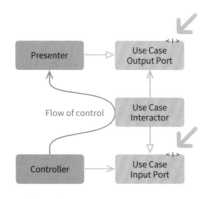

그림 14-11 클린 아키텍처의 오른쪽 아래 그림

그림 14-11을 따라 실제 코드로 구현해 보자. 먼저 InputPort 역할을 할 인터페이스다(리스트 14-6).

리스트 14-6 InputPort 구현

```
public interface IUserGetInputPort
{
    public void Handle(UserGetInputData inputData);
}
```

InputPort는 클라이언트에서 사용하는 인터페이스로, 컨트롤러에서 호출된다.

Interactor는 InputPort를 구현해 유스케이스를 실현한다(리스트 14-7).

리스트 14-7 Interactor 구현

```
public class UserGetInteractor : IUserGetInputPort
{
    private readonly IUserRepository userRepository;
    private readonly IUserGetPresenter presenter;

    public UserGetInteractor(IUserRepository userRepository, IUserGetPresenter presenter)
    {
        this.userRepository = userRepository;
        this.presenter = presenter;
    }

    public void Handle(UserGetInputData inputData)
    {
        var targetId = new UserId(inputData.userId);
        var user = userRepository.Find(targetId);

        var userData = new UserData(user.Id.Value, user.Name.Value);
        var outputData = new UserUpdateOutputData(userData);
        presenter.Output(outputData);
    }
}
```

UserGetInteractor는 애플리케이션 서비스의 메서드를 그대로 클래스로 만든 것이다. 기존 애플리케이션 서비스에서 달라진 것은 presenter 객체가 출력을 받는다는 점이다.

UserGetInteractor는 IUserGetInputPort를 구현하므로 리스트 14-8과 같이 스텁을 만들 수 있다.

리스트 14-8 테스트를 위한 스텁

```
public class StubUserGetInteractor : IUserGetInputPort
{
    private readonly IUserGetPresenter presenter;

    public UserGetInteractor(IUserGetPresenter presenter)
    {
        this.presenter = presenter;
    }

    public void Handle(UserGetInputData inputData)
    {
        var userData = new UserData("test-id", "test-user-name");
        var outputData = new UserUpdateOutputData(userData);
        presenter.Output(outputData);
    }
}
```

클라이언트는 IUserGetInputPort를 통해 Interactor를 호출하므로 구현체를 스텁으로 교체해서 테스트를 실시할 수 있다. 이런 방법으로 원하는 모듈의 테스트를 수행할 수 있다는 점도 클린 아키텍처의 중요한 특징이다.

클린 아키텍처의 콘셉트에서 가장 중요한 것은 비즈니스 모듈을 캡슐화한 모듈을 중심에 두고 의존관계의 방향을 절대적으로 통제하는 데 있다. 이는 헥사고날 아키텍처의 콘셉트와도 일맥상통하는 부분이다.

어느 아키텍처를 사용하든지 도메인 주도 설계에서 가장 중요한 것은 도메인을 적절히 분리하는 것이다. 모든 세부사항이 도메인에 의존하게 하면 소프트웨어의 주도권을 중요도가 높은 도메인이 쥐게 할 수 있다.

14.3 정리

아키텍처에서 공통으로 지적하는 것이 있다. 한 번에 너무 많은 것을 생각하려고 하지 말라는 것이다.

사람은 많은 것을 동시에 생각하기 어렵다. 여러 작업을 하려면 그 작업을 한꺼번에 병렬로 진행하는 것보다는 하나씩 순서대로 처리하는 쪽이 작업 효율이 훨씬 높다. 아키텍처는 원칙을 제시해준다. 따라서 매번 같은 고민을 할 필요 없이 선택지를 줄여주므로 개발자가 더 중요한 일에 집중할 수 있다.

할 일이 명확해질 때 생각의 여지도 생긴다. 아키텍처를 선정하면 모델을 고찰하는 시간을 더 확보할 수 있다.

이번 장에서 소개한 아키텍처만 고집할 필요는 없다. 무슨 일은 하든지 방법은 여러 가지가 있을 수 있다. 도메인을 적절히 분리할 수 있는 수단이라면 무엇이든 가져다 써도 된다.

소프트웨어에서 가장 중요한 것은 사용자의 필요를 만족시키는 것과 문제를 해결하는 것이다. 이러한 본질에 집중할 수 있게 적절한 아키텍처를 선택하기 바란다.

15

앞으로의 학습

이 책을 덮고 난 후에는 어떻게 학습을 계속해야 할까?

드디어 마지막 장에 도달했다. 도메인 개념의 값을 나타내는 '값 객체'부터 시작해 '엔티티'와 '도메인 서비스' 등의 패턴을 한 가지씩 조명하며 학습해왔다. 그리고 패턴을 배우며 하나의 소프트웨어를 만들어가는 과정도 함께 체험했다. 이제는 코드를 구성하는 원칙이 조금은 눈에 들어오기 시작할 것이다.

그런데 이 책의 서두에서 설명했던 도메인 주도 설계의 정의를 기억하는가? 도메인 주도 설계는 모델링 기법과 모델을 코드에 잘 녹여 넣기 위한 실천적인 패턴을 정리한 프랙티스라고 설명했다. 패턴뿐만 아니라 모델링 기법도 도메인 주도 설계의 일부다.

독자 여러분은 지금 막 도메인 주도 설계의 세상으로 가는 문에 도달했다. 문 너머에 펼쳐질 세상을 여행하기 위한 준비를 시작하자.

15.1 경량 DDD에 머무르지 않기 위해

도메인 주도 설계에 쓰이는 패턴만 도입하는 것을 경량 DDD라고 한다.

경량 DDD의 주제는 코드 스타일로 한정되기 때문에 개발자들 선에서 실천하기가 쉽고, 단기적으로 제품에 일정 수준 이상의 질서를 갖추게 할 수 있다. 이 때문에 비용 대비 효과가 높게 느껴지며 패턴을 그저 답습하는 것만으로 만족하는 경우도 생긴다.

하지만 도메인 주도 설계의 진짜 목표는 그저 패턴을 적용하는 것만이 아니다. 패턴을 모든 문제의 해결책으로 삼는 것은 기술만으로 모든 문제를 해결하려는 자세와 다를 바가 전혀 없다.

가장 중요한 것은 도메인의 본질을 파악하는 것이다. 패턴은 절대적인 답이 아니라 도메인을 잘 파악하고 이를 코드로 제대로 표현하기 위한 기술적 보조 수단에 지나지 않는다.

항상 '어떻게 구현할 것인가' 혹은 '어떻게 표현할 것인가'만을 고민해서는 도메인을 제대로 파악할 여유가 생기지 않는다. 패턴은 이런 고민에 빼앗길 시간을 절약해 준다. 그리고 패턴을 통해 얻은 여력으로 도메인에 집중해야 한다.

도메인과 구현을 연결하는 모델링 기법도 도메인 주도 설계의 주요 테마다. 이 책의 역할은 패턴을 소재로 도메인 주도 설계를 배우기 위한 토대로서 기초적 지식을 전달하는 것이지, 경량 DDD에서 만족하게 하는 것이 아니다. 도메인 주도 설계의 모델링 기법을 모두 다루지는 못해도 대표적인 개념을 이번 장에서 살펴볼 것이다.

> **칼럼** 패턴의 남용, 그리고 패턴을 버려야 할 때
>
> 망치를 손에 들면 모든 것이 못으로 보인다는 말이 있다. 마찬가지로 패턴을 익히고 나면 패턴을 적용할 곳을 찾아다니는 자신을 발견하게 된다.
>
> 망치로 친 자리에 있는 것이 모두 못이라면 문제가 없겠지만, 볼트라면 도구를 잘못 선택한 셈이 된다. 패턴에도 보이는 것 모두를 못으로 보이게 하는 마력이 있다.
>
> 도메인을 잘 나타내기 위한 수단으로 패턴을 자유로이 구사할 수 있게 됐다면, 때로는 패턴을 버릴 줄 아는 결단도 필요하다.

15.2 도메인 전문가와 함께 모델링하기

친구와 함께 여행 가기로 한 날, 친구가 헬리콥터를 타고 당신을 만나러 온다면 당황스러울 것이다(그림 15-1).

어떤 대상에 관해 이야기할 때 두 사람의 인식이 서로 어긋나는 경우가 자주 있다. 실제로는 헬리콥터를 타고 친구가 만나러 나올 만큼 서로의 인식이 극단적으로 어긋나는 경우는 드물겠지만, 시스템 개발에서는 이와 별 차이가 없는 황당무계한 오해가 비일비재하다.

그림 15-1 서로 인식이 어긋나는 경우

예를 들어 '사용자 등록하기'와 '사용자 새로 저장하기'라는 표현이 있다고 하자. 두 표현은 결과는 같아도 표현에서 오는 어감에 차이가 있다. 전자는 직관적이며, 후자는 좀 더 시스템의 관점에 가깝다. 이 정도의 차이라면 대화에서도 "'새로 저장하기'는 '등록하기'라는 뜻이겠지."라고 서로 이해할 수 있을 것이다. 사람은 대화의 전문가다. 대화 중 처음 듣는 단어가 나와도 자신의 경험에 비추어 어느 정도 그 의미를 추측할 수 있다.

그러나 더 복잡하고 섬세한 개념에 대한 대화라면 약간 사정이 다르다. 개발자가 쓰는 언어가 시스템의 관점에 더 가까울수록, 이를 듣는 도메인 전문가는 대화를 포기하고 싶어질 것이다. '이 사람들 하는 말이 너무 어렵다. 시스템 개발은 이 사람들이 전문가일 테니 전부 다 맡겨버리는 게 낫겠어.'와 같이 생각하는 상황이 벌어진다.

언어의 차이 때문에 서로 간의 이해를 포기하면 결국 도메인과 코드가 단절되는 결과를 낳는다. 도메인의 개념이 왜곡돼도 이 단절 탓에 왜곡을 눈치채지 못하고 수정조차 불가능해진다. 제품의 코드는 개발자의 이해와 언어 위에 쌓아 올려지는 것이므로 소프트웨어가 엉뚱한 길로 나가게 된다.

개발자는 도메인 전문가와 반드시 대화를 나눠야 한다. 도메인 전문가란 도메인을 실제로 실천하는 사람으로(그림 15-2), 그저 이해관계자를 의미하는 것이 아니다. 도메인을 이해하려면 이들 도메인 전문가가 속하는 세계가 어떠한지 그들의 관점에서는 무엇이 보이는지를 알아야 한다. 이왕 같은 노력을 들인다면, 시스템 관점의 언어를 도메인 전문가의 언어로 변환하기보다는 도메인 개념을 왜곡하지 않는 개발자와 도메인 전문가 사이의 공통 언어로 소통한다는 마음을 가져야 한다.

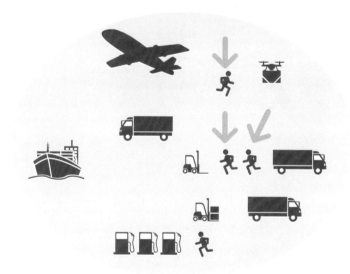

그림 15-2 도메인을 실천하는 도메인 전문가

15.2.1 해결이 필요한 진짜 문제 찾기

도메인 전문가와 대화를 나누면 소프트웨어의 방향성을 결정하는 데 도움을 받을 수 있다. 그렇다고 개발자가 도메인 전문가와 무조건 같은 입장에 서라는 말은 아니다.

도메인 전문가가 문제로 보는 사안은 실제로는 사소한 것에 불과하고 진짜 문제는 전혀 다른 곳에 있는 경우도 있다. 도메인 전문가와 무조건 같은 입장에 서기만 해서는 이 차이를 깨닫기 어렵다. 정말 해결이 필요한 문제는 개발자와 도메인 전문가의 대화를 통해 발견된다.

개발자는 도메인 전문가와 협력해 유익한 도메인의 개념을 뽑아내야 한다. 이렇게 뽑아낸 개념이 도메인 모델이다. 여기서 주의할 점은 도메인 전문가가 모든 도메인 개념을 안다고 생각해서는 안 된다는 것이다.

의외로 사람은 자신이 원하는 것이 무엇인지 모르는 경우가 많다. 시스템에 대한 지식이 없는 도메인 전문가 역시 새로운 소프트웨어가 도메인 활동에 어떤 도움을 줄 수 있는지 알지 못한다(그림 15-3). 평생 종이와 연필만 사용했던 사람이 데이터베이스의 유용함을 이해하기 어려운 것과 마찬가지다.

그림 15-3 **상상도 하지 못했던 세계**

또 도메인 전문가는 방대한 지식을 갖고 있지만, 그중 어떤 지식이 시스템에 유용할 것인지는 알지 못한다. 이것을 알려면 시스템이 어떤 일을 할 수 있는지 이해해야 한다.

그렇다고 개발자가 도메인 전문가의 말을 듣기만 해서도 안 된다. 개발자의 임무는 도메인 전문가와의 대화에서 시스템에 유용한 개념과 지식을 뽑아내는 것이다. 때에 따라서는 개발자가 시스템에 필요한 것이 무엇인지 도메인 전문가를 이해시켜야 할 수도 있다. 대화란 서로 주고받는 것이다. 도메인 전문가와 개발자가 협력하며 도메인 개념 중에서 유용한 지식을 골라내 도메인 모델로 승화시켜야 한다.

그러나 도메인 전문가를 보조하는 소프트웨어를 만드는 프로젝트임에도 도메인 전문가가 전혀 관여하지 않는(혹은 못 하는) 프로젝트도 있다. 도메인 전문가 없이 개발자와 이해관계자만 회의에 참석하거나 심하면 이해관계자 선에서 모든 사항이 결정되는 경우도 있다. 소프트웨어를 사용할 당사자에 대한 인터뷰도 이해관계자를 거쳐 간접 인터뷰가 되기 십상이다. 당연하지만 이런 경우에는 가치 있는 도메인 모델을 뽑아내기 어려우며, 그 모델로 만들어진 소프트웨어도 부족한 기능 탓에 사용자들에게 뒤로 타박을 당하기 일쑤다. "새 시스템이 쓸 만한 게 못 된다." 라고 말이다.

지식을 증류하는 작업은 개발자와 도메인 전문가의 공동 작업이어야 한다. 그래야만 개발자가 겉핥기 수준을 넘어 도메인 전문가가 겪는 진짜 문제를 이해하고 애플리케이션이 할 일이 무엇인지 알 수 있다. 그래야만 비로소 문제 해결에 한 발짝 다가설 수 있는 것이다.

만약 프로젝트 책임자 혹은 이해관계자로서 프로젝트를 성공시켜야 하는 입장에 있다면 한 가지 조언을 하고 싶다. 도메인 전문가와 대화를 중개하는 역할을 맡을 것이 아니라 개발자가 도메인 전문가와 더 많은 대화를 나눌 수 있게 돕는 역할을 맡아야 한다. 비즈니스의 관점을 개발자와 공유하고 주체가 되어 이해하게 하는 방법으로 이보다 나은 것은 없다.

15.2.2 도메인과 코드를 연결하는 모델

소프트웨어 개발의 최종 성과물은 코드다. 모델은 이러한 코드와 도메인을 연결하는 다리 역할을 한다.

간혹 전문가가 자신이 만든 모델을 있는 그대로 개발자에게 강요하는 경우가 있다. 이런 모델은 구현을 위한 배려가 결여되거나 아예 구현이 불가능한 경우가 많다. 개발자는 이런 모델을 받은 다음, 이 무책임한 모델을 참고해 기술적으로 구현 가능한 모델을 새로이 만드는 작업을 한다. 그러나 이렇게 만든 새로운 모델에는 중요한 지식이 빠져 있거나 불필요한 지식이 많이 섞여 있기 쉽다. 설계 및 구현 단계에서도 도메인의 새로운 면을 이해하고 발견하는 경우가 있다. 모델이 설계와 단절돼 있다면 이때 발견된 내용을 피드백해서 모델을 개선하는 것이 불가능하다.

도메인과 코드는 모델을 통해 연결된다. 도메인과 코드는 모델을 통해 항상 소통하면서 소프트웨어가 도메인을 더 잘 나타내는 모델을 가질 수 있게 해야 한다(그림 15-4).

그림 15-4 모델과 코드의 상호 피드백

15.3 보편 언어

사람은 언어를 통해 의사소통한다(그림 15-5). 프로그래밍의 패턴도 그 대표적인 예다. 이 책을 여기까지 읽었다면 '엔티티'가 가리키는 대상이 어떤 것인지 잘 이해하고 있을 것이다. 사람은 사물이나 개념에 이름을 붙이고 그 대상에 대한 인식을 공유함으로써 의사소통을 할 수 있다.

한 가지 개념에 여러 이름이 붙어 있다면 당연히 의사소통에 혼란이 올 것이다. 소프트웨어 개발 현장에서도 이런 일이 자주 일어난다. 앞서 예로 들었듯이, 도메인 전문가는 '사용자 등록하기'라는 표현을 쓰는데, 개발자가 '사용자를 새로 저장하기'라는 표현을 사용하는 경우가 바로 이런 경우다. 같은 기능인데도 도메인 전문가와 개발자의 표현이 서로 다르다.

코끼리

그림 15-5 이름을 통한 인식의 공유

개발자는 항상 기술적인 일을 생각한다. '사용자 등록하기'라는 말을 들으면 곧장 관계형 데이터베이스에 사용할 SQL 쿼리가 머리를 스치고, 사용자를 등록한다는 기능의 본질 대신 '사용자 정보를 데이터스토어에 새로 저장하기'라는 구체적인 처리 과정에 집중하기가 쉽다. 이런 경향은 직업병에 가까운 것으로, 개발자를 탓할 거리는 못 된다.

그러나 도메인 전문가와 개발자가 사용하는 언어가 완전히 다르다면 의사소통에 심각한 장해가 발생한다. 개발자는 도메인 전문가로부터 가치 있는 도메인 모델이 무엇인지 알아내야 한다. 이 목적을 달성하려면 도메인 전문가와 같은 언어로 대화해야 한다.

물론 개발자 사이에서도 언어의 불일치가 의사소통에 방해되는 경우가 있다. 예를 들어 다음과 같이 '사용자 등록하기'라는 유스케이스가 변경된 경우를 생각해 보자.

리스트 15-1 사용자 등록 처리는 무엇일까?

```
public class UserApplicationService
{
    public void SaveNew(UserSaveNewCommand command);
    public void Update(UserUpdateCommand command);
    public void Remove(UserRemoveCommand command);
}
```

클래스 정의를 훑어봐도 '사용자 등록하기'가 보이지 않는다. 물론 프로젝트를 속속들이 아는 개발자라면 UserApplicationService.SaveNew 메서드가 '사용자 등록하기' 기능임을 알 테니 바로 해당 메서드를 찾아갈 수 있을 것이다. 그러나 프로젝트에 참여한 지 얼마 안 된 개발자라면 '사용자 등록하기'에 해당하는 메서드명을 찾지 못하니 우선 코드를 일일이 읽어볼 수밖에 없다.

이런 미묘한 언어의 차이가 불러오는 작은 스트레스가 쌓여 막대한 비용으로 돌아온다. 서로의 언어를 변환하는 노력을 더욱 본질적인 곳에 집중할 수 있다면 더욱더 건설적인 결과를 얻을 수 있을 것이다. 개발자 간의 의사소통에도 공통의 언어를 사용하는 것이 바람직하다.

이렇게 언어의 차이로 인한 비용을 절감하려면 프로젝트 참가자의 공통 언어를 만들 필요성이 있다. 여기서 말하는 공통 언어를 보편 언어라고 한다. 보편이란 '널리 두루 미치는 것, 모든 것에 공통되는 것'이라는 의미다. 즉, 보편 언어는 프로젝트 내 모든 곳에서 사용해야 할 언어라는 의미를 갖는다. 도메인 전문가와의 대화는 물론이고 개발자 간의 의사소통이나 코드에도 보편 언어를 사용해야 한다.

도메인 전문가의 언어가 자주 보이므로 언뜻 보면 보편 언어는 개발자가 양보해 도메인 전문가의 언어를 받아들인 것으로 보이기 쉬우나, 상황이 그렇게 단순하지는 않다. 보편 언어는 프로젝트에서 사용하기 위해 만든 공통 언어이므로 도메인 전문가의 언어를 그대로 가져온 것이 아니다. 도메인 전문가의 언어는 시스템에 적합하지 않은 부분이 있다.

대화 중에 단어의 정의가 정확하지 않거나 애매한 경우를 발견하면 더 적합한 표현을 찾는다. 도메인 전문가와 개발자 누구라도 이런 단어를 지적하고 새로운 표현으로 수정할 수 있다.

이렇게 양방향에서 보편 언어를 다듬어 나가는 과정을 통해 개발자는 도메인을 더 깊이 이해할 수 있고, 도메인 전문가는 개발자가 필요로 하는 지식이 어떤 것인지에 대한 감각을 키워갈 수 있다.

언어는 문화다. 서로의 대화가 헛돌지 않을 수 있는 언어 기반을 만들어가는 것은 말 그대로 서로의 문화를 알아가는 교류다.

15.3.1 깊은 통찰을 얻으려면

모델에 대한 깊은 통찰을 얻으려면 보편 언어에 기반한 대화가 중요하다.

모국어가 아닌 언어로 대화하려면 번역이 필요하다. 언어 자체보다는 대화의 내용에 집중해야 함에도 특정 단어의 의미에 함몰되기 일쑤다. 이렇게 낭비되는 노력은 무의식적으로 지출되는 비용이 된다. 같은 언어로 대화할 수 있다면 이러한 비용은 불필요했을 것이다. 통역은 커뮤니케이션을 정체하게 하는 원인의 하나다.

보편 언어가 충분히 보급되지 않았거나 전혀 사용되지 않는 프로젝트는 항상 통역을 거쳐야 하는 상황과 같다. 도메인 전문가는 기술적 전문 용어나 시스템을 이해하지 못하며 독자적인 전문 용어로 대화한다. 반면 개발자는 이 전문 용어를 다시 개발자의 언어로 번역해야 한다. 여기에 들어가는 비용이 얼마나 될까?

논의 과정에서 말의 뉘앙스는 찰나에 지나가지만, 때로는 이 뉘앙스가 중요한 개념의 힌트가 된다. 문서에도 나오지 않는 힌트를 놓치지 않으려면 항상 대화에 집중해야 한다. 통역을 기다 릴 여유가 없다.

개발자도 자신이 잘 알지 못하는 도메인을 이해하기 위해 노력하지만, 도메인 전문가의 협력을 받지 못하면 이러한 노력도 어중간한 이해나 오해로 이어지기 쉽다. 잘못된 이해가 다시 개발 팀 내에서 공유되고 결국 도메인 개념과 동떨어진 객체로 구현된다. 남의 일이라면 좋겠지만, 내 일이라면 그만한 비극이 없다.

이런 일을 막으려면 쌍방이 같은 언어를 쓴다고 생각해도 두 가지 다른 방언을 쓰고 있다는 것 을 깨달아야 한다. 단절은 필연적으로 존재한다.

어중간한 이해나 오해는 프로젝트가 진행됨에 따라 심각한 문제를 일으킨다. 같은 비용을 들인 다면 통역 비용 대신 프로젝트 내 공용 언어인 보편 언어를 만들고 유지하는 것이 훨씬 더 건설 적이다.

물론 처음에는 마음먹은 대로 잘 되지 않는다. 새로운 외국어를 배울 때처럼 갑갑할 때가 많다. 그러나 익숙해지기만 하면 통역 없이 외국어로 대화하는 것보다 훨씬 유창하게 대화할 수 있을 것이다.

보편 언어로 대화하다 보면 도메인 개념을 설명할 때 제대로 전달하기 어려운 용어, 애매한 단 어 등을 발견하게 될 것이다. 바로 이런 것들이 깊은 통찰로 이어지는 계기가 된다. 왜 전달하 기 어려운지, 어떤 부분이 애매한지, 이런 것으로 개발자와 도메인 전문가가 서로 지적해 나가 는 과정에서 모델이 좀 더 정제되고 도메인 지식을 제대로 표현할 수 있게 된다.

15.3.2 코드에서 사용되는 보편 언어

보편 언어는 어느 곳에서든 이용된다. 대화는 물론이고 문서에서도 보편 언어를 사용하며, 최 종 성과물인 코드에도 사용할 수 있다.

'사용자명 변경하기'라는 표현이 도메인에서 자연스러운 표현이라면 코드에도 '이름 변경하기' 라는 말이 충실히 표현돼야 한다.

```
public class User
{
    public void ChangeName(UserName name)
    {
        (...생략...)
    }
}
```

개발자가 '변경하기'라는 자연스러운 표현을 무시하고 구현 내용에 가까운 '데이터 수정'이라는 표현을 사용했다면 다음과 같은 코드가 됐을 것이다(리스트 15-3).

리스트 15-3 도메인의 표현으로 부자연스러운 표현이 사용된 코드

```
public class User
{
    public void UpdateName(UserName name)
    {
        (...생략...)
    }
}
```

결과적으로 User 클래스의 정의에서 '변경하기'라는 표현이 사라졌다. 이 코드를 제대로 이해하려면 도메인 전문가가 이름 '변경'이라는 표현을 쓸 때마다 개발자가 의식적으로 이름 '수정'으로 머릿속에서 고쳐 생각해야 한다. 지금 같은 간단한 코드라면 문제가 없겠지만, 클래스명부터 이러한 차이가 시작되는 경우라면 머릿속에서 바꿔 생각하는 것도 한계에 봉착한다.

또 보편 언어를 따라 '이름 변경'이라는 표현을 사용하지 않는다면 코드 수정의 정당성을 모든 관계자가 이해할 수 있는 기회를 잃게 된다. 예를 들어 '이름 변경'에 대한 규칙이 바뀌었다면 UpdateName 메서드를 수정하는 정당성은 개발자만 알 수 있다. 이 메서드의 이름이 '이름 변경'이 아니라 '이름 수정'이기 때문이다.

코드가 도메인 모델을 잘 반영한다면 도메인에 일어난 변화도 그대로 코드에 적용할 수 있다(그림 15-6). 모델을 코드로 옮길 때 보편 언어를 사용하는 것은 설계와 코드를 연결 짓는 중요한 작업이다.

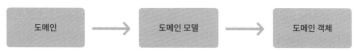

그림 15-6 도메인에 일어난 변화가 코드에 적용되는 과정

칼럼 **보편 언어와 우리말의 관계**

클래스 정의와 메서드 정의는 프로그램 코드인 만큼 영문자로 작성된다. 여기서 우리말과 영어 사이의 벽이 문제가 될 수 있다.

앞서 본문에서도 언급했던 '사용자명 변경하기'라는 표현을 코드로 정확히 옮기면 리스트 15-4와 같은 코드가 돼야 한다.

리스트 15-4 우리말로 작성한 사용자 엔티티 정의

```
public class 사용자
{
    private 사용자명 name;

    public 사용자(사용자명 name)
    {
        this.name = name;
    }

    public void 이름변경하기(사용자명 name)
    {
        if (name == null)
            throw new ArgumentNullException(nameof(name));
        this.name = name;
    }
}
```

리스트 15-4의 코드가 아무리 보편 언어의 표현을 따른다고 해도, 우리말로 코드를 작성한다는 것은 꽤 강한 제약이다. 영문자가 아니면 에디터의 자동완성 기능을 사용할 수 없는 경우도 있고, 프로그래밍 언어 중에는 아예 멀티바이트 문자를 코드에 사용할 수 없는 것도 있다.

반대로 도메인 전문가와 영어만으로 대화한다는 것도 불가능하다. 그들에게도 나름의 업무가 있다. 무조건적인 협력을 얻을 수는 없다.

결국 대화는 우리말로 하되, 이 내용을 영어로 번역해서 클래스명과 메서드명을 짓는 현실적인 타협안을 택하게 된다. 하지만 적절한 영어 번역이 무엇이냐 하는 과제는 아직도 남아있다.

15.4 컨텍스트의 경계 정하기

보편 언어만큼이나 중요한 주제가 컨텍스트의 경계를 정하는 것이다. 컨텍스트의 경계는 도메인의 국경과 견줄 만하다. 국경을 넘으면 사용되는 언어도 달라지듯 도메인에도 경계가 있어서 이 경계를 넘어서면 보편 언어도 달라질 수 있다.

비즈니스가 동질적인 한 덩어리인 경우는 드물다. 보편 언어를 만들고 비즈니스에 대한 이해를 깊게 하다 보면, 같은 대상을 가리키는 서로 다른 단어가 있다거나 반대로 같은 단어가 하나 이상의 의미를 갖는 상황을 마주치게 된다. 그러나 이런 현상이 꼭 단어의 정의가 불분명하기 때문에 일어나는 것은 아니다. 이런 현상을 겪고 있다면 여러 컨텍스트의 경계 위에 있을 가능성이 높다.

이번에도 우리가 만든 애플리케이션을 예로 들어 보겠다. 이 애플리케이션에는 지금 사용자와 서클, 이렇게 2가지 모델이 있다. 사용자는 사람이 소프트웨어를 처음 이용하기 위해 반드시 등록하는, 말하자면 시스템상의 분신이다. 서클은 취미를 공유하는 등 일정한 목적을 가진 사용자들의 모임이다. 사용자는 서클을 만들거나 원하는 서클에 소속될 수 있다. 여기까지는 아무 문제가 없다.

그러나 시스템을 이용하기 위한 로그인은 어떨까? 사람이 사용자로 로그인해 시스템 이용을 시작한다. 로그인하려면 ID와 패스워드가 필요하다. ID로는 사용자명을 쓸 수도 있겠지만, 패스워드는 별도의 필드가 있어야 한다. 리스트 15-5의 코드는 User 클래스에 새로운 패스워드 속성을 추가하고 패스워드를 이용한 인증을 거칠 수 있게 한 것이다.

리스트 15-5 패스워드 인증을 위한 메서드 추가하기

```
public class User
{
    private UserName name;
    private Password password;

    public User(UserId id, UserName name, Password password)
    {
        if (id == null) throw new ArgumentNullException(nameof(id));
        if (name == null) throw new ArgumentNullException(nameof(name));
```

```
        if (password == null) throw new ArgumentNullException(nameof(password));

        Id = id;
        this.name = name;
        this.password = password;
    }

    public UserId Id { get; }

    public void ChangeName(UserName name)
    {
        if (name == null) throw new ArgumentNullException(nameof(name));
        this.name = name;
    }

    public bool IsSamePassword(Password password)
    {
        return this.password.Equals(password);
    }
}
```

패스워드는 평문 패스워드의 해시값을 저장한 값 객체로서, 패스워드 일치 여부는 이 해시값을 비교하는 방식으로 확인한다. 여기서 문제는 패스워드가 일치하는지 비교하는 메서드를 사용자를 나타내는 User 객체의 행위로 정의해야 하는가다.

서클을 만들거나 서클에 소속되는 사용자와 시스템에서 말하는 사용자는 같은 단어지만, 그 배경과 목적은 전혀 다르다. 본래 사용자의 활동에 패스워드라는 개념은 없었다. 이 같은 일이 벌어진 이유는 관점이 바뀌면 무엇이 중요한지도 바뀌기 때문이다.

이런 상황에서 서로 다른 개념을 같은 객체에 꼭 억지로 욱여넣을 필요는 없다. 이름은 같지만, 별개의 객체로 정의하는 쪽이 더 낫다(리스트 15-6).

리스트 15-6 서로 다른 객체로 정의한 두 가지 사용자 개념

```
namespace Core.Model.Users
{
```

```
    public class User
    {
        private UserName name;

        public User(UserId id, UserName name)
        {
            if (id == null) throw new ArgumentNullException(nameof(id));
            if (name == null) throw new ArgumentNullException(nameof(name));

            Id = id;
            this.name = name;
        }

        public UserId Id { get; }

        public void ChangeName(UserName name)
        {
            if (name == null) throw new ArgumentNullException(nameof(name));
            this.name = name;
        }
    }
}

namespace Authenticate.Model.Users
{
    public class User
    {
        private Password password;

        public User(UserId id, Password password)
        {
            if (id == null) throw new ArgumentNullException(nameof(id));
            if (password == null) throw new ArgumentNullException(nameof(password));

            Id = id;
            this.password = password;
        }
```

```
    public UserId Id { get; }

    public bool IsSamePassword(Password password)
    {
        return this.password.Equals(password);
    }
    }
}
```

한 패키지 안에 같은 이름의 클래스를 2개 만들 수는 없으므로 패키지를 서로 다르게 한다. Core 패키지와 Authenticate 패키지는 같은 도메인이지만, 서로 다른 시스템이다. 이런 방법으로 2개의 사용자 개념을 별개의 모델로 만들 수 있다.

덧붙이자면, 서로 다른 컨텍스트는 별개의 시스템이므로 같은 데이터 소스를 이용하더라도 구체적인 기술 기반은 서로 다른 것을 사용할 수 있다. 어느 한쪽이 SQL을 직접 실행하면서 다른 쪽은 ORM을 적용할 수도 있다. 이런 구성은 레거시 시스템을 유지하는 시스템에서 자주 볼 수 있다.

시스템의 규모가 커지면 통일된 모델을 유지하기가 어렵다. 통일된 모델을 억지로 유지하는 코드는 거대하고 제약이 많은 객체가 되는 경우가 많다. 서로 다른 컨텍스트의 사정에 따라 복잡해진 객체 탓에 변경에 어려움이 많을 것이다.

변경에 어려움이 생기지 않게 하려면 모델을 포착하는 방식이 달라지는 지점에서 시스템을 분할한다. 그리고 이렇게 분할된 영역마다 언어를 통일한다. 영역을 분할한다는 것은 달리 말하면 경계를 긋는 것이며 이 경계가 바로 컨텍스트의 경계다.

15.5 컨텍스트맵

경계를 긋고 이에 따라 컨텍스트를 분할하면 각 컨텍스트는 쉽게 이해할 수 있지만, 거꾸로 모든 컨텍스트가 연결된 전체 도메인의 큰 그림이 보이지 않는다. 소프트웨어를 변경할 때 특정한 컨텍스트에 너무 집중하면 나머지 컨텍스트와의 관계를 놓치기 쉽다.

예를 들어 시스템 리소스 문제가 있어 리소스를 절약해야 하는 상황에서 Authenticate 패키지를 개발하는 팀이 사용자 객체의 식별자를 UserId 대신 UserName으로 바꾸려 한다고 생각해 보자. Authenticate 패키지의 User 클래스는 리스트 15-7과 같이 변경될 것이다.

리스트 15-7 식별자를 사용자명으로 변경하기

```
namespace Authenticate.Model.Users
{
    public class User
    {
        private Password password;

        public User(UserName id, Password password)
        {
            if (id == null) throw new ArgumentNullException(nameof(id));
            if (password == null) throw new ArgumentNullException(nameof(password));

            Id = id;
            this.password = password;
        }

        public UserName Id { get; }

        public bool IsSamePassword(Password password)
        {
            return this.password.Equals(password);
        }
    }
}
```

리스트 15-7만으로는 문제가 없어 보이지만, Core 패키지의 User 클래스에서 문제가 발생한다 (리스트 15-8).

```
namespace Core.Model.Users
{
    public class User
    {
        private UserName name;

        // UserId를 그대로 식별자로 사용 중
        public User(UserId id, UserName name)
        {
            if (id == null) throw new ArgumentNullException(nameof(id));
            if (name == null) throw new ArgumentNullException(nameof(name));

            Id = id;
            this.name = name;
        }

        public UserId Id { get; }

        // 이젠 UserName이 식별자인데 식별자를 변경한다
        public void ChangeName(UserName name)
        {
            if (name == null) throw new ArgumentNullException(nameof(name));
            this.name = name;
        }
    }
}
```

Core 패키지는 UserName을 User 클래스의 식별자로 삼도록 수정되지 않았다. 결국 Authenticate 패키지를 담당하는 팀의 변경한 내용이 Core 패키지까지 전달되지 않아 User 클래스의 명세가 서로 다르게 된다. 컨텍스트가 분리되면서 다른 컨텍스트에 대한 영향을 놓친 것이다.

이런 혼란을 피하려면 컨텍스트 간의 관계를 정의하고 전체 도메인을 내려다 볼 수 있는 컨텍스트맵을 만들어야 한다(그림 15-7).

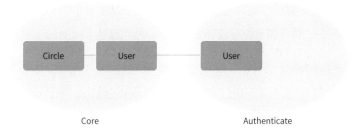

그림 15-7 Core 패키지와 Authenticate 패키지의 관계를 나타낸 컨텍스트맵

개발자는 컨텍스트맵을 보고 모델 간의 관계를 파악한 다음 작업을 시작한다.

15.5.1 팀과 팀 사이의 가교 역할을 하는 테스트

시스템이 성장함에 따라 개발팀의 규모도 커진다. 모든 개발자가 똑같이 거대한 도메인을 상대하기에는 효율이 떨어지므로 팀을 분할하게 된다. 컨텍스트의 경계는 팀을 나누는 윤곽 역할도 한다.

자신의 컨텍스트에서 변경이 필요할 때는 먼저 컨텍스트맵을 확인한 다음, 인접한 컨텍스트에 미치는 영향이 있다면 해당 컨텍스트를 관리하는 팀과 교섭을 진행한다.

상황에 따라서는 한쪽이 관리하는 컨텍스트의 모듈을 대신 수정해야 할 수도 있으며, 컨텍스트의 관계에 상류와 하류가 생기는 경우도 있다. 이런 경우 상류에 해당하는 컨텍스트를 담당하는 팀의 상황이 여유롭다면 문제가 없지만, 하류에 해당하는 컨텍스트와 이를 담당하는 팀이 여럿 있는 경우에는 들어오는 요청을 모두 처리하지 못해 문제가 생긴다.

상류 팀은 항상 자신들의 위치가 크리티컬 경로상에 있음을 인식하며 하류 팀의 요청을 들어줄 의무가 있다는 것을 알아야 한다. 그러나 현실적인 문제로 인원이 부족하다면 모든 팀의 요청을 동시에 만족시키기는 불가능하다. 이런 상황에서 팀과 팀 사이의 가교 역할을 하는 것이 바로 테스트다.

부연하자면, 하류 팀은 먼저 상류 팀과 협력해 원하는 명세를 검증하는 테스트를 만든다. 상류 팀은 수정에 따른 영향이 의도치 않게 프로그램을 파괴하더라도 이 테스트로 조기에 영향을 발견할 수 있다.

이상적인 상황은 하류 팀이 상류 팀을 의식하지 않고 자유롭게 집중하는 것이다. 이런 상황이 실현되지 않으면 지속해서 모델을 수정하는 작업은 그저 허황된 꿈에 지나지 않는다.

프로바이더 측에서 작업 중이라면 클라이언트 측에 먼저 협력을 요청하기 바란다. 클라이언트 측에서 작업하는 입장이라면 프로바이더 측에 먼저 협력을 제의하기 바란다. 테스트가 두 팀을 연결하는 가교가 되어줄 것이다.

15.6 상향식 도메인 주도 설계

어떤 대상에 대한 접근법은 크게 상향식(Bottom-up)과 하향식(Top-down) 두 가지로 나뉜다. 도메인 주도 설계는 이 중 어떤 쪽일까?

개인적으로 도메인 주도 설계는 상향식에 가깝다고 본다.

도메인 주도 설계의 주역은 도메인이다. 어떤 소프트웨어를 만들지는 그다음 문제다. 실제로, 도메인 전문가가 필요하다고 판단했던 요소가 결국 판단 착오로 결론 나는 경우가 있다. 산출물 중심이 아니라 먼저 어떤 문제를 해결할지부터 시작하는 접근법은 상향식 스타일에 가깝다.

이 책에 적용된 접근법 역시 상향식이다. 도메인 주도 설계를 구성하는 요소 중 가장 밑바탕에 해당하는 것부터 하나씩 설명했다. 그리고 설명 내용 자체도 정의부터 시작하는 하향식이 아니라 먼저 실무에서 부닥칠 수 있는 문제를 제시한 다음, 그 문제를 풀어가는 작업을 통해 설명했다. 이 책은 도메인 주도 설계의 패턴을 가르치며 동시에 이를 실천하는 교본의 역할을 하고 새로운 지식을 마주하는 요령을 알려준다.

어떤 지식을 얻기 위해 사전 지식이 필요한 경우가 많다. 지식은 사슬과도 같이 이어진다. 상향식으로 지식을 쌓아 올리다 보면 반드시 이해에 도달할 수 있다.

15.7 정리

지금까지 설명했듯이 상향식으로 도메인 주도 설계를 적용하는 것만으로도 코드가 놀랄 만큼 변화하는 것을 알 수 있다. 소프트웨어의 앞날도 그만큼 밝아졌을 것이다.

도메인 주도 설계의 목적은 모델을 통해 도메인과 코드를 연결하고 이를 반복적으로 개선해 나가는 것이지, 패턴을 맹목적으로 따르는 것이 아니다. 사용자에게 정말로 유용한 소프트웨어를 만들려면 우선 그 사용자에 대해 잘 알아야 한다. 도메인에 관한 문제는 도메인을 둘러싼 환경을 이해하지 못하는 한 완전히 이해했다고 할 수 없다.

이번 장에서 설명한 '보편 언어'와 '컨텍스트의 경계 정하기'는 그 주제의 개요를 설명한 것에 지나지 않는다. 이들 주제를 설명하는 것은 필자의 역할이 아니기 때문이다.

이 책을 읽고 도메인 주도 설계를 조금이라도 친근하게 느껴 더 높은 경지를 향하겠다고 마음 먹었다면 에릭 에반스의 『도메인 주도 설계』를 꼭 읽어 보기 바란다. 이 책의 내용은 한 개발자의 이야기다. 이 책에서 미처 설명하지 못한 내용은 에릭에게서 직접 듣기 바란다.

독자 여러분의 눈앞에 있는 문은 잠긴 문이 아니다. 도메인 주도 설계로 가는 문을 지금 활짝 열어젖히기 바란다.

솔루션 구성

솔루션 구성을 소개한다.

솔루션 구성은 개발 초기에 결정해야 하는 사항인 만큼 많은 고민을 안겨주는 것이기도 하다. 이 책에서 배운 내용을 바로 써먹어 보려면 이 허들을 넘어야 한다.

이 부록은 계층형 아키텍처를 예로 솔루션을 구성하고 각 레이어를 배치하는 과정을 다룬다.

A.1 소프트웨어 개발의 첫걸음

소프트웨어 개발에서 가장 먼저 해야 할 작업은 솔루션 구성을 결정하는 일이다. 그러나 솔루션 구성은 까다로운 작업이다. 왜냐하면 여기서 결정된 내용이 제품이 살아있는 내내 영향을 미치기 때문이다.

물론 개발자는 리팩터링에 적극적이다. 하지만 여러 프로젝트를 한꺼번에 건드리거나 프로젝트의 근본적인 구성 자체를 변경하는 리팩터링에는 아무래도 머뭇거릴 수밖에 없다. 이런 이유로 솔루션 구성을 결정하는 작업은 중요한 작업으로 여겨진다.

이렇다 보니 개발자도 솔루션 구성 작업에는 신중해지기 마련이다. 이 부록에서는 독자 여러분을 독려하는 마음을 담아 솔루션 구성을 결정할 때 고려할 사항과 구체적인 구성을 제시하고자 한다.

> **칼럼** 프로젝트 관리와 관련된 C# 용어
>
> 비주얼 스튜디오에서 C#으로 개발을 시작하려면 먼저 프로젝트 솔루션을 만들어야 한다.
>
> 프로젝트는 프로그램을 만들기 위해 필요한 파일을 관리하는 수단으로, 실제 소스코드와 리소스(이미지 등)를 담고 있다.
>
> 솔루션이란 이 프로젝트를 여러 개 묶어 관리하는 것을 말한다.
>
> 자바로 바꿔 말하면 IntelliJ IDEA의 프로젝트가 솔루션에 해당하고, 모듈이 프로젝트에 해당한다(Eclipse의 경우 워크스페이스가 솔루션, 프로젝트가 프로젝트에 해당한다).

4계층과 패키지 구성

이 부록에서는 14장에서 소개했던 계층형 아키텍처를 적용해 패키지 분할을 진행한다.

계층형 아키텍처는 다음과 같은 4계층으로 구성된다.

- 프레젠테이션 계층
- 애플리케이션 계층

- 도메인 계층

- 인프라스트럭처 계층

솔루션 구성에 들어가기 전에 먼저 각 패키지의 구성을 살펴보자.

그리고 프레젠테이션 레이어는 ASP.net Core MVC 프로젝트이므로 패키지 구성에서는 설명하지 않는다.

A.1.1 도메인 레이어의 패키지 구성

가장 궁금했을 도메인 레이어부터 살펴보겠다. 이 레이어는 기술적 라이브러리에 의존하지 않는다.

그림 A–1은 도메인 레이어의 패키지 구성이다.

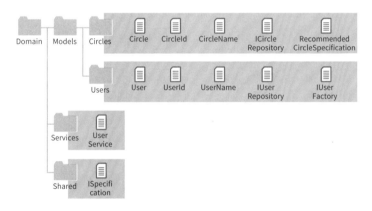

그림 A–1 도메인 레이어의 구성

그림 A–1을 보면 루트 패키지가 Domain이라고 되어 있지만, 실제로는 컨텍스트의 명칭이다. 도메인 레이어의 패키지 구성은 크게 세 종류로 나뉜다.

첫 번째인 Domain.Model 패키지에는 도메인 객체가 위치한다. 애그리게이트를 구성하는 엔티티나 값 객체는 물론이고 애그리게이트의 생성을 담당하는 팩토리나 리포지토리, 명세도 이곳에 위치한다.

Model 아래에 있는 패키지의 이름이 Circles나 Users처럼 복수형을 취하는 이유는 C#에서 동일한 이름의 클래스와 패키지를 모두 만들 수 없기 때문[1]이다. C# 외에 동일한 이름의 클래스와 패키지를 모두 만들 수 있는 프로그래밍 언어를 사용한다면 패키지 이름을 단수형으로 하는 경우가 많다.

그런데 여기서 팩토리나 리포지토리가 엔티티나 값 객체 같은 도메인 객체와 한 패키지에 위치한다는 점에 의아한 생각이 드는 독자도 있을 것이다. 패키지를 구성할 때 클래스의 성격에 주목한다면 Domain.Factories나 Domain.Repositories 같은 패키지를 떠올리기 쉽다. 그러나 이런 구성은 그리 좋은 생각이 아니다.

예를 들어 똑같이 자르는 데 쓰는 도구라는 이유로 사무용 칼과 식칼을 같은 곳에 둔다거나 둘 다 무언가를 뜨는 도구라는 이유로 국자와 꽃삽을 같이 두지는 않을 것이다. 클래스의 성격만으로 클래스 배치를 결정하는 것노 이와 마찬가지다.

User 클래스에는 팩토리와 리포지토리가 있다. 팩토리를 통해 객체를 만들고 리포지토리가 저장 및 복원을 맡는다. 그러므로 User 클래스의 생성자 메서드는 팩토리나 리포지토리에서 호출될 것을 전제로 만들어진다. 이 점을 후임 개발자도 자연스럽게 알 수 있게 팩토리와 리포지토리를 User 클래스와 함께 두는 것이다.

이런 스타일이 항상 옳은 것은 아니지만, 패키지를 배치할 때는 클래스의 성격보다 의미적인 유사성을 더 고려하는 것이 좋다.

또한 같은 이유로 명세도 도메인 객체와 함께 배치한다. 명세의 가짓수가 많다면 Domain.Model.Circles.Specification과 같이 Circle 아래에 명세만 모아두기 위한 패키지를 별도로 두는 것도 좋다.

이번에는 Domain.Service 패키지를 살펴보자. 이 패키지는 도메인 서비스를 두기 위한 패키지다.

서비스 객체는 두 가지 이상의 도메인 객체를 다뤄야 하는 경우가 많다. 그러므로 상대적으로 중립적인 Domain.Service 패키지에 배치한다. 그러나 User 클래스와 직접 관계된 UserService처

---

1 엄밀히 따지면 이름 충돌이 발생해도 문제가 없지만, 구별을 위해 패키지명을 포함한 전체 이름을 써야 하는 불편이 따른다.

럼 밀접하게 얽힌 도메인 객체가 있는 도메인 서비스라면 해당 도메인 객체의 패키지에 함께 두는 선택지도 고려할 만하다.

Domain.Shared 패키지는 꼭 만들 필요는 없다. 그림 A-1에 이 패키지에 배치된 것으로 나오는 ISpecification은 다른 프로젝트에서도 사용되는 정의이므로 공통 프로젝트로 분리해 Domain 패키지가 이 프로젝트에 의존하게 구성하는 것도 가능하다.

A.1.2 애플리케이션 레이어의 패키지 구성

애플리케이션 레이어의 패키지 구성은 그림 A-2와 같다.

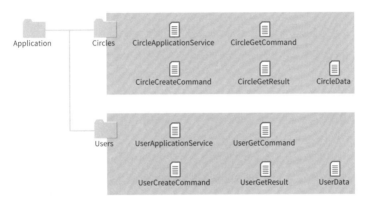

그림 A-2 애플리케이션 레이어의 패키지 구성

커맨드 객체를 이용할 수 있게 애플리케이션 서비스마다 별도의 패키지를 두었다. 한 패키지의 파일이 너무 많다면 하위 패키지를 만들어 정리할 수도 있다.

그리고 14장에서 설명했던 클린 아키텍처처럼 유스케이스마다 별도의 클래스를 두었다면 그림 A-3과 같은 구성이 된다.

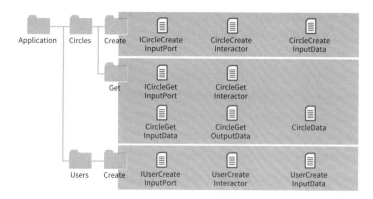

그림 A-3 클린 아키텍처를 따른 구성

A.1.3 인프라스트럭처 레이어의 패키지 구성

인프라스트럭처 레이어의 패키지 구성은 그림 A-4와 같다.

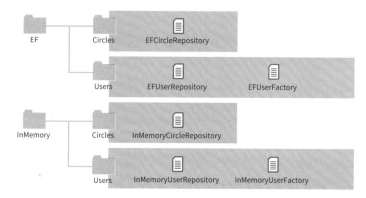

그림 A-4 인프라스트럭처 레이어의 패키지 구성

인프라스트럭처는 의존하는 기술 기반마다 별도의 패키지를 두었으나, 같은 패키지에 둘 수도 있다.

A.2 솔루션 구성

각 레이어의 패키지 구성을 살펴봤으니 이제 솔루션 구성을 살펴볼 차례다.

솔루션 구성을 결정하는 전략은 크게 다음 세 가지다.

1. 모두 한 프로젝트에 둔다.

2. 모두 별도의 프로젝트에 둔다.

3. 애플리케이션과 도메인을 같은 프로젝트에 둔다.

이 중에서 추천하는 것은 2번과 3번이다. 여기서는 2번과 3번의 구성을 살펴볼 것이다.

A.2.1 모두 별도의 프로젝트에 두는 구성

그림 A-5는 모두 별도의 프로젝트를 두는 솔루션 구성이다.

그림 A-5 인프라스트럭처 패키지의 구성

이 패키지 구성은 도메인 레이어의 재사용을 고려한 것이다. SnsDomain 패키지는 프로젝트 외부에서도 참조 가능하므로 이 패키지에 속한 객체를 재사용하는 새로운 애플리케이션을 만들 수 있다.

반면 애플리케이션 서비스와 도메인 객체가 각기 별도의 프로젝트에 있으므로 리스트 A-1에서 보듯이 도메인 객체의 메서드를 public으로 공개해야 한다.

리스트 A-1 도메인 객체의 메서드를 public으로 공개하기

```
public class User
{
    (...생략...)

    public void ChangeName(UserName name)
    {
        (...생략...)
    }
}
```

메서드의 공개 범위를 확장하면 원래 애플리케이션 서비스에서만 사용을 전제로 했던 메서드를 다른 곳에서도 호출할 수 있게 된다. 이 때문에 원래 애플리케이션 서비스에 작성돼야 할 코드가 프레젠테이션 레이어로 흩어질 가능성도 있다.

물론 레이어 간에 데이터를 주고받을 때 반드시 DTO로 옮겨 담는 방법으로 이를 방지할 수 있다. 그러나 가능하다면 시스템 차원에서 이를 피하는 것이 좋다.

A.2.2 애플리케이션과 도메인 레이어만 같은 프로젝트에 두는 구성

도메인 객체의 메서드를 호출하는 클라이언트를 애플리케이션 서비스로 한정하고 싶다면 애플리케이션과 도메인만 같은 프로젝트에 두면 된다(그림 A-6).

그림 A-6 애플리케이션과 도메인 레이어만 같은 프로젝트에 배치하는 구성

이 구성을 적용하면 리스트 A-2와 같이 internal 접근제어자를 사용해 메서드의 공개 범위를 좁힐 수 있다.

리스트 A-2 internal 접근제어자를 적용한 메서드

```
public class User
{
    (...생략...)

    internal void ChangeName(UserName name)
    {
        (...생략...)
    }
}
```

internal 접근제어자의 공개 범위는 같은 프로젝트 안이다. 다른 프로젝트(그림 A-6의 EFInfrastructure와 InMemoryInfrastructure, Presentation이 이에 해당)에서는 접근할 수 없다.

이 구성을 적용하면 의도치 않은 메서드 호출을 원천적으로 방지할 수 있다. 다만 이 프로젝트 안에 정의된 도메인 객체를 그대로 재사용해 다른 애플리케이션을 만들 수는 없다.

A.2.3 특정 언어의 기능이 미치는 영향

프로그래밍 언어도 각각의 특색이 있어 이 특색이 패키지 구성에도 영향을 미친다.

예를 들어 자바에서 접근제어자를 생략하면 package 접근제어자가 적용돼 접근 범위가 해당 패키지 내로 제한된다. C#의 internal 접근제어자는 같은 프로젝트 안에서는 호출이 가능하지만, package 접근제어자는 이보다 접근 범위가 좁다. 그러므로 여기서 설명한 internal 접근제어자를 사용한 방법과 또 다른 상황이 발생한다.

그리고 스칼라에는 한정자라는 기능이 있다. 이 기능은 private[A]와 같은 접근제어자를 붙여 A와 그 파생 타입에는 접근을 허용하지만 그 외에는 접근을 허용하지 않는 기능이다. 이를 활용하면 internal 접근제어자보다 훨씬 세세한 접근 제어가 가능하다.

프로그래밍 언어의 특성은 패키지 구성을 좌우할 수 있다. 패키지 구성에 정답은 없다. 여기서 제시한 사례는 어디까지나 한 예일뿐이다. 참고할 수도 있고 전혀 다른 구성을 택해도 무방하다. 어느 쪽을 택하든 그 구성을 선택한 논리를 반드시 세워두기 바란다.

A.3 정리

개발자는 코드뿐만 아니라 그 구조에서도 아름다움을 발견할 수 있다. 심사숙고 끝에 도출된 솔루션 구성에도 이 아름다움이 깃들어 있다.

후임 개발자에게 코드를 파악하는 힌트가 되거나 의도치 않은 호출을 방지하기 위해 프로그래밍 언어의 기능을 충분히 활용하는 솔루션 구성을 도출해내는 것은 개발 업무의 즐거움이기도 하다.

코드를 어떻게 배치할지 그 이유는 무엇인지 스스로에게 자문하면서 최적의 솔루션 구성을 찾아가는 마음가짐을 갖기 바란다.